AI 未來賽局

中美競合框架下，
科技 9 巨頭建構的未來

THE BIG NINE

史登商學院策略遠見教授

Amy Webb 艾美‧韋伯——著　黃庭敏——譯

致我的父親唐‧韋伯（Don Webb），

你是我所認識真的最有智慧的人。

CONTENTS

我們都不是局外人

黃欽勇

DIGITIMES 電子時報社長

每次在閱讀翻譯的科技書籍時，我總是會想「這與台灣何干？」

每一個人、每一個國家，都有一個獨特的性格與發展的進程，這本書裡頭描述的 BIG 9，包括中國的 BAT 三家與美國的 G-MAFIA 六家網路與軟體巨擘，他們將主宰未來的科技世界，會將人工智慧的應用，從弱 AI 時代，推向通用 AI 與超強 AI 的新時代。從臉部辨識到唇語的解讀，從車輛設計到車輛共享、停車輔助、自駕車，這九家公司將帶給這個世界無窮的想像空間。

是的，BIG 9 的相互競爭，定義了我們即將面對的世界，乍

看之下，我們似乎無能為力，但台灣的製造實力是共同形成整個生態系的重要環節，在生活與經濟發展上，我們已經注定與 BIG 9 息息相關。

如果我們承認未來「已至」，而且根據技術的進展，也大致可以探知我們未來可能面對的衝擊，那麼我們怎麼重新為自己的定位，為自己未來的生活與經營模式定錨，並且形塑台灣社會的未來樣貌呢？

過去兩年，我們在中美貿易大戰的煙硝味中，試著尋找左右逢源的「技術守門人」地位，但沒有想到打破僵局，讓中國趨於劣勢的竟然是武漢肺炎。全球掀起的反中浪潮，讓台灣人再次陷於尷尬的地位。供應鏈的重創，替代方案的緩不濟急，不會有妙麗拿著魔杖，協助我們依據情境的不同而機動性地形成決策，因為只有我們自己可以可以定義我們自己的需求。

中國政府主導的三巨頭 BAT 加上華為的聯軍，對上美國六家科技巨擘 G-MAFIA 組成的超級聯盟，將會形成「樂觀」、「悲觀」與「務實」的三種發展情境，1950 年代知名軍事顧問公司蘭德（RAND）的情境分析模式，可以再度被套用在各自不同的價值判斷中，只是台灣準備好了嗎？政府有適當的機制面對高張力的國際競爭環境嗎？

中美貿易大戰，背後其實是科技戰，而科技戰的重心不見得只是在今天我們所描述的 BIG 9 大局，也涵蓋 5G 的佈局與半導

體、供應鏈，因為只有生產出可以廣泛連結的設備，提供軟硬整合方案才能維繫企業的營收與獲利，從這個角度看，台灣不可或缺。

這是個多元競合的新時代，一個社會的知識傳遞、人與人之間的對話品質，就可以看出社會進化的程度。美國的作家韋伯定義了 BIG 9 將是我們未來生活的框架，我們能在這本書裡頭找到屬於我們自己的解答與生活內涵嗎？

AI 發展對投資人的啟示

Jenny Wang

JC 趨勢財經觀點版主

　　《AI 未來賽局》這本書的作者艾美・韋伯是美國紐約大學史登商學院的策略遠見教授，在這本書中分為幾個部分，前半部是講述 AI 發展的簡史與進程，後半部則是藉由他的專業能力，提出他對 AI 未來發展的洞見，非常有趣。

　　科技九巨頭可以分為中美兩派，引領世界趨勢的 G-MAFIA：谷歌、微軟、亞馬遜、臉書、IBM 與蘋果公司，以及主導中國科技發展的 BAT：阿里巴巴、騰訊與百度。要說科技實力，兩者可以說不相上下，而 AI 發展背後最重要的大數據，美國可以蒐括全世界的資料來源，而中國即便沒有美國的優勢，其自身的十四億人口也可以形成巨大的網絡優勢，並且

正持續擴大它的影響力，發展不容小覷。

　　這也是美中兩大國之間不斷角力的主因，美國對於中國企業華為的強硬抵制，或是在中美貿易戰第一階段的協議中，對於知識產權與技術轉讓的限制與約定，再再證明了世界從過去擁有石油的人所掌握，轉變為由擁有數據的人可以掌握，逐漸形成可預期的未來。

　　除此之外，書中提到中美之間發展 AI 科技的另外一項差異，也值得我們注意。美國的 AI 科技是自下而上發展，私有企業巨額投資相關領域的研發，促使科技創新飛速發展，使得政府不得不開始依賴這些私有企業提供的支援與服務。而中國的 AI 科技即便在一開始並非自上而下控制，但是在政治因素的干預下也逐漸演變成由上控制與贊助，由企業研發與實踐共同的目標。

　　這樣的情況會引發幾種後續效應。對美國來說，在謀求政府發出的龐大訂單時，科技巨頭之間存在著競爭關係。舉例來說，近期美國國防部發出的未來十年、總金額達一百億美元的《聯合企業防禦基礎設施》（Joint Enterprise Defense Infrastructure，JEDI）合約，就是由微軟擊敗亞馬遜奪下。

　　JEDI 合約的影響力並不限於單筆訂單金額，而是後續的連鎖效應，雲端服務具有延續性，轉換成本高，使得拿到訂單的微軟在未來的訂單上會更具有競爭優勢。這也引發了其他企業

的不滿，包括亞馬遜、甲骨文公司等紛紛提出抗議。

　　在商業領域上，良性競爭對於創新與生產力是有幫助的，但是當過度競爭時則會造成負面影響，最嚴重甚至造成整個社會的進步停滯，是作者在書中表達擔憂之處。讓中國的自上而下機制發揮其優勢，更快速的進行擴展，削弱原本的美國優勢與美國霸權，甚至威脅其引以為傲的民主機制。

　　不管是我們所處的世界，或是單就個人生活來說，AI 的蓬勃發展有利，也有弊。無法抗拒便捷、快速、免費等好處，使我們默許自身的隱私遭到利用。縱使現在有諸多聲浪發起行動，想抵制毫無限制的濫用，但懲罰對於這些擁有巨額獲利的企業來說根本不痛不癢。

　　這些企業必須擁有自覺以及企業自身的價值觀，在營利與道德間進行權衡，找出最符合公眾意識的價值觀，讓 AI 代替我們進行正確的抉擇，但是由於這些價值觀也是由 AI 的創造者所設定，極有可能產生偏差，引導公眾朝向他們所想的方向。

　　我們應該慶幸 AI 還是有其弱點存在，至少它目前還無法完全取代人類最珍貴的價值——創意與思考。也因為這樣，我們現在還來得及去了解 AI 的發展，這九大巨頭是如何探勘和處理我們提供的資料，並且捍衛我們的權利。更重要的是，當你開始去認識這個過程，你會更懂得如何拆解科技推力，是怎麼影響你的行為，培養獨立思考的能力，由你來掌控數據，而不是

被數據掌控。

最後，以一個投資者的身分來看待 AI 人工智慧的發展。看完這本書，你可以了解到為什麼這些科技巨頭的股票可以擁有高估值，主要原因絕對不僅僅只是炒作或泡沫這麼簡單，而是這些公司在產業中不可取代的領導地位，讓市場對於它們的未來成長有高度信心。

競爭優勢中最可怕的就是壟斷的力量。在科技產業中，這些科技巨頭對於一般消費者提供的服務建立起網絡優勢，使得需要倚靠它們的企業也愈來愈多。也因此，科技巨頭更順理成章地提供無法負擔高資本支出的中小型企業額外資源，來鞏固它們的規模優勢。未來，倘若政府也必須倚賴這些企業來執行國家政策與國防發展，那它們代表的影響力就更不容忽視了。

愈是這樣，投資人愈應該心生警惕。企業的力量是否該超越國家的權利，或是政府會推出制衡措施來規範企業無限制的發展？一旦如此，市場絕對會做出相應的反應，當這個時機來臨，到底是該出手或是該放手，留給讀者在這本書中找到答案！

前言
趁一切還來得及

　　人工智慧已經在我們生活周遭隨處可見，但並不如我們的期望。它是金融系統、配電網和零售供應鏈裡不動聲色的基礎架構、無形的基礎設施，引導我們在車陣中通行，從我們打的錯字中找出正確的意思，並決定我們應該購買、觀看、收聽和閱讀哪些內容。我們的未來建立在這樣的科技之上，因為人工智慧與我們生活的各個層面息息相關：健康和醫療、居住、農業、交通、運動，甚至關乎愛情、性與死亡。

　　人工智慧不是一種科技潮流、流行語或短暫的娛樂，它代表著電腦運算時代的第三階段——認知運算時代（注：第一個階段為打孔卡片製表機時代，第二個階段為電子計算機系統時代）。我們正處於重大且徹底的轉變之中，與工業革命時代的劇

變不相上下。工業革命時代剛開始時，眾人並沒有察覺到自己身處過渡期，因為與他們一生的歲月相較，那時的變化是逐漸發生的。不過到了最後，整個世界就不一樣了：英國和美國成為世界兩大強權，擁有足夠的工業、軍事和政治資本，並影響下個世紀的進程。

世人總對人工智慧爭論不休，人工智慧對我們的未來會有什麼影響，往往充斥著陳腔濫調；機器人將搶走我們的工作、機器人將顛覆經濟、機器人最終將殺死人類云云，早是你我熟悉的論點。要是我們把上述的「機器人」改成「機器」，等於又重現兩百年前眾人的爭論。人自然而然會去想新科技對我們的工作和賺錢能力所造成的衝擊，因為我們看過太多產業的崩壞，這不難理解。一講到 AI，我們會天馬行空地想到科幻電影《2001 太空漫遊》（*2001: A Space Odyssey*）中的人工智慧超級電腦哈兒（HAL）、電影《戰爭遊戲》（*War Games*）裡美國軍方的戰爭操作計畫響應系統（WOPR）、《魔鬼終結者》（*The Terminator*）裡的天網（Skynet）、卡通《傑森一家》（*The Jetsons*）中的機器人女傭蘿西（Rosie）、科幻電視劇《西方極樂園》（*Westworld*）中出現自我覺醒的機器人迪樂芮（Delores），或流行文化中其他數百個擬人化的 AI。如果你不曾在 AI 生態系統中工作，你很容易對未來產生誤解，要麼光怪陸離引人入勝、要麼可怖至極令人吃驚，而造成這種錯誤的原因

層出不窮。

　　如果不是埋頭日夜研發人工智慧的從業人員，你根本無法看清全貌；這也就是為什麼大眾對於 AI 的辯論，如果不是悲觀地引用電影中出現的機器人稱霸世界，那就是如另一派人馬表現出極其狂熱的樂觀態度。大眾不了解研發與產業的細節，是對人工智慧有過多想像的原因之一：有些人太高估了人工智慧的應用性，而有些人則認為它將成為無法抵擋的武器。

　　我會知道這樣的情況，是因為在過去十年中，我大部分時間都在研究人工智慧，並與業界內外的人士及組織進行會談。我提供建議給多家人工智慧執牛耳的代表公司，包括微軟和IBM。我與業外的利益相關者會面、提供他們建言，當中有創業投資人和私募基金經理、國防部和國務院的高層，也有認為立法監管是 AI 未來發展唯一方式的議員諸公；我還直接在 AI 第一線，與辛苦工作的學術研究人員和科技人員進行了數百次會面。那些 AI 前線人員在分享未來的事情時，很少會有像我們平常在新聞中聽到那種末日或烏托邦式的極端看法。

　　這是因為那些真正打造 AI 未來的人，與其他科學領域的研究人員一樣，希望能減緩大眾的預期心態；因為世人會一而再、再而三地忘記，實現劃時代的轉捩點需要耐心、時間、金錢和調適。這些工作人員長期辛苦工作，一點一滴處理非常複雜的問題，有時如滾芥投針，成效甚微。這些人聰明機智、深諳人

情世故，而且根據我的經驗，他們充滿熱情，思慮周全。

他們絕大多數都替九大科技巨頭效力——美國的谷歌、亞馬遜、蘋果、IBM、微軟和臉書，以及中國的百度、阿里巴巴和騰訊——這些公司正在打造人工智慧，為了讓所有人能迎接更美好、更光明的未來。我堅信，這九家公司的領導者都懷抱著強烈的利他主義和為更大利益著想的願望：他們清楚地看到人工智慧有機會改善醫療保健和延長壽命，解決我們即將面臨的氣候問題，並且讓數百萬人擺脫貧困。我們已在所有產業和日常生活中，看到了他們工作成果所帶來正面且明確的好處。

而問題在於，外部的力量正在壓迫這九大科技巨頭，合力破壞 AI 業界對未來的最佳計劃，甚至波及到那些在這個生態系統內工作的人，這種情況歸咎起來，也有好幾個不同的層面。

在美國，無情的市場需求、對新產品和服務不切實際的期望，都使得長期的計劃無法進行。萬眾期盼谷歌、亞馬遜、蘋果、臉書、微軟和 IBM 在年度會議上，發表炫目的 AI 新產品，好像研發部門的突破是可以照著時間表來安排似的。要是這些公司沒有推出比去年更酷炫的產品，我們就會把這些產品說得像是失敗品；或者，我們會質疑 AI 是否退流行了；或是，我們會懷疑這些公司的領導能力。我們從沒讓這些公司能有個幾年的時間，心無旁騖地研究，不需要定期發表讓我們為之驚豔的產品。但願這些公司不會做出幾個月內不發表產品的決定，這

樣我們會以為他們在暗地從事秘密專案，不放一點風聲，讓我們很不是滋味。

美國政府對人工智慧和我們的長期未來，都沒有準備好宏觀的策略。政府非但沒有統籌的國家級戰略來建立內部的組織能力、打造並強化美國的國際聯盟，為未來的戰爭做好準備；反倒把人工智慧的掌控權，下放給靠著旋轉門反覆換位的政客。聯邦政府非但沒有資助人工智慧的基礎研究，實際上反倒把研發外包給商界和反覆無常的華爾街。美國的議員非但沒有將 AI 視為創造新工作和產業成長的機會，還只看到科技業普遍的失業問題。因此，當他們可以邀請這些公司參與政府內部最高級別的戰略規劃時（假設有機會），他們會責怪美國的科技巨頭。我們的 AI 先鋒別無選擇，只能不斷彼此競爭，競相與一般人、學校、醫院、城市和企業，建立可靠、直接的連結。

在美國，缺乏遠見卓識是個相當普遍的問題；「當下主義」（Nowism）心態作祟，讓美國人只顧著規劃人生接下來的幾年時間，而不思考其他的時程。當下主義的心態支持短期的科技成就，至於科技將如何發展，以及下一道指令所牽連到的事物和我們行動的結果，當下主義就沒有顧及到所要承擔的責任。我們太輕易忘記，我們現在所做的事可能會對未來產生嚴重的後果。將人工智慧的未來發展委外分派給這六家上市公司，即便這些公司的成就非凡，但是他們的經濟利益並不一定與我們

的個人自由、社群和民主理念的最佳利益一致，而這並不令人意外。

　　同時在中國，人工智慧的發展軌跡受到政府的雄心壯志所控制。中國正在迅速奠定基礎，成為全世界人工智慧領域無法動搖的霸主。二〇一七年七月，中國政府公布下一代人工智慧發展計劃，預計到二〇三〇年成為人工智慧全球的領導者，中國國內產業至少價值一千五百億美元，[1]其中包括將部分的主權財富基金投入於新實驗室和新創公司，以及專門培訓中國下一代 AI 人才的新學校。[2]同年十月，中國國家主席習近平向數千名黨內官員發表詳盡的演說，解釋了人工智慧和大數據的計劃。他說，人工智慧將幫助中國過渡到世界上最先進的經濟體之一，現在中國的經濟已經比三十年前增長了三十倍。百度、騰訊和阿里巴巴可能是股票上市的巨頭，但是他們必須聽命北京行事，所有大型中國公司都是如此。

　　中國擁有十四億的龐大人口，使得他們能夠控制 AI 時代最大、也可能是最重要的自然資源：使用者資料。圖形辨識演算法需要大量的資料來優化，這就是為什麼對投資人來說，中國的臉部辨識系統會如此具有吸引力，例如曠視科技和商湯科技。中國人民在打電話、網購，以及把照片上傳至社交網路時所產生的所有資料，都在幫助百度、阿里巴巴和騰訊打造一流的人工智慧系統。中國的一大優勢在於他們沒有隱私和安全方

面的限制，而這些限制可能阻礙了美國的進步。

　　中國對未來有宏偉的計劃，而美國必須在這種更大的框架下考慮人工智慧的發展軌道。二〇一八年四月，習近平發表了一篇重要談話，勾勒出他對中國做為全球網路超級大國的看法。中國國營的新華社發表了其中部分的演講，習近平描述了用多種手段結合的綜合治網格局，「要加強網上正面宣傳，旗幟鮮明堅持正確政治方向、輿論導向、價值取向」。[3]在西方，我們珍視的是言論自由、市場導向經濟，以及政府權力分立；然而獨裁統治的中國要大家過的生活卻是背道而馳。

　　在中國，人工智慧是一系列國家法令和法律的一環，旨在控制中國境內產生的所有資料，並監控境內居民及各種戰略合作夥伴國的國民資料。其中一項法令要求所有外國公司要把中國人民的資料，儲存在中國境內的伺服器裡，好讓政府公安機構可以隨心所欲地讀取個人資料。另一項中國的「公安雲端」（Police Cloud）措施，則在監控、跟蹤心理健康有問題的人、公開批評政府的人，以及維吾爾這支穆斯林少數民族。二〇一八年八月，聯合國接獲可靠的舉報，顯示中國在西部偏遠地區的再教育營裡，扣留了數百萬名維吾爾人。[4]中國的一體化聯合作戰計劃使用 AI 來偵測個人行為是否出現偏差，例如是否有人遲交帳單。根據官方規劃文件中的口號，開發由人工智慧推動的社會信用系統，用「讓失信者寸步難行，讓守信者一路暢通」

的概念，設計出沒有問題的社會。[5] 為了推廣「可信賴性」，中國政府根據許多不同的資料分數來對人民評分，例如英勇事蹟（加分）或收到交通罰單（扣分）。分數較低的人在申請工作、買房子或讓孩子入學時，將會面臨障礙。有些城市會公布出積分高的居民照片。[6] 在其他城市，例如山東，若隨便穿越馬路，大頭照會被公布在數位告示牌上做為處罰，並自動發送到最熱門的社交網路微博上。[7] 如果這些事情看起來都離譜到令人難以置信，別忘了，中國曾經成功制立了一胎化政策，強行限制人口數量。

這些政策和措施是習近平主席核心團隊的點子，在過去的十年，他們一心想將中國重新包裝塑造為稱霸全球的超級大國。今天的中國，比自毛澤東領導以來的任何時候都更加專制，而推動和利用人工智慧是他們達成目標的基礎。表面上，「一帶一路」倡議偽裝成基礎設施計劃，遵循著古代經由中東和非洲，連接中國與歐洲的舊絲路路線，實則為重大的地緣經濟戰略計劃。中國不僅在建設橋梁和高速公路，他們還在輸出監控科技，並在過程中蒐集資料，用來強化中共全球的影響力，以便對抗我們當前民主自由的社會秩序。全球能源互聯網是習近平支持的另一項國家戰略，旨在設立世界上第一個全球電網，並由中國管理。中國已經想出大量串聯新型超高壓的電纜科技，從遙遠的西部地區向上海供電，而且他們正與鄰國達成協議，

為鄰國供電。

這些措施以及許多其他手段，是中國長期獲得軟實力的高明方法，可謂習近平的高招。他的政黨在二○一八年三月投票取消任期限制，使得他實際上可以終身擔任國家主席。習近平的最終目的非常清楚：創造新的世界秩序，而中國是實質的領導者。然而，在中國外交擴張的這段時間裡，由於美國總統川普豎起新的「竹簾」（注：無形的牆委婉地說就是所謂的「竹簾」，但這種「竹簾」比鐵幕更嚴密），美國不可避免地背棄了長期的國際盟友和協議。

人工智慧的未來目前正沿著兩條路徑發展，但是這兩條路徑往往與最適合人類發展的方式相左。在中國，推動人工智慧的部分力量是協力打造以習主席領導的新世界秩序；而在美國，市場力量和消費主義才是主要推手。這種二分法對所有人來說都是嚴重的盲點，解決這個盲點是 AI 問題急迫的關鍵，也是本書的目的。九大巨頭公司可能追求同樣的崇高目標：破解機器智慧的密碼，用來建造有如人類思維的系統；但這項工作的最終結果，可能會對人類造成不可逆的傷害。

從基本面來說，我認為人工智慧是正面的力量，將提升下一代人類，幫助我們實現對未來最理想化的夢想。

但我是個實用主義者。我們都知道，一個人即便立意再良善，也有可能在無意中造成巨大的傷害。在科技領域，特別是

人工智慧，我們必須謹記，要在預期用途和意外誤用兩方面做好計劃。這一點在今天和可預見的未來尤為重要，因為 AI 與任何想得到的事物都有關係：全球經濟、勞動市場、農業、交通、銀行、環境監測、教育、軍事和國家安全。這就是為什麼如果人工智慧維持目前在美國和中國的發展軌道前行，二〇六九年可能會與二〇一九年有非常巨大的差異。隨著管理社會的結構和系統漸漸依賴人工智慧，我們會發現，機器代理我們所做出的決策，對機器而言完全合理，但從人類的角度來看並非如此。

　　隨著機器開始覺醒，人類正在迅速失去自己的覺察能力。在 AI 的科技和地緣政治發展上，我們已經開始達成一些重要的里程碑，但隨著每一次的新進展，人工智慧對我們來說，變得更加無法覺察。系統挖掘和精進我們資料的方式並不明顯，同時，自主系統如何做出決策，我們相對的理解能力變得愈來愈不透明。因此，在理解人工智慧如何影響當前的日常生活，大家的看法分歧，而在未來幾年和數十年後，這種分歧的情況會更加嚴重。透過批判人工智慧目前發展的方向，盡可能縮小這個認知差距，是我對本書的使命。我的目標是讓與 AI 有關的對話民主化，讓你更聰明地了解未來會發生的情況；在還來得及的情況下，讓在未來實體世界裡 AI 所牽連到的事物具體化，並且與你個人相呼應。

　　人類正面臨著存在的危機，這麼說一點也沒錯；因為打從一

開始，就沒有人能夠解決 AI 最根本的簡單問題：當我們拱手讓出權力，讓系統為每個人做出決策，而這個系統又是由一小群人所設計的，這時候社會會發生什麼事？當這些決策被市場力量或雄心勃勃的政黨給左右時，會發生什麼事？決策的結果將會反映在我們未來的機遇、資源被拒絕的方式、社會慣例、經濟運作的規則，甚至我們對他人的理解方式上。

本書不是關於人工智慧常見的辯論，而是警示，也為更美好的未來勾勒藍圖。本書質疑美國人普遍厭惡做長期規劃的習性，並強調美國的企業、學校和政府缺乏對人工智慧的準備；也對中國收編的地緣政治、經濟和外交戰略，描繪出鮮明的畫面，因為中國正朝著自己新世界秩序的宏偉願景邁進。因此，本書呼求在極具挑戰的情況下，必須有英勇的領袖站出來，正如你將發現，我們的未來需要英雄。

所以我分三個部分來講述我要呼籲的行動。在 PART 1，你將了解 AI 是什麼，以及九大巨頭開發 AI 時所扮演的角色。我們還將深入探討美國的六大巨頭成員，以及中國的百度、阿里巴巴和騰訊所面臨的獨特情況。在 PART 2，隨著人工智慧的進步，你會讀到在未來五十年內將看到詳細、可能會發生的未來。你將讀到三種未來的情境，從樂觀、務實，到災難的情境，當我們從限制領域人工智慧（artificial narrow intelligence）發展到通用人工智慧（artificial general intelligence），再進一步

進展到超級人工智慧（artificial superintelligence）時，這三種情境代表著機會和風險。這些情境非常激烈，它們是從資料導向模型產出的結果，對於 AI 可能如何演變，以及我們的生活將如何變化，讓你有基本的認識。在 PART 3，我會針對情境中辨識出的所有問題，提供戰術和策略解決方案，並提供重新啟動現狀的具體計畫。PART 3 旨在讓我們覺醒並開始採取行動，因此本書對我們的政府、九大巨頭的領袖，甚至是讀者都有具體的建議。

* * *

當今每個人都能在人工智慧的未來發揮關鍵作用，我們現在對人工智慧所做的決定，即使看似很小的決定，卻將永遠改變人類歷史的方向。等到機器覺醒後，我們可能會察覺到，儘管我們懷抱著希望和利他的野心，人工智慧系統對人類來說是場大災難。

但是事情不需要演變到這個地步。

九大巨頭不是這個故事中的惡棍；事實上，他們是我們未來最大的希望。

請翻開下一章。我們不能坐以待斃，人工智慧時代已經來臨。

機器中的幽靈

第 1 章

心靈和機器：人工智慧簡史

　　現代人工智慧的起源可以回溯至數百年前，比九大巨頭打造
Siri、Alexa 和中國的天貓精靈等 AI 助理早得多。在古早的那段
時間裡，人工智慧跟其他的科技一樣，沒有特別的定義。要具
體描述人工智慧並不容易，因為人工智慧代表許多概念，而這
個領域也在持續發展中。一九五〇年代被誤認是人工智慧的東
西，現在看來一點也不像先進科技，舉例來說，像是能運算長
除法的計算機。這就是眾所周知的「奇怪悖論」（odd paradox）：
一旦新的科技出現、進入主流，我們就會對它視而不見，不再
把那項科技視為人工智慧。

　　人工智慧最基本的形式，就是會做出自主決策的系統。人工
智慧執行的任務是複製或模仿人類智慧的行為，例如辨別聲音
和物品、解決問題、理解語言，以及運用策略來實現目標。有

些人工智慧系統非常龐大，可以快速執行數百萬次的計算；有些系統則很簡單，只能處理單一任務，例如在電子郵件中偵測髒話。

回到相同的問題：機器能思考嗎？機器能思考代表什麼呢？而我們能思考又代表什麼？想法是什麼？我們要如何確定，我們的所思所想是原創的產物？幾個世紀以來，這些問題一直令人困擾，然而，這些問題對於人工智慧的過去和未來都至關重要。

要釐清機器和人類兩方如何思考，癥結在於「思考」這個詞與「心靈」有著密不可分的關聯。《韋伯字典》將「思考」定義為「在心靈中形成或擁有」，《牛津英語詞典》則解釋為「積極用心靈來形成相互關聯的想法」。如果我們查閱「心靈」這個詞，前面兩本字典都將「心靈」定義在「意識」的脈絡下。但什麼是意識？根據這兩本字典，這是覺察和回應的特性或狀態。心理學家、神經科學家、哲學家、神學家、倫理學家和電腦科學家等各類團體，都想用不同的方法來處理這個概念。

假如你叫 Alexa 幫你訂最喜歡的餐廳，即使 Alexa 從來沒有感受過牙齒咬蘋果的爽脆口感，也沒有用舌頭感受過氣泡水嗶嗶啵啵那股刺麻，或沒有經歷過花生醬黏糊糊的拉絲卡在口腔上顎，但當你講到食物的話題時，你和 Alexa 都能對食物有所覺察和回應。若讓 Alexa 描述這些食物的特質，她提供給你的細節

會與你自己的經驗很相似。然而 Alexa 沒有嘴巴，她怎麼能像你那樣感受食物的滋味呢？

從生物學的角度來看，你是個獨一無二的人，你的唾液腺和味蕾的排列順序，與我的不完全相同。然而，我們都了解蘋果是什麼東西，也知道蘋果的特徵，像是有什麼滋味、口感怎麼樣，聞起來如何。我們這輩子已經透過強化學習，學會了怎麼辨別蘋果，也有人教導我們蘋果看起來是什麼樣子、它有什麼用途，以及它與其他水果的差別。然後漸漸地在不知不覺間，我們的自主生物圖形辨識系統變得非常會判斷某個東西是蘋果，即使我們只有少數幾個必要的數據點。你光是看到蘋果的黑白剪影，你就會知道**這是蘋果**，即便你沒有獲得味覺、嗅覺、爽脆的口感，也沒有意識到所有向大腦發出信號的其他資訊。事實上，你和 Alexa 了解蘋果的方式，比你想像的還要更相似。

Alexa 的能力確實很強，但她有**智慧**嗎？她的機器感知必須符合人類感知的所有要素，我們才能接受她「思考」的方式與我們相似嗎？教育心理學家布魯姆博士（Dr. Benjamin Bloom）大部分的學術生涯都投入對思考的狀態進行研究和分類。一九五六年，他發表了布魯姆分類學（Bloom's Taxonomy），概述在教育中觀察到的學習目標和到達層次。最基礎的層次是記住事實和基本概念，接著進階到了解訊息；在新的情況下運用知識；

透過實驗和建立關聯來分析資訊;評估、辯護和判斷資訊;最後則是創造原創作品。當我們年紀還非常小的時候,我們最初學習的中心是記憶和理解;例如,我們會先學到奶瓶是拿來裝牛奶的,才會意識到奶瓶是立體的,即使還看不太出來。

電腦學習事物的方式也有這種層次的結構。二〇一七年,一個名為 Amper 的人工智慧系統替《我是 AI》(*I AM AI*)這張專輯創作了原創音樂,其中和弦結構、樂器演奏和節拍都是由 Amper 完成的。系統使用音樂類別、情緒和速度等初始參數,在短短幾分鐘內就創作出一首完整的歌曲。人類歌手塔瑞安・紹森(Taryn Southern)與 Amper 一同合作創作了這張專輯,結果編出《Break Free》這首充滿情緒的深情抒情歌,在 YouTube 的觀看次數超過一百六十萬次,也是傳統廣播電台的熱門單曲。在 Amper 創作這首歌之前,這套系統必須先學習抒情歌的特質元素以及量化資料,像是如何計算音符和節拍的數值,以及如何辨識音樂中數千種的模式(例如,和弦進程、和聲模進和節奏型強音)。

Amper 呈現的這種創造力,是布魯姆分類學的最高層次。但它只能算是經由學習而得到的機械化過程嗎?它稱得上是人文創造力的例子嗎?還是屬於完全不同類型的創意?Amper 看待音樂是否像人類作曲家一樣?有人提出 Amper 的「大腦」和貝多芬的大腦沒有太大的差別:前者是在容器內運作演算法和資

料的神經網路，後者則是由有機神經元組成，運用資料並辨識出模式。貝多芬那首《命運交響曲》以眾所皆知的「登登登等──登登登等──」主題開頭，從大三度轉換到小三度，相較之下，Amper 的創作過程真的有什麼不同嗎？其實貝多芬並未「發明」整首交響曲，換句話說《命運交響曲》並非完全原創。前四個音符組之後是一堆和聲模進、音階片段、琶音，以及其他構成任何樂曲的常見原始素材。要是你再仔細聽聽第三樂章的詼諧曲，你會清楚地聽到從莫札特《第四十號交響曲》中借用來的模式，而那是莫札特在二十年前（一七八八年）所寫的。莫札特受到他的對手薩里耶利（Antonio Salieri）和朋友海頓的影響，而這兩位音樂家又受到早期十七中期到十八世紀中期的作曲家的影響，如巴哈、韋瓦第和普賽爾（Henry Purcell）。而在巴哈等人的樂曲中，你也聽得到十五世紀到十七世紀早期作曲家的片段，如阿卡代爾特（Jacques Arcadelt）、蒙頓（Jean Mouton）和奧克岡（Johannes Ockeghem），然後他們又受最早中世紀作曲家的影響。我們可以繼續回溯這種影響的模式，一直反推到西洋音樂史上第一部記載的音樂作品《塞基洛斯的墓誌銘》（*Seikilos Epitaph*），樂譜刻寫在大理石柱上，標誌著第一世紀的土耳其墓地。我們還可以繼續往回追溯，直到四萬三千年前用骨頭和象牙製作的第一批原始長笛。甚至有研究人員認為，在此之前，我們最早的祖先可能是先會唱歌，然

後才會說話的。[8]

　　我們的人類神經「接線圖」是數百萬年演變的結果，而現代 AI 的接線圖同樣也有漫長的演化軌跡可循，追溯到古代數學家、哲學家和科學家。雖然人類和機器似乎沿著不同的路徑發展，但我們與機器的演化始終交織在一起。**智人**（Homo sapiens）從他們的環境中學習，透過發明先進技術如農業、狩獵工具和盤尼西林，把特質再傳承給多樣化和經過複製的後代。新石器時代地球上有六百萬人，花了一萬一千年的時間才繁衍到七十億人口。[9] AI 的發展生態系統也在學習內容的輸入、資料、演算法、處理器、機器和神經網路，並以指數增長的速度在進步更迭。AI 系統只需幾十年就可以普及，融入日常生活的各個層面。

　　無論 Alexa 是否與我們以相同的方式來感受蘋果，或是 Amper 的原創音樂是否真正「原創」，這些問題事實上都是在問我們，「思考」到底是什麼。現今的 AI 是數千年來哲學家、數學家、科學家、機器人學家、藝術家和神學家的混合體，他們和我們都想理解何謂思考與容納思考的容器；兩者之間有什麼關聯？人類的心靈與中美九大巨頭建造的機器之間，又有什麼關聯呢？

機器有心靈嗎？

　　人工智慧的基礎可以追溯到古希臘，以及哲學、邏輯和數學的起源。在柏拉圖的許多著作中，蘇格拉底提到：「認識自己」。他的意思是，為了進步和做出正確的決定，首先你必須了解自己的性格。在亞里斯多德的其他作品中，他發明了三段論邏輯和史上第一個正式的演繹推理系統。大約同個時期，希臘數學家歐幾里得設計了一套方法來確定兩個數字的最大公約數，並因此創造了第一個演算法。他們的成就是兩個重要新思想的開端：某些物理系統可以當做一套邏輯規則運行，而人類思想本身可能就是象徵的系統。這引發了哲學家、神學家和科學家數百年的疑問：身體是複雜的機器嗎？身體是由數百個系統整合起來，像老爺鐘一樣運作的機器嗎？但是心靈呢？心靈也是複雜的機器嗎？還是完全不同的東西呢？這些問題在當時都還沒有辦法證明或反駁，無論是絕妙的演算法，還是心靈與物理領域之間的關聯。

　　一五六〇年，西班牙國王菲力浦二世的兒子頭部受傷，竟能神奇地痊癒，於是國王委請西班牙鐘錶匠璜內洛·特里亞諾（Juanelo Turriano）替他設計一款小型的機械修道士，獻給教會。[10] 這台機械修道士有驚人的能力，它能走過桌面，舉起十字架和念珠，敲擊自己的胸口懺悔，然後開合嘴唇祈禱。這是第

一台由機械表現生物動作的自動機,機械式的表現出生物的動作。雖然那時「機器人」這個詞還沒有出現,但這個機械修道士是個了不起的發明小玩意,肯定讓在場觀眾驚愕萬分又一頭霧水。當時的人可能永遠也想不到,在遙遠的未來,小型的自動裝置不僅能模仿人類的基本動作,還可以在工廠、研究實驗室和廚房對話中代替人類。

這個機械修道士啟發了第一代的機器人專家,他們打算創造出更加複雜的機器來模仿人類,自動機很快就能夠寫作、跳舞和繪畫。這引發了一群哲學家開始提問,身為人代表什麼。如果我們能夠打造模仿人類行為的自動機,那麼人類是由神打造的自動機嗎?或者,我們其實是一套具有理性和原創思想的複雜系統?

英國政治哲學家霍布斯在《論物體》(*De Corpore*)中將人類的推理描述為計算,此書是他自然科學、心理學和政治三部曲的一部分。一六五五年,他寫道:「所謂推理,我所指的是計算。而計算就是集結加到一起的許多東西的總和,或是當從一件事物中取走另一件事物後,能知道殘存的部分。因此,推理與加減是同一回事。」[11]但在這個過程中,要怎麼知道我們是否有自由意志?

當霍布斯在撰寫他的三部曲之一時,法國哲學家笛卡兒出版了《沉思錄》(*Meditations on First Philosophy*),問我們是否可

以斷定我們的感官知覺是真實的。我們如何驗證自己的意識？我們要提出什麼證據，好證明我們的思想是我們自己的，且我們周圍的世界是真實的？笛卡兒是位理性主義者，他相信事實可以通過演繹推理而得出。大家都知道，他提出了一個思想實驗，要求讀者想像，有個惡魔故意製造眼前世界的錯覺。如果讀者在湖中游泳的身體、感官體驗只不過是惡魔的手法，那麼他就不能真正**知道**他是在游泳。但在笛卡兒看來，如果讀者對自己的存在有自我覺察，就達到了知覺（knowledge）的標準。他寫道：「我是，我存在（I am, I exist）。這是命題，每次我說出它來，或當我心裡想到它的時候，這個命題必然為真。」[12]換句話說，即使在我們中間有個騙人的惡魔，我們存在的事實也是毋庸置疑的。所以，**我思，故我在**。

後來，笛卡兒在著作《論人》（*Traité de l'homme*）中提出，人類可能會製作自動裝置（在這種情況下指的是一種小動物），與實體動物無法區分（注：笛卡兒把動物的肉體看成機器；動物在他看來，是完全受物理定律支配、缺乏情感和意識的自動機）。即使有一天我們創造了機械化的人類，它也永遠不會像笛卡兒所稱的那樣被誤認為真人，因為它會缺乏心靈，也因此缺乏靈魂。機器與人類不同，機器永遠不會達到知覺的標準，永遠不會像我們那樣具有自我覺察。對於笛卡兒來說，意識在內部發生，我們身體裡面的靈魂就有如機器中的幽靈（注：笛卡

兒認為人體不過是一台精密的機器）。[13]

過了幾十年，德國數學家兼哲學家萊布尼茲（Gottfried Wilhelm von Leibniz）檢視了人類靈魂本身已被設定好的觀點，論證心靈本身就是一個容器。上帝創造了靈魂和身體來自然地調和，身體可能是複雜的機器，但是這個機器自有一套神聖的指令。當我們決定要動手時，手就會移動，但是我們沒有創造或發明所有允許動作的機制。要是我們意識到疼痛或愉悅，那些感覺是系統預先設定的結果，是心靈和身體之間不斷的溝通。

萊布尼茲發展出自己的思想實驗來說明思想和感知與人類密不可分。想像一下走進一座工廠，這是一棟容納機器、原料和工人的大容器。這是一個複雜的系統，裡面的零件可以和諧地實現單一目標，但是它永遠不會有心靈。萊布尼茲寫道：「我們所發現的乃是齒輪和槓桿相互推動，但不會發現任何解釋知覺的東西。所以我們應當在單純的實體內，而非是在像機器這種組合物內去尋找知覺。」他所提出的論點是，無論工廠、機械或自動機如何先進，人類都無法建造出能夠思考或感知的機器。[14]

儘管如此，萊布尼茲對複製局部的思想深深著迷。在這之前的幾十年，一位名不見經傳的英國作家布拉斯維特（Richard Braithwaite）寫了幾本關於社會行為的書籍，無意間把「computer」指為擅長於操作計算工具，訓練有素、快速、準確的「人」。[15]同一時期，法國數學家和發明家巴斯卡（Blaise

Pascal）為今日所知的機率論奠定了基礎，因為他想讓計算的工作自動化。巴斯卡看到爸爸手工計算稅務勞心費神，想讓爸爸的工作更輕鬆，於是巴斯卡開始研究自動計算器，做出帶有機械式齒輪和可轉動的刻度盤。[16] 而這台計算器真的可以計算，啟發了萊布尼茲修正他「機器永遠不會有靈魂」的想法；無論如何，打造出具有人類邏輯思維能力的機器指日可待。一六七三年，萊布尼茲描述他的新型計算機器「步進計算器」（step reckoner）一台用二進位系統做出決策的機器，[17] 長得有點像撞球桌，有球、洞、桿子和球道，靠著轉動一連串的 1（代表開）和 0（代表關）來控制洞孔。

　　萊布尼茲的步進計算器為更多理論奠定了基礎觀念，其一是如果邏輯思維可以簡化成符號，便可像計算系統一樣進行分析；另一個觀念則是如果幾何問題可以用符號和數字來解決，那麼一切事物都可以簡化到位元，包括人類的行為。這與早期哲學家的想法有很大的不同：未來的機器可以複製人類思維過程，而不會侵犯神的天意。思維並不一定需要知覺、感官或靈魂。萊布尼茲想像 computer 能夠解決一般問題，甚至是非數學問題。他假設語言可以簡化為數學和科學的原子概念，做為通用語言翻譯機的一環。[18]

心靈和機器只會遵循演算法嗎？

如果萊布尼茲的觀念是正確的——人類是有靈魂的機器，而且有朝一日，人類會發明無靈魂、卻能有無限複雜思想的機器——這麼一來，地球上將可劃分成兩種機器：**我們**人類有靈魂的機器，對上**他們**無靈魂的機器。但爭論才剛剛開始。

一七三八年，藝術家兼發明家沃康桑（Jacques de Vaucanson）為法國科學院建造了一系列的自動機，當中有一隻複雜逼真的鴨子。它不僅能模仿活鴨的動作，像是拍動翅膀啄食穀物，還可以模仿消化的過程，排便出來。這引發哲學家思考：如果它看起來像鴨子，像鴨子一樣嘎嘎叫，它真的是鴨子嗎？如果我們認為鴨子有一種不同類型的靈魂，這足以證明鴨子能夠意識到自己和這所代表的意義嗎？

同期的蘇格蘭哲學家休謨（David Hume）並不認同承認存在就是覺察的證據。休謨是位經驗主義者，與笛卡兒不同，他根據可觀察的事實和邏輯論證，開發了新的科學框架。早在大家開始談論人工智慧之前，沃康桑就在炫耀他的消化鴨了，休謨在著作《人性論》（*A Treatise of Human Nature*）中寫道：「理性只是、而且應該只是激情的俘虜。」這邊休謨的「激情」指的是「非理性的動機」；驅動我們行為的是動機，而不是抽象的邏輯。如果印象只是我們對某些東西可以看到、摸到、感覺到、

品嚐到和聞到的知覺，而想法是對我們沒有直接接觸到的事物的知覺，休謨認為，我們對周圍世界的存在和理解都以人類知覺的構想為基礎。

隨著自動機愈來愈進步、愈來愈逼真，把 computer 當思考機器這回事也愈被認真看待，法國醫生兼哲學家拉・美特利（Julien Offray de La Mettrie）對人類、動物和自動機進行了極端且令人震驚的研究。他在一七四七年首次以匿名出版的論文中，提出人類與動物非常相似的看法；如果猩猩「受過適當訓練」，就可以學習人類語言。拉・美特利還結論出，人類和動物不過是受到本能和經驗驅使的機器，「人體是一架自己會發動自己的機器……因此心靈只是一種運動的原則，或是腦內物質、感性的一部分。」[19]

人類只是物質驅動的機器，用齒輪和輪子來執行一系列的功能──這樣的觀念暗指我們並不獨特，也暗示我們可以用程式設定。如果真是如此，如果我們能創造出栩栩如生的鴨子和小修道士，那麼同理，有朝一日，人類可以創造自己的複製品，並建造各種智慧的思考機器。

我們能夠打造出思考機器嗎？

到了一八三〇年代，數學家、工程師和科學家開始進行改

造，希望製造出與精於計算的「電腦」人，擁有相同計算能力的機器。英國數學家勒芙蕾絲（Ada Lovelace）和科學家巴貝奇（Charles Babbage）發明了一台叫「差分機」（Difference Engine）的機器，後來又推出了更先進的「分析機」（Analytical Engine），用一連串預定的步驟來解決數學問題。巴貝奇沒有想到除了計算數字，機器還可以做其他任何的事情。多虧勒芙蕾絲在翻譯科學論文注腳時思緒神遊，靈光乍現想到高明的點子，讓分析機的運算更為強大，並發展出其他用途。[20] 如果機器可以操控符號，而符號本身可以指派給不同的東西（例如音符），那麼機器就能在數學以外的領域「思考」。雖然勒芙蕾絲並不相信電腦能夠創造原創的思想，但她確實想像出一套複雜的系統，可以遵循指令，進而模仿人類日常所做的很多事情。對於當時一些人來說，這篇譯者評注似乎不起眼，但勒芙蕾絲在燈泡發明的幾十年前，就已經替未來強大的機器編寫了第一個完整的電腦程式。

在勒芙蕾絲和巴貝奇工作的劍橋大學以北一百英里，有個叫唐卡斯特（Doncaster）的地方，年輕自學而成的數學家布爾（George Boole）在田野裡走來走去；他突然有個靈感，決定要奉獻一生，來解釋人類想法背後的邏輯。[21] 他那次的散步催生出我們今天所知的布林代數（Boolean algebra），這是一種使用符號和數字來簡化邏輯表達式（例如，「和」、「或」和「不」）的

方法，例如，計算「真和真」會得到「真」，後來對應到電腦中的物理開關和閘極。布爾花了二十年的時間將他的想法成形，再過了一百年，才有人意識到布爾的邏輯和機率可以幫助電腦從自動計算基本數學，發展到更複雜的思考機器。當時還沒有辦法做出思考機器，所需的製程、材料和電力都尚未齊備，無法測試布爾的理論。

　　從理論上的思考機器，到開始模仿人類思想的電腦，這樣的大躍進發生在一九三〇年代。三〇年代出現了兩篇劃時代的論文：夏農（Claude Shannon）的〈繼電器與交換電路的符號分析〉（*A Symbolic Analysis of Relay and Switching Circuits*）和圖靈（Alan Turing）的〈論可計算數及其在判定問題上的應用〉（*On Computable Numbers, with an Application to the Entscheidungsproblem*）。夏農是麻省理工學院電機工程系的學生，但他選修了一堂哲學系的課，像他這樣到外系修課的情形很少見。布爾《思維規律的研究》（An Investigation of The Laws of Thought）成了夏農論文主要的參考書目，夏農的指導教授布希（Vannevar Bush）鼓勵他把布爾的邏輯連結運用到實體的電路上。布希已經根據勒芙蕾絲和巴貝奇的分析機建立了一個高級版的機器，原型叫微分分析機（Differential Analyzer）。這台機器的設計有點特殊，因為當時還沒有系統性的理論規定電路該怎麼設計。夏農的突破是把布爾的符號邏輯運用在電路的規

劃上，然後解釋如何用布林邏輯，以輸入 1 和 0 的方式，讓電路實現對應的各種邏輯運算。夏農已經發現電腦有兩個層面：實體（容器）和邏輯（代碼）。

在夏農致力把布林邏輯融合到實體的電路上時，圖靈正在測試萊布尼茲的通用語言翻譯機，它可以代表所有數學和科學知識。圖靈想證明何謂判定問題（德文原名是 Entscheidungsproblem）或「決定性問題」。簡單來說，判定問題是：沒有演算法可以判定任意數學命題是真還是假。而答案是沒有。圖靈證明了這樣的演算法不存在，但無心插柳柳成蔭，他找出了萬用電腦的數學模型。[22]

然後，這改變了一切。圖靈發現程式及要使用的資料都可以存放在電腦內，這在一九三〇年代是極端的主張；在此之前，大家都認為機器、程式和資料都是獨立的。史上頭一遭，圖靈的通用機器解釋了為什麼三者交織在一起。從機械的角度來看，操作電路和開關的邏輯也可以運用到程式和資料中。想想這些主張的重要性，容器、程式和資料是單一實體的一部分，與人類並無二致，因為我們也是由容器（我們的身體）、程式（自主細胞功能）和資料（我們的 DNA 結合了間接和直接的感官訊息）組合而成的。

自動機的悠久傳統，始於四百年前會走動的小巧修道士，此時終於與圖靈和夏農的研究成果擦撞出火花。美國製造大廠西

屋電氣（Westinghouse）為一九三九年世界博覽會製造了一台以繼電器運作的機器人，名叫電馬達人（Elektro the Moto-Man）。它是一個簡陋的金色巨人，腳下裝有輪子，全身上下共有四十八個電氣繼電器，可用於電話的中繼系統。電馬達人用錄音機上預先錄製的語音，來回應從電話聽筒發出的語音命令。它是擬人化的電腦，能夠做出基本的決定，比如該說什麼，而且不需要人類直接、即時的涉入。

　　從報紙的頭條新聞、科幻短篇故事和當時的新聞影片來看，民眾顯然對這些科技發展感到措手不及、震驚和擔憂。對他們來說，好像「思考機器」已經出現，而且就在一夜之間，完全成形。科幻小說家艾西莫夫（Isaac Asimov）在一九四一年五月號的《驚奇科幻》雜誌（*Astounding Science Fiction*）發表了〈騙子！〉（*Liar!*）這篇短篇故事，這是他在旁見證研究所做出的反應，並在故事中為他的「機器人學三大法則」提出了論據：

一、機器人不得傷害人類個體，或袖手旁觀坐視人類個體受到傷害。

二、除非情況違背第一法則，機器人必須服從人類的命令。

三、在不違背第一及第二法則下，機器人必須保護自己。

　　後來，艾西莫夫加入了他所謂的「第零法則」來管理所有其

他法則：「機器人不得傷害人類整體，或袖手旁觀，讓人類整體受到傷害。」

但思考機器真的會思考嗎？

　　一九四三年，芝加哥大學精神病學研究人員麥卡洛克（Warren McCulloch）和皮茨（Walter Pitts）發表了他們的重要論文〈神經活動中思想內在的邏輯演算〉（*A Logical Calculus of the Ideas Immanent in Nervous Activity*），該論文描述一種新型系統，把生物神經元塑造成簡單的神經網路結構，以達到智慧的效果。如果人類是能處理資料、經精密設計的容器，也正如圖靈所言，容器、程式與資料縱橫交織；那麼，以負責人類思考的大腦來當模型，做出會思考的機器是有可能的。他們提出了對心靈和大腦的現代計算理論，也就是「神經網路」。他們的重點不是放在把機器當做硬體、把程式當做軟體，而是想像出一套新的共生系統，像我們人類一樣能吸收大量的資料。當時的電腦還不夠強大，還無法測試這個理論，但是這篇論文確實啟發了其他人開始研究新的智慧電腦系統。

　　出生於匈牙利的美國籍博學家馮・諾伊曼（John von Neumann），專長領域有電腦科學、物理和數學，在他發表了一篇關於應用數學的長篇論文之後，智慧電腦系統和自主決策之

間的關聯就變得更加明朗。一九四四年，他和普林斯頓大學經濟學家摩根斯特恩（Oskar Morgenstern）共同撰寫了一本六百四十一頁的書，鉅細靡遺地解釋了賽局理論如何透露所有經濟決策的基礎。這本書促成了馮‧諾伊曼與美國陸軍合作，他們一直在開發新型電腦，名為電子數值積分計算機（Electronic Numerical Integrator and Computer，簡稱 ENIAC）。起初，給 ENIAC 供電的指令已經設定到系統中，這表示在運作新程式時，整個系統都必須重新設定。馮‧諾伊曼受到圖靈、麥卡洛克和皮茨的啟發，研發出在電腦本機裡存放程式的方法。這是電腦運算一大重要轉變：從打孔卡片製表機時代，過渡到可程式化系統的新時代。

　　此時，圖靈則自行研究神經網路的概念，組製含內建程式結構的電腦。一九四九年，《泰晤士報》引用圖靈的說法：「我不明白它（機器）有何不能進入由人類智力處理的領域，總有一天它們能與我們匹敵。我認為用十四行詩來一較高下、劃分界線有失公允，因為機器大概會比我們更懂得欣賞由機器寫成的十四行詩。」（注：李斯特獎章得主、知名腦外科醫生傑斐遜爵士〔Sir Geoffrey Jefferson〕在同年著名的獲獎致辭中提出：「除非機器能夠憑藉思想和情感寫出一首十四行詩，或者創作出一部協奏曲，而且這些作品都不是隨意拼湊的符號，否則我們不會承認機器可以等同於人腦。」）一年後，圖靈在哲學期刊《心

靈》（*Mind*）上發表了一篇論文，回答了霍布斯、笛卡兒、休謨和萊布尼茲所提出的問題。文中他提出了一個論點和測試：如果有一天，電腦能用與人類相同的方式來回答問題，那麼它必定是在「思考」。你可能有聽過這篇論文的另一個名稱：圖靈測試。

這篇論文的開頭就是個知名當世的問題：「機器能思考嗎？」早在圖靈之前，就有許許多多哲學家、神學家、數學家和科學家提出並回答這個問題，但圖靈對這個長達數世紀關於心靈和機器的爭論很敏感，且拒絕考慮；因為他認為這個題目太過廣泛，無法進行有意義的討論。「機器」和「思考」是模稜兩可的詞，主觀的解釋空間太大。（畢竟已經累積了四百年的論文和書籍在討論這些詞的含義。）

圖靈測試這個遊戲建立在欺騙之上，只要電腦成功地被誤認為是人類，這個遊戲就算電腦「贏」了。測試是這樣的：有一個人、一台電腦和一名詢問者（在另一間房間）。遊戲的目的是讓詢問者弄清楚哪些答案來自人，哪些答案來自電腦。遊戲開始時，詢問者只知道兩邊分別為 X 和 Y，但不知道哪一個代表電腦；且詢問者只能問像「請 X 告訴我，X 是否會下棋？」這類的問題。遊戲一結束，詢問者必須分辨 X 和 Y 誰是電腦、誰是人。還有一個人的工作，是幫助詢問者辨識出另一邊是電腦；而電腦的工作則是矇騙詢問者，讓他相信它是人。關於這個遊

戲，圖靈寫道：「我相信在五十年左右內，電腦儲存容量可達到10^9左右，電腦也因此將在模仿遊戲中表現得更好，一般詢問者在提問五分鐘之後，判斷準確率將不會高於七○％。」[23]

　　但圖靈是科學家，他知道他的理論在他有生之年還無法證明。事實上，問題不在於圖靈缺乏證據證明機器有一天會思考，而在於當時時機尚未成熟；所以圖靈說，也許要到二十世紀末才能進行他的測試。他還寫道：「我們希望最終電腦能與人類在所有純智力的領域互相競爭。」然而，要有重大的躍進，就要相信機器有朝一日能掌握理解、推理和記憶的能力；但真正的問題來自人類的阻礙。智能機器的發展還需仰賴同時期的研究人員拋開唯心論來觀察認知行為，並相信智能機器的合理性。電腦與人類不同，它們能用非意識的方式做出決斷。

AI 的催生年

　　一九五五年，數學和神經學教授明斯基（Marvin Minsky）、數學教授麥卡錫（John McCarthy）、貝爾實驗室的數學家和密碼學家夏農與 IBM 的電腦科學家羅切斯特（Nathaniel Rochester）規劃了為期兩個月的研討會，來研究圖靈的作品和機器學習的潛力。他們提出一個理論：如果有辦法描述出人類智慧每一項特徵，那麼就可以教會一台機器模仿人類。[24] 但這需要許多來自

不同領域、廣博又多元的各門專家組成團隊。明斯基等人相信，聚集一組跨學科的研究團隊，在暑假期間不間斷、密集地工作，就能有重大的突破。

策劃這個小組十分重要，因為這將成為極少工程師、社會科學家、電腦科學家、心理學家、數學家、物理學家和認知專家能參與的關係網絡；他們會詢問與回答最基本的問題，像是「思考」是什麼意思，我們的「心靈」如何運作，以及怎麼教機器用和人類相同的方式學習。他們打算讓這個多元的關係網絡繼續合作研究，將來建立一門新的領域。這是個用新的跨學科方法來打造思考機器的新契機，所以他們需要新的名稱來描述所做之事。於是，他們想出一個可多方詮釋、聽起來又優雅的名稱：**人工智慧**。

麥卡錫建立了一份初步清單，列出了他認為有必要參與建立關係網絡的四十七位專家，並為日後所有的研究和原型奠定了基礎。這是個緊張的過程，決定了所有絕對必須參與的關鍵人士，同時眾人也開始構想並認真著手打造人工智慧。其中明斯基還特別擔心小組少了兩名重要人士的意見，就是兩年前去世的圖靈和當時處於癌症末期的馮·諾伊曼。[25]

儘管他們努力策劃出擁有最佳互補技能的多元化團體，他們卻有一個明顯的盲點：雖然在麥卡錫和明斯基希望延攬人才的領域裡，也有許多聰明又有創意的有色人種，但是名單上清一

色都是白人。名單上的人都來自當時的科技巨頭（如 IBM、貝爾實驗室）或少數幾所大學。儘管當時已有很多傑出的女性在工程、電腦科學、數學和物理方面有重大的貢獻，但她們都被排除在外。[26] 受邀的人都是男性，除了明斯基的妻子葛洛莉雅（Gloria Rudisch Minsky）。這些科學家在沒有意識到自己偏見的情況下，竟希望了解人類心靈如何運作、如何思考，以及機器如何從全體人類中學習。事實上這樣的做法已經大大限制了他們的資料庫，因為他們選的人看起來都和他們是同一個模子刻出來的。

第二年，該小組聚集在達特茅斯學院數學系的頂樓，研究複雜性理論（complexity theory）、自然語言模擬、神經網路、隨機性與創造力的關係，以及會學習的機器。平日他們會在數學大教室裡進行一般的討論，然後分散成小組處理更細微的任務。紐厄爾（Allen Newell）、賽門（Herbert Simon）和蕭（Cliff Shaw）教授提出了一種方法找出邏輯定理的證明，並在一般討論會議中，手工模擬出程式運作的過程，做出第一個模仿人類解決問題的程式，他們把這個程式稱為「邏輯理論家」（Logic Theorist）。最終「邏輯理論家」證明了數學基礎標準書籍《數學原理》（Principia Mathematica，由懷海德〔Alfred North Whitehead〕和羅素〔Bertrand Russell〕合著）五十二個定理中的前三十八個定理。幾年前夏農曾提議教電腦與人類對弈，這

時他也有機會在小組中展示還在設計的程式初步原型。[27]

麥卡錫和明斯基期望人工智慧能有突破的進步，但這個願望在那年夏天並沒有實現。他們的時間不夠，也沒有足夠的計算能力，把人工智慧從理論發展到可以付諸實行。[28]然而，那年夏天確實開啟了三個關鍵的做法，後來成為我們今日所知人工智慧的基礎：

一、人工智慧將由大型科技公司和學術研究人員合作研發，共同建立理論、建構、測試和進一步發展。

二、進一步發展人工智慧需要大量資金，想辦法把成果商業化勢在必行，無論是透過與政府機構或軍方建立夥伴關係，還是打造可銷售的產品和系統，商業化非做不可。

三、調查並建立人工智慧跨學科研究人員的關係網絡，這表示從頭開始建立一個新的學術領域。同時這也表示該領域人員偏好招募他們已經認識的人，而此舉會相對提高關係網絡的同質性，並限制網絡的世界觀。

那年夏天還有另一個有趣的發展。雖然研究小組圍繞著「**機器能思考嗎？**」這個由圖靈提出的問題，且證明答案的最佳方法就是做出一個會學習的機器，但大家卻又意見分歧。有些成員贊同生物學的方法，也就是說，他們相信神經網路可以用來

把常識和邏輯推理灌輸至人工智慧設計中，這樣就能讓機器具備與人類同等的智慧；也有成員認為，有如此完整人類思考結構的複製品永遠不可能創造出來，所以他們支持用工程學的方法來取代。程式可以幫助系統從資料庫中「學習」，而不是編寫命令來解決問題。這種方式會根據資料進行預測，然後人類主管會檢查答案，並從中訓練系統，進行調整。這麼一來，「機器學習」就被狹義地定義為學習特定任務，比方說下西洋跳棋。

參加達特茅斯研討會的心理學家羅森布拉特（Frank Rosenblatt）想要模擬人類大腦處理視覺資料，進而模擬大腦學習辨識物品的方式。根據那年夏天的研究，羅森布拉特發明了一個名為感知器（Perceptron）的系統。他想建構一個能反饋數據的簡單框架程式，後來成了第一個人工神經網路（artificial neural network，簡稱 ANN），靠著創造多元處理元件之間的連結、分層排列來運轉。每個機械神經元會接收許多不同信號的輸入，然後使用數學加權系統來決定產生哪個輸出信號。在這種平行結構中，多個處理器可以同時存取，不僅速度快，還可以連續處理大量資料。

這種系統的要點在於，雖然它並不一定表示電腦可以「思考」，但它**的確**告訴我們要如何教電腦學習。人類學習的方式不外乎反覆試驗、不斷摸索。若要在鋼琴上彈奏 C 大調音階，就得按照正確的順序、按出正確的鍵。一開始，我們的手指、耳

朵和眼睛記不住正確的模式，但若我們一遍又一遍重複練習這個音階，每次都加以修正，最終是會彈對的。以前我上鋼琴課彈錯音階時，老師會糾正我；但如果我彈對了，就能得到貼紙。貼紙讓我更能彈對音，這個道理和羅森布拉特的神經網路相同。系統學會如何從執行數千次相同的功能來優化反應，並且記住所學到的東西，將知識應用在未來的問題上。羅森布拉特使用一種稱為「反向傳播算法」（back propagation）的技術來訓練系統：在初始訓練階段，先由人員來評估人工神經網路是否做出了正確的決定。如果決定正確，就會加強這個決策過程；如果沒有，則會調整加權系統，並進行另一次測試。

在研討會之後的幾年裡，對於人類的複雜問題，研究人員有了非凡的進展，比如用 AI 來解決數學定理問題。然而，訓練 AI 做一些如語音辨識那樣看似簡單的事情，仍然是令人頭疼的挑戰，立即的解決方法也尚未出現。在研究人員開始研究 AI 之前，心靈一直被視為黑箱，因為我們即便在輸入資料後能得到回應，但仍無從察覺心靈的決策過程。早期的哲學家、數學家和科學家都說這是上天設計的結果，但是現代科學家知道，這是經由數十萬年演化而來的。直到一九五〇年代，到了達特茅斯會議那年夏天，研究人員相信他們可以打開黑箱（至少在書面上）、觀察當中的認知過程，然後教電腦模仿我們的刺激—反應行為。

截至那時為止，電腦運算一直處於自動化打孔製表機的第一個時代，可以計算數字的機器標誌；接著取而代之的是可用程式控制的電腦，這時是電腦運算的第二個時代。在一九五〇年代，更快、體積更小的系統具有足夠的記憶體來保存電腦內的指令集，程式可以存放在本機裡；更重要的是，程式可以用英文、而不是複雜的機器碼來編寫。顯然我們不需要自動機或人性的容器，就能讓 AI 的應用程式發揮功用。即便我們將 AI 放至沒有任何人類特徵的簡單盒子裡，仍能卓有成效。

達特茅斯研討會激勵了英國數學家古德（Irving John Good）寫出一篇關於「超級智慧機器」的文章，描述一台比人類更會設計機器的機器，未來有可能會「智慧爆炸，人類智慧被機器遠遠甩在後方。因此，第一台超級智慧機器是人類需要製造的最後一項發明。」[29]

接下來，終於有女人進入了研發小組──起碼是個女生的名字。麻省理工學院的電腦科學家維森鮑姆（Joseph Weizenbaum）編寫了一個名為 ELIZA 的早期人工智慧系統，一個以蕭伯納《賣花女》（*Pygmalion*）劇中少女的名字來命名的聊天程式。[30]這個開發成果對神經網路和 AI 很重要，因為它是自然語言處理早期嘗試的成果。程式使用各種預先編寫的腳本與真人進行對話，最著名的腳本叫做「醫生」，[31] 模仿一位有同情心的心理學家，使用模式辨識，反應出奇地有人情味。

此時，達特茅斯研討會引起了國際關注，當中的研究人員也無預警地發現自己成了公眾人物。他們是怪咖明星，讓每個人都能一瞥未來夢幻般的新理想。還記得創造第一個神經網路的心理學家羅森布拉特嗎？他告訴《芝加哥論壇報》，再過不了多久，機器就不只像 ELIZA 程式的功能那樣，僅能進行幾百次回答；電腦還能聽取會議內容、輸出聽寫，「就像辦公室秘書一樣。」他承諾，在短短幾個月內他們將打造出有史以來最大的「思考設備」，而且還可以實際運作。[32]

至於創造邏輯理論家的賽門和紐厄爾呢？他們開始對 AI 做出瘋狂又大膽的預測，表示在十年內（一九六七年之前）電腦可以：

- 將世界前幾名西洋棋大師擊敗，成為西洋棋世界冠軍。
- 發現並證明出一個重要的數學新定理。
- 編寫出即便是最嚴厲的評論家也會讚賞的音樂。[33]

同時，明斯基預測出通用智慧機器，這種機器除了能聽寫、下棋或作曲，還可以做更多的事情。他相信，在他有生之年，機器將實現通用人工智慧，也就是說，電腦能進行複雜的思考、語言表達和做出選擇。[34]

達特茅斯研討會的研究人員撰寫了論文和書籍，參加電視、

廣播、報紙和雜誌的採訪，但這種科學很難解釋，因此論述經常含糊不清，選用的引文也不符背景的脈絡資訊。除了瘋狂的預測，大眾對 AI 的期望愈來愈夢幻，部分原因是故事被誤傳，例如《生活》雜誌曾引用明斯基的話說：「在三至八年內，我們能開發出具有一般人類能力的通用智慧機器，能讀莎士比亞、給汽車換機油、在辦公室搞政治鬥爭、講笑話和吵架。」[35]在同一篇文章中，記者還把艾倫‧圖靈（Alan Turing）的名字寫成了「羅納德‧圖靈（Ronald Turing）」。明斯基顯然非常熱衷人工智慧，不過他可能把話說得太滿了，他並不是指會走路、會說話的機器人就快要出現了；然而，在沒有知識背景脈絡和解釋的情況下，大眾對人工智慧的看法開始變質。

一九六八年，克拉克（Arthur Clarke）和庫布里克（Stanley Kubrick）決定製作一部電影，講述未來機器具有普通人類智慧的情況。他們想要講關於人類和思考機器起源的故事，於是他們請明斯基來給予建議。如果你還沒猜到，這是一部你已經知道的電影《2001 太空漫遊》。故事圍繞著一個名為哈兒的人工智慧超級電腦，它從創作者那裡學到了創造力和幽默感，並威脅說要殺死任何想要除掉它的人。劇中的角色維多‧卡明斯基（Victor Kaminski）的名字甚至取自明斯基。

所以可以說，在一九六〇年代中期 AI 成了時代風潮，每個人都在迷戀未來。對於 AI 在商業上成功的期望也隨之升高，因

為有一本默默無聞的廣播業界雜誌，發表了一篇由英特爾的聯合創始人摩爾（Gordon Moore）撰寫的文章，標題簡潔，名為〈在積體電路上容納更多元件〉（*Cramming More Components onto Integrated Circuits*），文中闡述的理論是，每十八到二十四個月的時間，積體電路板上可放置的電晶體能以相同的成本，放置兩倍以上的晶體管數量。這個大膽的想法被稱為摩爾定律，從很早期來說，他這個論點就幾乎是準確的。電腦變得愈來愈強大，能完成的任務也更加五花八門，不單只會解決數學問題而已。電腦是人工智慧社群的推動力，電腦的進步表示人工智慧理論很快就會進入測試階段。此外，電腦的發展也提高另一項迷人的可能性：AI處理器最終可能超越人類大腦的能力，因為從生物學的角度來說，人腦的儲存容量畢竟有限。

所有的炒作加上摩爾這篇文章，都為人工智慧帶來了巨額資金投資，即使達特茅斯關係網絡以外的人並不完全了解人工智慧。那時候還沒有產品可供展示，擴展神經網路實用的方法和所有必要的科技也都尚未到位。但當時由於世人相信了思考機器的**可能性**，AI就足以獲得重要企業和政府的資金挹注，例如美國政府就資助了一項野心勃勃的AI語言翻譯計劃。那時正值冷戰高峰，美國政府需要俄語即時翻譯系統，以提高效率、節省成本和達到準確度，讓機器透過翻譯程式來學習似乎是個解決辦法。喬治城大學語言與語言學研究所和IBM合作，製作了

一套俄英機器翻譯系統的原型，但詞彙量有限，且僅限翻譯有機化學領域的東西。這套系統成功的展出讓很多人匆匆下了結論，機器翻譯成了《紐約時報》的頭條新聞，還登上了其他六家報紙的頭版。

資金在政府機構、大學和大型科技公司之間流動，有段時間似乎也沒有人監視資金的流向。但除了論文和模組原型，人工智慧並沒有達到預期的目標；事實證明，要有重大突破所需面臨的挑戰，遠比現代 AI 先驅所預期的還要更大。

沒過多久，就有人呼籲相關單位應著手調查 AI 在實體世界的用途和實際執行狀況。美國國家科學院（The National Academy of Sciences）因應國家科學基金會（National Science Foundation）、國防部和中央情報局的要求，建立了一個諮詢委員會。他們發現，由人工智慧來翻譯外語的可行性有點自相矛盾，最終得出一個結論：「機器並沒有翻譯出一般科學文本，而且當下毫無前景可言。」[36] 隨後，一份提交給英國科學研究委員會（British Science Research Council）的報告主張，核心研究人員過度誇大人工智慧的進展，並為這個領域的所有核心研究範圍提出悲觀的預測。劍橋大學的應用數學家萊特希爾（James Lighthill）是這篇報告的主要負責人，他嚴厲批評早期的 AI 技術都還停留在小家子氣的層面（像是教電腦玩西洋跳棋），要將 AI 拓展至能解決實體世界問題的程度，根本永遠不可能發生。[37]

隨著報告陸陸續續發表，英美的民選官員要求相關人員回答一個新問題：為什麼我們要資助理論科學家的瘋狂觀念？於是美國政府撤回了機器翻譯專案的資金，包括美國國防部國防高等研究計劃署（Defense Advanced Research Projects Agency，簡稱 DARPA）的款項。民間公司把他們的優先事項從對一般人工智慧的長期基礎研究，轉移到能更立即解決當下問題的計劃。如果把達特茅斯研討會之後的幾年描述成眾人心心念念、樂觀其成的盼望；在那些嚴厲批判報導之後的幾十年，則算是 AI 的寒冬。資金枯竭，學子轉至其他研究領域發揮所長，AI 的進展停滯不前。

　　連麥卡錫自己的預測都趨向更加保守，他說：「人類不費吹灰之力就能辦到這類任務，是因為我們本來就會。」[38]但事實上，真正的困難之處在於人類究竟是怎麼理解談話的，辨識出語言的實際和認知過程又是什麼樣子。麥卡錫喜歡舉鳥籠為例來解釋推動 AI 發展的挑戰：假設我要你替我造一個鳥籠，而我沒有給你任何規範，你會怎麼做？你可能會做一個有頂部、底部和側面的外殼。如果我給你一個額外的訊息，比方說這隻鳥是企鵝，那麼你可能就不會把上方蓋起來。因此，鳥籠是否需要頂部取決我給你的資訊，以及你已經擁有關於「鳥」這個詞的所有訊息，像是大多數的鳥會飛這個事實。人腦中有內建的假設和背景脈絡資訊，若要讓 AI 用和我們相同的方式做出回應，需

要更多明確的資訊和指令；[39] 也因此，人工智慧的寒冬後來持續了三十年。[40]

下一步發展：讓機器學習玩遊戲

雖然資金已枯竭，但許多達特茅斯的研究人員仍繼續從事人工智慧的工作，他們不斷教出新的學生。同時，摩爾定律仍然準確，電腦變得愈來愈強大。

到了一九八〇年代，電腦的計算能力與日俱增，研究團隊的關係網絡也不斷擴大；一些研究人員發現他們的研究有商業機會，於是他們開始思考如何將 AI 朝商業化發展。這波商業化重新引起了世人的興趣，更重要的是，資金也回流至 AI 的開發計劃。一九八一年，日本宣布了一項為期十年的人工智慧開發計劃，稱為「第五世代電腦」，促使美國政府成立了微電子和電腦科技公司（Microelectronics and Computer Technology Corporation）這個技術研發聯盟，鞏固美國國家競爭力。在英國，自萊特希爾發表那篇狠批人工智慧進展的報告後，被削減的資金又回流了。從一九八〇年到一九八八年，AI 產業的資金從幾百萬美元激增到幾十億美元。

電腦加載了記憶體後，運算速度更快、處理資料也變得更有效率；此時複製人類專家的決策過程成了開發重點，而不是打

造像電影中超級電腦哈兒那種虛構全能機器。這些系統著重使用神經網路來完成範圍有限的任務，比方說玩遊戲。自一九九〇年代到二〇〇〇年代初期，令人興奮的成果紛紛出爐。一九九四年，一個名為切努克（CHINOOK）的人工智慧程式和世界冠軍汀斯雷（Marion Tinsley）比了六場西洋跳棋比賽（全部和局）；後來汀斯雷因病退出比賽，於是切努克奪走了西洋跳棋的冠軍頭銜。[41] 一九九七年，IBM 的深藍超級電腦擊敗世界西洋棋冠軍卡斯帕洛夫（Garry Kasparov），卡斯帕洛夫與對手比了六局之後，眼看著自己毫無勝算，便在壓力下棄子投降。二〇〇四年，詹寧斯（Ken Jennings）在益智競賽節目《危險邊緣》（Jeopardy!）中連續贏了七十四場比賽，創下統計學上令人難以置信的驚世成績，也刷新了當時的金氏世界記錄，贏得遊戲節目史上最高的現金獎金。因此，當他二〇一一年接受 IBM 華生電腦（Watson）的戰帖時，他自信滿滿，畢竟他上過 AI 的課程，認為這項科技不夠先進，無法理解情境、語義和文字遊戲。結果超級電腦華生擊潰詹寧斯，他在比賽初期就開始失去信心。

到了二〇一一年，我們知道人工智慧在某些思考任務中的表現優於人類，因為它能讀取處理大量的資料，且不受壓力影響。AI 知道壓力是什麼意思，但是它沒有、也不需要內分泌系統去抗衡壓力。

儘管如此，古老的棋類遊戲圍棋仍是個令研究人員躍躍欲試的高標準，因為圍棋的程式可以單用傳統的策略來編寫。圍棋源自中國，至今已有三千多年的歷史。對弈的規則十分淺顯：兩名棋士輪流將白色和黑色的棋子，下在棋盤網格的交叉點上。當棋子被異色棋子包圍，相鄰的出路也被敵軍佔光時，棋子就沒有「氣」了，這些被圍城的棋子就會被吃掉。遊戲的目的是在棋盤上圍地，而這不但需要心理戰術，也要精準地了解對手的心態。

　　傳統的圍棋棋盤由十九條橫線和十九條豎線組成，與其他棋類遊戲不同之處在於圍棋每一個棋子的權重一致。兩名棋士分別會有一百八十一枚黑子或一百八十枚白子（對弈時黑子先行，所以數字不同）。西洋棋則是棋子各具不同功能，白棋手有二十種可能的走法、黑棋手也有二十種可能的走法，所以在西洋棋開局一回合後，可能有四百種棋盤變化。但是圍棋棋盤上共有三百六十一個留空的交差點，所以光落第一個子，就有三百六十一種可能的走法。而在雙方都下了第一子之後，就產生了十二萬九千九百六十種可能的走法。要是整盤下完，總共會有 10^{170} 種可能的棋局，這個數字比已知宇宙中的所有原子數量都還要大。圍棋可下子的位置和順序不知凡幾，所以不像西洋跳棋或西洋棋那樣有固定的棋譜。反之，圍棋大師依賴情境：如果對手下了特定的一步，大師會依據對手的個性、耐心和整體

心態考量判斷，有可能、似乎可能和極可能的結果會是什麼？

　　圍棋和西洋棋一樣屬於確定性完全資訊的遊戲（Perfect Information，注：所有事情都攤在陽光下，沒有像橋牌會有你看不到的東西），沒有隱藏或明顯的機運元素。為了獲勝，圍棋棋士必須保持情緒平衡、心如止水，他們必須成為掌控微妙情緒的高手。而在西洋棋中，要計算出棋士未來可能的走法是有可能的；因為城堡只能在棋盤上橫走或直走，這就限制了棋子潛在的走法。因此，早在任何棋子被吃掉，或被「將軍」之前，誰會贏得比賽不難預見；但圍棋的情況並非如此。圍棋比賽有時甚至需要請到高段圍棋大師才能弄清楚賽局中的情況，並判定在特定時刻是誰獲勝。圍棋的複雜性讓皇帝、數學家和物理學家深深著迷，也是研究人員一直亟欲教會 AI 圍棋的原因。

　　對於 AI 研究人員來說，圍棋無庸置疑是一項重要的考驗。設定電腦了解規則固然可行，但了解人類對手心性能用程式設定嗎？尚未有人編出運算能力夠強的演算法，來應付圍棋瘋狂的複雜性。一九七一年，電腦科學家萊德（Jon Ryder）從科技的角度出發，設計了一款早期的圍棋程式，但敗給了人類初學者。一九八七年，一款名為勁敵（Nemesis）的強大電腦圍棋程式首度在圍棋錦標賽中出賽，與人類同台競爭。到了一九九四年，電腦圍棋程式 Go Intellect 已經有不錯的棋藝，但就算讓了圍棋程式好幾子，Go Intellect 對戰小孩子仍然三盤皆輸。在這些

案例中，電腦往往會走出令人難以理解的棋步，或是走法太激進，不然就是誤判了對手的情勢。

早在達特茅斯會議剛開始沒多久，明斯基和羅森布拉特就提倡用神經網路來設定 AI 系統（但當時的條件還無法做到），這時，有些研究人員開始著手研究神經網路。認知科學家辛頓（Geoff Hinton）和電腦科學家勒昆（Yann LeCun）、班吉歐（Yoshua Bengio）都認為，以神經網路為基礎的系統不僅能實際應用在重要事務上，例如自動檢測信用卡的詐騙、用光學字元辨識文件和支票，還能替未來的人工智慧鋪路。

辛頓是多倫多大學的教授，他想像出一種新的神經網路，由多層神經元組成，每層提取不同的訊息，直到辨識出所尋找的東西。他認為，將這種知識導入 AI 系統的唯一途徑是開發學習演算法，讓電腦自己學習；與其教電腦好好完成範圍有限的任務，不如打造神經網路讓電腦來訓練自己。

這些新的「深層」神經網路需要更先進的機器學習，用「深度學習」（deep learning）來訓練電腦執行類似人類的任務，並用更少的人力監督（甚至沒有）。如此一來，最直接的好處便是規模龐大；在神經網路中，幾個神經元會做出一些選擇，但是隨著更多層的神經元，選擇的可能數量會呈指數增長。換句話說，個人是各自學習的，但人類全體是共同學習的。試想有個鋪天蓋地的深度神經網路，以整體的高度整合學習，漸漸就有

可能提高學習的速度、效率並節省成本。

　　這樣做的另一個好處是，放手讓系統自己學習，AI 就不會受到人類認知能力和想像力的限制。人腦具有代謝和化學的臨界值，會限制我們頭殼裡「濕體」（注：電腦科學家用來指軟體、硬體以外的人腦，有時以此貶抑的詞彙稱呼人腦）的處理能力。我們單靠自己無法發展出明顯的演化，因為現有的人類演化時間框架，不符合我們對當前的科技願望。深度學習的潛力是加速智慧的演化，而智慧演化過程只會暫時需要仰賴人類。

　　研究人員先為深度神經網路輸入一組基本參數集，然後讓系統透過使用多層神經元來辨識模式，以自行學習。對於研究人員來說，深度學習的厲害在於，根據系統的設計，機器會做出我們無法預測的決策，因為機器會以人類從未想像過的方式思考，或者用人類做不到的方式來解決問題。在試圖解決重大問題，又尚未有明確的解決方式時，機器這種跳脫人類框架的方式，對我們極為重要。

　　人工智慧社群不接受深層神經網路，認為這是邊緣科學家自己搞出來的荒謬研究。他們的懷疑與日俱增，因為深層神經網路學習是個邊學習邊修正的過程，個中具體發生了什麼無法時時觀察；社群的研究者認為要有人建立系統，然後相信系統所做的決定是正確的，否則會有黑箱作業之虞。

難分軒輊

辛頓繼續投入研究，與他的學生、勒昆和班吉歐共同研究深層神經網路，並於二〇〇六年開始發表論文。二〇〇九年，辛頓實驗室將深層神經網路應用於語音辨識，也正巧遇上了微軟的研發人員鄧力，開啟了一個翻轉的契機，讓這項科技朝更有意義的方向發展。鄧力是位華裔的深度學習專家，也是語音辨識領域使用大規模深度學習的先驅。二〇一〇年谷歌開始測試這項科技，不過短短兩年，深度神經網路就被應用於商業產品。如果你使用 Google Voice 及語音轉文字的服務，用的就是深度學習，這項科技成為我們當今所有數位助理的基礎，Siri、谷歌和亞馬遜的語音助理 Alexa 都是靠深度學習來運作的。自達特茅斯會議那年暑假以來，AI 社群裡跨學科的研究人員已顯著地成長。但是 AI 進步的三大關鍵：大型科技公司和學術研究人員的共同努力、商業成功推動人工智慧的發展，以及研究人員的專業網絡，往往都是由相同的成員所組成的，而這三大關鍵至今仍然扮演非常重要的角色。

北京政府緊盯著美國所有的 AI 進展，如今中國自己擁有萌芽成長中的 AI 生態系統，中國國務院也鼓勵研究人員發表他們的工作成果。二〇一〇年至二〇一七年，中國研究人員發表 AI 科學論文的數量增加了一倍以上。[42] 說句公道話，有論文和專利

並不一定表示研究會被廣泛使用，但這是一個早期的跡象，顯示中國領導人有多麼在意西方的進展，特別是與圍棋有關的電腦程式。

到了二〇一四年一月，谷歌開始大力投資人工智慧，包括用超過五億美元收購 DeepMind 這家從事深度學習的熱門新創公司，並網羅該公司三位創始人：神經學家哈薩比斯（Demis Hassabis）、前西洋棋神童及機器學習研究員列格（Shane Legg）以及企業家穆蘇萊曼（Mustafa Suleyman）。這個團隊部分的吸引力在於，他們開發了一款名為 AlphaGo 的程式。

幾個月後，團隊準備好讓 AlphaGo 挑戰真正的人類棋士。對弈的對手樊麾是一位中國出生的職業圍棋棋士，也是歐洲最強的專業圍棋大師之一。由於在電腦螢幕上玩圍棋與在實體棋盤上落子不盡相同，因此他們決定由 DeepMind 的一名工程師將電腦的棋步放在棋盤上，並把樊麾的棋步回傳給電腦。

比賽開始前，英國圍棋協會的主管曼寧（Toby Manning）在測試比賽中和 AlphaGo 對弈，輸了十七目。曼寧犯了一些錯誤，但程式也有失手。曼寧腦中掠過一個不安的想法：要是 AlphaGo 只是保守地打安全牌怎麼辦？它有沒有可能只發揮足以擊敗我的功力，而事實上有所保留，沒把我痛宰一頓？

AlphaGo 與樊麾的正式比賽即將展開，眾人坐在桌子旁；樊麾穿著細條紋襯衫和咖啡色皮夾克，曼寧坐在中間，DeepMind

的工程師坐在另一邊。比賽開始，樊麾開了一瓶水，思索如何布局。他執黑棋，由他先行下子。前五十手比賽安安靜靜，樊麾顯然在摸索 AlphaGo 的優勢和劣勢。從初期的局勢可以看出：除非人工智慧已經落後，否則系統不會積極攻城掠地。第一局的勝負差距極小，AlphaGo 僅略勝了一·五目。

樊麾將這樣的訊息發揮在第二局。如果 AlphaGo 不打算積極進攻，那麼他決定先發動攻勢，但 AlphaGo 落子的速度也隨之變快。樊麾提到，也許他應該在每一步棋之間多花點時間思考。在第一四七手時，樊麾試圖阻止 AlphaGo 搶佔棋盤中心一大塊實地，但這一手失敗了，於是他被迫認輸。

到了第三局，樊麾的攻勢更加凌厲，AlphaGo 也不甘示弱。棋至中盤，樊麾下手過火，AlphaGo 讓他吃了苦頭；緊接著樊麾又犯了另一個大錯，讓局面難以挽回。樊麾深受打擊，請求先行離開到外頭散散步，好讓自己恢復平靜，完成比賽。再一次，壓力戰勝了偉大人類思想家的理智，而人工智慧卻毫無牽掛，堅決追求目標。

AlphaGo 這個人工智慧電腦程式就這樣以五比〇擊敗了職業棋士。當年 IBM 的 Deep Blue 透過大量輸入棋譜來搜索出棋步，而 AlphaGo 分析過的少量棋譜與 Deep Blue 相比簡直滄海一粟，卻贏得了勝利（注：Deep Blue 是透過輸入了人類的上百萬局棋譜，來搜索出棋步，而 AlphaGo 會用機器學習能力和神經網路

教自己下出更好的棋）。當 AlphaGo 擊敗人類時，它不知道它在比下棋、也不明白棋局是什麼意思，或者為什麼人類會從對弈中獲得樂趣。

來自韓國的職業圍棋大師李夏辰（Lee Hajin）做了賽後講評，她在一份官方公開聲明中說：「我整體的印象是 AlphaGo 似乎比樊麾還要厲害，但是我無法分辨出厲害多少……也許它遇強則強，面對更加厲害的對手時，還會更上一層樓。」[43]

AI 專心對弈，在面對面的競賽中擊敗人類，AI 系統使用相對狹隘的參數集來定義所謂的成功，這為我們現代人工智慧時代帶來了令人困惑的哲學新問題。為了讓人工智慧系統獲勝，達成我們為它們創造的目標，我們人類是否必須在微小、卻又深刻的層面上失敗？

* * *

AlphaGo 繼續參加錦標賽，以精湛的棋藝擊敗每一位對手，讓人類職業棋士士氣低落。在以三比〇擊敗世界第一棋士柯潔後，DeepMind 宣布要讓 AI 系統從棋壇退役，並表示他們團隊將迎接一系列新的挑戰。[44] 團隊的下一步，便是讓 AlphaGo 從一個被人類訓練到能擊敗強敵的系統，演化成不用依賴人類，就能自我訓練的系統。

AlphaGo 的第一個版本需要人為的參與，需要人類輸入十萬局棋譜的初始資料集，才能學習如何下棋。下一代系統 AlphaGo Zero 則將具備從零開始學習的能力，就像剛接觸圍棋的人類一樣。Zero 必須從頭學習所有東西，完全靠自己，沒有棋步的參考資料庫，甚至連棋子的定義也沒有。系統不僅會根據電腦計算的結果做出決定，而且可以明確地用程式來設定，讓系統做出選擇、自行**判斷**。[45] 這表示就算 DeepMind 的程式設計者沒有意識到這一點，也握有極大的權力。Zero 會從程式設計者那邊學到下圍棋的狀況、價值標準和動機，接著在對弈時做出決定和選擇。

Zero 和自己對弈，獨自修正調整自己的決策過程。每局都以隨機的走法開始，每次獲勝時 Zero 就會更新系統，然後再次對弈，透過所學到的知識進行優化。Zero 只花了七十個小時就達到了 AlphaGo 擊敗世上最強棋士的程度。[46]

然後，有趣的事發生了。DeepMind 團隊使用更大的網路把自我訓練的技術應用在 AlphaGo Zero 的第二個實例，讓它自我訓練、自我對弈四十天。這不僅重新發現了人類積累的圍棋知識總和，它還在九〇％的對弈時間內使用全新的策略擊敗了 AlphaGo 最高階的版本。這表示 Zero 這個學生進化成比世上最強的圍棋大師還更厲害的棋士，同時這個自學成才的老師也比人類訓練師還要更厲害——而我們並不完全理解它到底做了些

什麼事，使自己變得聰明。[47]Zero 到底有多聰明？怎麼說呢，圍棋棋士的程度是用所謂「Elo 等級分制度」來衡量的，以棋士過去的表現來判定勝率的期望值。圍棋大師與世界冠軍的等級分往往接近三千五百分，而 Zero 的等級分超過五千分；與 Zero 相比，那些出色的世界冠軍棋士跟業餘棋士沒什麼兩樣。從統計學的角度來看，人類棋士不可能擊敗人工智慧系統。

我們確實知道有一種條件能夠實現這樣的學習能力。Zero 並沒有使用任何人類的資料或專業知識，因為 Zero 的設計者去除了人類對 AI 理解的限制。結果證明，人類反倒會拖累系統。而這項成就建立了能以全新方式思考，並自己做出選擇的系統。[48] 這可是個突然又令人意想不到的大躍進，預示著未來人工智慧系統可以檢視癌症篩檢、評估氣候資料，以非人類方式來分析貧困，也可能帶來人類研究人員從未想像過的突破。

當 Zero 自我對弈時，它發現了人類已經發展超過一千年的圍棋策略，這表示它已經學會像創造它的人類一樣思考。在早期階段，當它犯了同樣的錯誤，它就會找出相同的模式和變化，也遇到了與我們相同的障礙。但隨著 Zero 變得夠強，它便放棄了人類的棋步，並想出了一些它更喜歡的棋風。[49]當 Zero 憑藉一己之力就能突飛猛進，發展出前所未見的創意策略，意味著機器或許**早就**用我們能辨識得出來、卻又異常陌生的方式在**思考**了。

Zero 還證明了演算法此刻已經能在沒有人類指導的情況下學習，而且是我們人類在阻撓 AI 系統的進步。表示在不久的將來，我們可以放手讓機器處理我們靠自己無法預測或解決的問題。

二○一七年十二月，DeepMind 團隊發表了一篇論文，顯示 Zero 在圍棋以外的領域亦能廣泛學習，吸收各樣的資訊。Zero 靠自己玩其他棋類遊戲，例如西洋棋和將棋，雖然這些遊戲顯然沒那麼複雜，但仍需要策略和創意。至今，Zero 的學習速度比以前快得多，用不到二十四小時的對弈時間，就能開發出複雜難懂的超強能力。於是 DeepMind 團隊開始運用他們為 Zero 所開發的技術建立「通用學習機」，這套適應性演算法（adaptive algorithm）不但模擬了我們人類的生物系統，也能加以訓練。他們不是向 AI 系統輸入大量資訊和一套查詢資訊的指令，而是教機器如何學習。機器與人類不同，我們學習時可能會疲倦、無聊或分心，機器卻會不惜一切、不帶感情地追求目標。

這是 AI 漫長歷史中決定性的時刻，原因如下：首先，系統以人類不可預測的方式運作，做出的決策也讓系統創造者摸不太著頭緒，所以它以既無法複製、我們也無法完全理解的方式擊敗了人類棋士。這預示著在未來，AI 可以建立自己的神經路徑，並獲得我們可能永遠無法理解的知識。其次，它鞏固了 AI

現在正在發展的兩條平行軌道：中國很警覺，投入資金和人力使國內產品更具競爭力；而在美國，人們期望奇幻的 AI 產品能快速上市。深層神經網路和深度學習的可行性是當前人工智慧狂熱的原因，更不用說美國投入的資金，以及中國對未來 AI 計畫的國家宣言，突然湧上檯面。

DeepMind 是 Alphabet（谷歌的母公司）旗下的業務部門，有七百名員工，其中一些人的任務是盡快開發商業產品。二〇一八年三月，谷歌的雲端業務宣布，以 DeepMind 打造的文字轉換語音服務，將以每百萬字元十六美元的價格收費。[50] 二〇一八年，谷歌開發者大會的最新發表之一是 Duplex 功能，這項語音助手的功能可以代表顧客自動撥打電話，並與人類接待員交談，可以跟餐廳定位、預約美容院，並附上「嗯」和「啊」等語氣詞。這項產品使用的 WaveNet，既是運用 AI 的生成程式（generative program，注：一種教學程式；在進行過程中，可根據說明產生一系列問題及課文），也是 DeepMind 的一環。[51]

同時，在母公司 Alphabet 有一個名為「谷歌大腦」（Google Brain）的部門，該部門的 AI 研究人員透露，他們已經建立了一個能夠自己生成 AI 的 AI（聽得懂嗎？）。這套系統叫做 AutoML（注：全名為 Automated Machine Learning，意即自動化機器學習），使用「強化學習」的科技，讓機器學習模型的設計可以自動化。AutoML 的運作方式和「家長」身分類似：上層控

制的深度神經網路會為了達成限定範圍的特定任務，決定建立「子」AI 網路。AutoML 在沒有被要求之下，就創造出一個名為 NASNet 的「子」AI，並教它辨識影片中的人物、汽車、交通號誌、錢包等等物體。即使是最聰明的電腦科學家，也會有壓力、自我、懷疑或缺乏自信的特徵；但 NASNet 卻沒有這些包袱，預測影像的準確率達八二‧七％。這表示子系統的表現優於人類程式設計師，包括最初創造其原生 AI 的人類。[52]

這些系統要做出選擇和決策，而創造它們的團隊清一色由男性領導，組成的群體只比在達特茅斯聚會的研究人員，稍微多樣化一些些；因為有個地方出現巨大的開發成果：中國。近年來，由於中國政府大規模資助大學以及百度、阿里巴巴和騰訊這些公司，中國已成為人工智慧重要的大本營。

事實上，百度發現了連 Zero 還做不到的事情：把技能從一個領域轉移至另一個領域。這對人類來說稀鬆平常不足為奇，但對人工智慧而言卻極其複雜。百度只用如親子對話般的自然語言，教導深層神經網路怎麼在 2D 虛擬世界中辨認方位，並解決了轉移技能這個複雜的阻礙。百度智慧型代理會下像是「請導向蘋果」或「你能移到蘋果和香蕉之間的格子嗎？」的指令，系統一走對路線就會得到獎勵。這似乎是個很簡單的任務，但請細想一下這些句子涉及的內容：實驗結束時，百度的 AI 不僅理解了一開始對它毫無意義的語言，系統學會了座標網

格是什麼，還可以在網格間移動，要是碰到格子上有香蕉和蘋果該如何行進，以及如何區分香蕉和蘋果的不同。

* * *

　　在本章開頭，我問了四個問題：**機器能思考嗎？機器「思考」代表什麼意思？親愛的讀者，思考對你代表什麼意思？你怎麼知道，你實際在想的是原創的想法？**現在你了解了這幾個問題漫長的歷史淵源，認識了那個奠定基礎的 AI 研究小組，也清楚了訓練 AI 的關鍵方式，那麼讓我來給你幾個答案。

　　是的，機器可以思考。即便通過了圖靈測試的對話測驗，或更近期的威諾格拉德模式（Winograd schema），都不一定能衡量出 AI 系統其他領域的能力；[53] 這些測試不過是證明了機器能和人類一樣，能用語言的框架思考罷了。（威諾格拉德模式二〇一一年由萊韋斯克〔Hector Levesque〕提出，用來測試機器常識推理的能力，挑戰 AI 回答句中有模糊代名詞的簡單問題。）大家都同意愛因斯坦（Albert Einstein）是天才，即使當時測量智力的方法（例如學校的測試）判定他是笨蛋。愛因斯坦思考的方式並非他的老師所能理解，所以老師當然認為他不聰明。實際上，當時沒有明確的方法，來衡量出愛因斯坦的想法有多高明，同樣的道理也適用於 AI。

思考機器可以在實體世界中做出影響結果的決策和選擇，也因此機器需要意義和目標。最終，它們會培養出判斷力。根據哲學家和神學家兩方面的觀點，這些特性構成了靈魂。每個靈魂都是上帝的願景和意圖的體現；靈魂是由單一創造者所造和賜與的。思考機器也有創造者，他們是人工智慧的新天神，大多為男性，主要居住在美國、西歐和中國，並且多多少少與九大巨頭有關，而人工智慧的靈魂是他們對未來願景和意圖的體現。

　　最後一個問題，沒錯，思考機器能夠有原創的想法。透過經驗學習，它們可能會判定，採用不同的解決方案是可行的。或許新的類別才是最好的方法。AI 不必發明一種新的藝術形式，來向人們證明它的創造力。

　　這表示實際上人工智慧機器是有心靈的。它的心靈很年輕，還在醞釀發展中，很可能會以我們無法理解的方式進化。在下一章，我們會討論機器心靈的構成內容、九大巨頭的價值觀，以及我們偉大的人工智慧覺醒，會給社會、政治和經濟帶來什麼意想不到的後果。

第 2 章

封閉的人工智慧聚落

經過了數百年，人類付諸建立思想機器的努力如今終於開花結果，有了重大的進展。儘管這些機器好像會「思考」，但我們一定得明白：它們肯定不會像所有人那樣思考。

人工智慧的未來正由一小群人打造，這個團體相對封閉，人員的想法也高度相似。再次強調，我相信這些人的本意良善，但要是這些封閉的團體不斷密切合作，假以時日，即便他們不是存心為之，他們的偏見與短視很容易成為新的信念系統以及大家能接受的行為。過去那些可能被視為不正常、甚至被視為錯誤的思維（像是針對國籍、種族、性別、性向等特質的偏見），如今已被社會大眾所接受；然而，我們灌輸給機器的，正是那種不正常、甚至是錯誤的思維。

AI 從業人員屬於某個特有聚落，他們在北美和中國生活、

工作、讀同一所大學、遵守固定的社會規則。這個聚落壓倒性地由相同的成員所組成，他們富裕且受過高等教育；他們的成員絕大多數為男性。他們的領袖無論是執行主管、董事會成員、還是高階管理者也大都是男人，只有極少數例外。在中國，同質性也是個問題，聚落成員主要都是漢人。

而聚落單一化的問題正是他們如此強大的原因。在封閉的團體中，認知偏差會變得更加根深柢固，甚至忽略自我意識。認知偏見取代了理性思考，因為理性思考會讓思考變慢，並消耗更多能量。聚落內部變得愈緊密穩定，他們的團體迷思和行為就愈顯得正常。接下來，我將提供一份值得深思的觀察，供你參考。

AI 聚落現在在做什麼？他們正在打造**限制領域人工智慧**（artificial narrow intelligence，簡稱 ANI，也稱弱 AI）系統，這種限制領域 AI 能處理單一特定事物，而且表現得跟人類一樣好，甚至更佳。商業用的限制領域 AI 應用程式以及 AI 聚落已在生活中替我們做出各種決定，舉凡收發電子郵件、在網路上搜索東西、用手機拍照、開車、申請信用卡或貸款，無所不包。他們的下一步是開發**通用人工智慧**（artificial general intelligence，簡稱 AGI，也稱強 AI）系統，這套系統將能執行更廣泛的認知任務，畢竟它們是以我們的思考為範本所設計出來的機器。但是，這些 AI 系統正模仿的「我們」究竟是誰？是

誰的價值觀、誰的理想，又是誰的世界觀？

　　答案簡單來說，不是你我這種普羅大眾的。人工智慧具備 AI 聚落的思想，它們會優先考慮創造者的價值觀、理想和世界觀。但是，它也開始發展出自己的思想。

聚落領袖

　　AI 聚落中有個耳熟能詳、琅琅上口的口號：「放手做，勇敢錯」。（fail fast and fail often）事實上，另一個版本叫做：「快速行動，打破陳規」（move fast and break things），這句話一直是臉書的公司座右銘，直到最近才換掉。犯錯和接受失敗的想法是個值得稱讚的企業宗旨，與美國其他大企業為了避免風險，總以龜速行動的作風形成鮮明對比。像 AI 這樣複雜的科技需要不斷實驗，且為了讓事情做對，需要有機會去經歷一次又一次的失敗；但事情沒那麼簡單，因為這個口號的背後，暗藏著九大巨頭裡普遍存在且令人不安的意識形態：**先做再說，求原諒是後話**。

　　最近，我們聽到了許多公司請求世人的諒解。像是臉書就為他們牽扯上劍橋分析（Cambridge Analytica）的後果，向大眾道歉。隨著醜聞曝光，臉書於二〇一八年九月宣布他們遭駭客攻擊，使得超過五千萬名使用者的個資外洩，成為數位媒體史上

最大的安全漏洞之一。結果臉書的主管不但早已知情，還決定不要立即通知使用者。[54] 過了短短一個月，臉書宣布推出 Portal 這款可與亞馬遜 Echo Show 競爭的視訊對話觸控螢幕，且違背了之前的保護隱私承諾。最初，臉書表示不會使用 Portal 來收集個人資料，也不會進一步鎖定使用者投放廣告。但在記者的窮追猛問後，臉書尷尬地澄清：雖然 Portal 不會使用你的資料來顯示廣告，但是你使用設備時所「提供」的資料（像是你打電話的對象、在串流音樂 Spotify 上聽的歌曲），會被用到臉書的其他服務和網路上，對你投放廣告。[55]

二〇一六年四月，谷歌大腦的專案負責人傑夫·迪恩（Jeff Dean）在 Reddit 布告欄網站的線上回答問題活動（Ask Me Anything）中寫道，他們公司把女性和有色人種排除在參與回答活動的陣容之外。這不是故意的，而是疏忽，我絕對相信他們不是存心要遺漏，而是籌劃的人壓根沒有想要讓這個活動多元化。

迪恩說，他重視多元化，而谷歌在這方面必須再加強：[56]

我真的很喜歡我們的谷歌大腦培訓生計劃（Brain Residency）。其中一個原因是培訓生擁有廣泛的背景與專業領域（例如物理學、數學、生物學、神經科學、電機，以及電腦科學），以及為我們研究工作帶來其他的多樣性。根據我的經

驗，把擁有不同的專業知識和觀點等等特質的人聚集在一起，最終都會實現無法單獨達成的事情，因為沒有人能夠擁有所有必要的技能和觀點。[57]

二〇一八年六月，谷歌發表了一份多元化報告，該報告首次包含按類別細分的員工資料。在報告中，谷歌說他們的全球員工有六九‧一％是男性。在美國，只有二‧五％的員工是黑人，三‧六％是西班牙裔和拉丁裔。以谷歌對於科技多元化需求的大膽立場來看，這些數字已經很低了，而實際上這個數字從好幾年前開始就沒有發生變化。二〇一四年的谷歌員工中，黑人佔二％，西班牙裔和拉丁美洲人佔三％。[58]

值得讚許的是，近年來谷歌發起「消除無意識偏見」（unconscious bias）的倡議，包括舉辦研討會和訓練課程，幫助員工更了解社會刻板印象，以及領會人們可能會在不自覺的情況下，對性別、種族、外表、年齡、教育、政治和財富形成根深柢固的態度。有些谷歌員工認為訓練課程成效不足，反倒是敷衍了事。一位黑人女性員工解釋說，訓練的重點是「人際關係和受傷的情感，而不是解決歧視和不平等問題；但這些問題不過是在向員工顯示，多元化是另一個會被檢核的項目」。[59]

然而，在訓練課程舉辦的同一年裡，谷歌卻獎勵了高層主管的不當行為。創造谷歌旗艦 Android 手機作業系統的魯賓（Andy

Rubin）因一名女性員工提出可信的說法，聲稱他強迫她進行口交，所以魯賓被要求辭職。谷歌支付了魯賓九千萬美元的離職賠償金，前兩年每個月支付二百五十萬美元，接下來的兩年每月支付一百五十萬美元。谷歌的研發 X 部門總監德沃爾（Richard DeVaul）則是在面試時，對女性面試者性騷擾；德沃爾跟她說，他和他太太是開放式婚姻，後來他在矽谷盛事火人節上，堅持要求這位面試者脫掉上衣，讓他替她「背部按摩」。不出所料，她沒有獲得這份工作。德沃爾被要求道歉，但不用辭職。管理谷歌搜尋業務的一名副總裁遇也捲入桃色風波，一名女職員指控他猥褻她，這項指控被認為是可信，因此他拿了數百萬美元的資遣費。二〇一六年至二〇一八年間，因性騷擾問題，谷歌悄悄地資遣了十三位經理。[60]

科技公司和風險投資公司資助許多這類無意識偏見的教育訓練計劃，反而凸顯了這種計劃的乏善可陳。原因很清楚：雖然經過訓練可能會更了解自己的偏見，但不一定有動機或理由去改變自己的行為。

當我們談論科技界缺乏多樣性時，討論通常會針對性別和種族的偏見；然而，人類其他方面的特質也常被忽視，像是政治意識形態和宗教。二〇一七年，史丹佛大學商學院調查了超過六百名科技領導者和創辦人，分析結果顯示，這個聚落絕大多數人的自我認同皆為進步派民主黨人；在二〇一六年的美國總

統大選中，他們絕大多數支持希拉蕊·柯林頓。AI 聚落支持對富人徵收更高的稅，他們主張女性有權選擇是否要墮胎、反對死刑、想要槍枝管制，而且他們認為同性婚姻應該合法化。[61]

谷歌、蘋果、亞馬遜、臉書、微軟和 IBM 的高階主管並沒有真正代表三百六十行所有美國人的看法；然而，這些特定的科技巨頭正在開發代表我們所有人利益的自主決策系統。在一片批評聲浪中，不僅有針對女性與有色人種的批評，他們還遭受了意外的強烈砲火：來自保守派和共和黨死忠鐵粉的抨擊。二〇一八年五月，共和黨全國委員會寫了一封信給臉書創辦人祖克柏（Mark Zuckerberg），指責臉書對保守派的美國人有偏見，部分內容如下：「近年來，臉書對保守言論的壓制令人擔憂……包括對保守派新聞報導的審查……有太多指控提出，臉書不放保守派記者和團體的新聞內容，對此我們感到震驚。」[62]這封信由共和黨全國委員會主席麥克丹妮爾（Ronna McDaniel）和川普總統二〇二〇年競選連任的競選總幹事帕斯卡爾（Brad Parscale）簽署，要求臉書的演算法要透明化，因為演算法決定了使用者在他們的動態消息中，會看到哪些政治廣告，還要求檢視臉書對保守派的內容和領袖是否存有偏見。

事實上，麥克丹妮爾和帕斯卡爾說的並沒有錯。在二〇一六年激烈的選舉期間，臉書工作人員的確故意操縱臉書平台上的「趨勢話題」，以排除保守派的新聞，他們甚至想辦法擋下那些

早已自動瘋傳、明顯反希拉蕊的言論。幾位所謂的臉書「新聞策展人」（注：臉書小編）說他們受到指示，把某些動態消息「插入」新聞專區，即使這些消息的網路聲量根本不大。他們還阻礙共和黨黨內初選候選人保羅（Rand Paul）的宣傳，那些對他有利的貼文都不會在動態消息欄出現。臉書的新聞策展小組由一小群記者組成，他們大多來自美國東岸的私立學校或常春藤聯盟的大學（注：常春藤盟校基本上令人聯想到白人中的左翼分子）；說句公道話，他們這樣做根本與保守派幾十年來由少數人把持的行徑沒有兩樣。

二〇一八年八月，超過百名臉書員工在內部留言板抱怨公司「政治單一文化，不能容忍不同的觀點」。臉書資深工程師艾蒙瑞基（Brian Amerige）寫道：「公司聲稱歡迎所有的觀點，但若有人提出看似與左翼意識形態對立的觀點，往往會遭鄉民圍剿。」[63]

言論多元化、請求諒解，並承諾做得更好，與處理構成 AI 生態系統的資料庫、演算法和框架內的多元化，是兩碼子事。紙上談兵的後果，使得這個生態系統下的系統與產品抱持著違反人性的偏見。我舉幾個真實發生的案例：二〇一六年在矽谷購物中心，一台由人工智慧運作的機器人警衛蓄意撞傷一名十六個月大的小孩。[64] 太空飛行模擬器遊戲《精英：危機四伏》（Elite: Dangerous）裡的 AI 系統竟有能力開發出超過設計者想像

的超級武器，並嚴重破壞遊戲，把所有真人玩家所累積的進度全毀了。[65] 人工智慧在安全方面的問題也五花八門、層出不窮，其中幾個大問題昭然若揭：自駕車已經會闖紅燈，在少數幾個案例中還撞死了行人。預測型警務（predictive policing，注：用演算法嘗試預測行兇案件可能發生的地方）的應用程式不斷誤判嫌犯的面孔，導致無辜的人被拘留。我們不知道還有多少問題尚未引起注意，因為還沒有影響到我們個人。

真正多元化的團隊只有一個共同的主要特徵：人才。這樣的團體才不會有任何單一性別、種族或族群過度集中的情形，大家可以表達不同的政治、宗教觀點。AI 聚落內部的同質性是九大巨頭的問題，但是這個問題並不是從這些大公司發跡的，而是從大學就開始出現，也就是 AI 聚落形成的地方。

這些聚落從集中的社交環境裡建立起來，在這個圈子裡，大家有相同的使命感或目標、使用相同的語言，並對工作投入相對相同的熱情，所以一群人會在這樣的地方發展出共同的價值觀和使命。這個圈子就如軍事單位、醫學院輪流的實習、米其林星級餐廳的廚房和姐妹會等凝聚革命情感的地方，成員一起經歷反覆試驗、不斷摸索，成功與失敗，心碎與幸福。

從其他與人工智慧相差甚遠的領域借鏡，一九七〇年代和一九八〇年代的喜劇演員基尼森（Sam Kinison）、克萊（Andrew Dice Clay）、金・凱瑞（Jim Carrey）、馬龍（Marc Maron）、羅

賓‧威廉斯（Robin Williams）和普瑞爾（Richard Pryor）都住過克雷斯特路（Cresthill Road）八四二〇號的那棟房子，與洛杉磯傳奇的俱樂部喜劇商店（Comedy Store）坐落同一條街。當時他們只是住在一棟房子裡的一群年輕人，試圖爭取上舞台表演的機會。在那個年代，霍伯（Bob Hope）曾在電視上說過一段著名笑話：「我對女人永遠沒有第二個評價，因為我看到她的第一個念頭就已全盤定論。」[66] 這個喜劇演員聚落完全拋棄上一代精心暗喻的那種幽默，呈現完全不同的價值觀：打破禁忌、正視社會不公正，以及講述極為寫實的故事，而這些故事往往大膽反映出坐在台下的觀眾。這群喜劇演員互相討論他們的表演和觀察到的結果，若他們在舞台上把表演搞砸，他們會覺得可惜；他們互相實驗，並彼此學習。這個突破性、精彩的喜劇聚落為美國娛樂的未來奠定了基礎。[67] 整體來說，這群人至今仍然很有影響力。

在某種程度上，人工智慧也經歷了類似的徹底轉變，因為現代聚落擁有相同的價值觀、想法和目標。早期討論的三位深度學習的先鋒：辛頓、勒昆與班吉歐，他們在早期深度神經網路 AI 世界的地位，等同於脫口秀始祖基尼森和普瑞爾。勒昆在多倫多大學跟著辛頓做研究，且當時加拿大先進研究機構（Canadian Institute For Advanced Research）在多倫多大學辛苦培養出一小群研究人員，班吉歐就是其一。他們一起度過了極為

漫長的時間，詳細討論觀念、測試理論，並建立了新一代的人工智慧。「在這個非常小的團體裡，成員的腦海中有個想法慢慢浮現：最終神經網路會脫穎而出，」勒昆說，「我們需要安全的空間來舉辦小型研討會和會議，以便在發表之前能夠好好醞釀我們的想法。」[68]

當眾人密切合作、同甘共苦時，就能形成彼此連結的強大聚落。他們最終開發出一套共同的經驗，這些經驗轉化為共同的詞庫，從而形成一套共同的想法、行為和目標。幾個朋友成天窩在同間宿舍、或在某某人家中、或車庫裡埋頭苦幹的情景，也因此成了新創公司、政治運動與文化熱潮剛起爐灶時必備的故事情節。

雖然現代人工智慧的商業中心可能是矽谷、北京、杭州和深圳，但大學才是 AI 聚落的養成管道。人才的搖籃屈指可數，包括美國的卡內基美隆大學、喬治亞理工學院、史丹佛大學、加州大學柏克萊分校、華盛頓大學、哈佛大學、康乃爾大學、杜克大學、麻省理工學院、波士頓大學，以及加拿大的麥基爾大學和蒙特婁大學。這些大學不但是研究團體活躍的基地，也與產業界一脈相連。

聚落通常有要遵守的規則和儀式，所以我們來探討一下 AI 聚落的入會權利，這一切得從嚴格的大學教育講起。

在北美，大學的重點在於「硬技能」（注：指專業知識與技

能），如掌握 R 語言和 Python 程式設計語言、自然語言處理和應用統計學的能力，以及對電腦視覺、計算生物學和博弈論的接觸。選修聚落之外的課程則不會被認同，例如討論心靈哲學、穆斯林文學中的女性或殖民主義等等。如果我們試圖建立能夠像人類一樣思考的思考機器，那麼，不去學習人類的狀況似乎說不過去。而如今這樣的課程被故意排除在學程之外，學生也很難在主修課之外擠出時間來選修這些課。

聚落要求會員具備專業技能，在四年的大學修業期間，要苦讀的東西也不少。例如在史丹佛大學，除了十五個小時的核心電腦科學課程外，學生還必須修五十個學分的密集數學、科學和工程課程。雖然主修有提供倫理學，但它不過是個五選一的選修課程之一。[69] 二〇一八年，卡內基美隆大學推出了一個全新的 AI 主修，替學校提供了嶄新的開始，學生有機會從頭學習如何設計現代 AI。但是聚落的規則和儀式還是佔了上風，掌握硬技能才是科系的重點。雖然這個學位把一門倫理課和一些人文藝術課程列為必修，但主要不外乎神經科學（例如認知心理學、人類記憶和視覺認知）；這也不無道理，畢竟設計 AI 得考慮到人工智慧與人類思維之間的連繫。然而，沒有任何一堂必修課在教學生怎麼偵測資料集中的偏見、或是如何將哲學／包容性的倫理應用於決策過程。整套學程從頭到尾亦沒有正式認清，對社群來說，社會與社經的多元化就和生物多樣性一樣重

要。

　　三折肱為良醫，技能從實戰經驗而得，研究 AI 的學生自然也不會只顧著埋頭苦讀。他們需要詞彙資料庫、圖像庫和神經網路來輔助學習。有段時間，大學流行修一堂神經網路課程叫 Word2vec，它是由谷歌大腦團隊建造的開源工具。這個雙層系統能處理文本，把字詞轉換為 AI 可以理解的向量形式。[70] 例如，它學到「男人是王，女人是后」。但資料庫還會對應出「爸爸是醫生，媽媽是護士」，「男人是程式設計師，女人是家庭主婦」。[71] 也就是說，學生接觸到的這套系統本身就帶有偏見。如果有人想分析性別歧視編碼所牽連到的事物，目前也沒有任何現成的課程可以學習。

　　在二〇一七年和二〇一八年，清單上的幾間大學發展出一些新的道德課程來回應 AI 已帶來的挑戰。哈佛大學的伯克曼克萊恩網路社會研究中心（Berkman Klein Center for Internat & Society）和麻省理工學院的媒體實驗室（Media Lab）共同開設了一門關於道德規範和人工智慧監管的新課程。[72] 這個合作計劃和課程非常棒，[73] 但是不在這兩所大學的標準電腦科學課程架構內，表示正在傳授和討論的內容沒有機會擴散到科系的其他課程。

　　可以肯定的是，道德課程是所有大學 AI 科系的必修課，這門課是認證標準的一部分。為了獲得美國工程及技術教育認證

委員會（Accreditation Board for Engineering and Technology）的認可，電腦科學課程必須證明學生具有「對專業、道德、法律、安全和社會問題和責任有所理解」，以及「有能力分析電腦運算對個人、組織和社會所產生的本地和全球影響」。但根據我的經驗，為這些認證設定標準或評判都很難準確達成，充其量不過給個主觀認定；那些沒有規定所有學生必修的課更不必說了。我是新聞與大眾傳播教育認證委員會的委員，新聞和大眾傳播系所的課程往往側重人文學科，像是報導、寫作和媒體製作等比較偏向「軟技能」的課程（注：軟技能又稱非技術技能，指溝通能力、傾聽能力、說服能力、自我激勵的能力、影響力、團隊建設的能力等等）。然而，我們的學術單位經常得努力達到我們自己對社會問題和責任的標準，包括多元化。學校即便未達到多元化的合格標準，仍然可以獲得認證的情況屢見不鮮，並非只在我所服務的認證委員會出現。如果認證委員會不嚴格執行標準，校方也不認真努力，那麼像 AI 這種硬技能的課程，怎麼可能會對問題發揮影響力呢？

　　光是讀大學就夠辛苦了，九大巨頭招聘新人才提出的激勵也讓開缺的競爭分外激烈。雖然選修非洲文學或公共服務倫理無疑會擴大 AI 工作者的世界觀，但要 AI 生態系統繼續發展，巨大的壓力仍然存在。於是，聚落希望看到畢業生有技能證明，最好他們一進入就業市場就能立即上手，成為團隊中有生產力

的即戰力。事實上，這些選修課就算能幫 AI 研究人員更有意識地考量全人類，卻還是有可能在找工作的過程中害了這些畢業生。因為九大巨頭使用 AI 軟體來篩選履歷，而且軟體經過設定，會搜尋描述硬技能的特定關鍵詞。標準科目之外的學習歷程對篩選軟體而言可能是異常的，進而抹滅了求職者的能見度。

人工智慧掃描履歷一事，證明了偏見不僅針對種族和性別，甚至對求職者的人生觀、文學、理論物理學和行為經濟學也存在偏見，因為求職者若選修傳統 AI 學程範圍之外的課程，往往不被優先考慮。聚落的招聘系統能省去繁瑣的程序，自動完成第一輪海選，但這麼做可能會將見聞廣博的優秀學術人才淘汰出局。

面對外界質疑，學術界高層馬上辯稱，即便 AI 聚落沒有要求學術界開更多更廣的課程（事實上也沒人這麼要求），學術界對於將倫理課列為必修一事，一直都抱持著開放的態度。不過增加一樣硬的人文課程，如比較文學和世界宗教，勢必會擠壓到以技術為基礎的必備課程時間，學生也會因為被迫上看似多餘的課而感到憤怒；業界合作夥伴則希望畢業生能具備一流的技能。為了爭奪最優秀最聰明的學生，大學之間競爭激烈，所以這些知名的系所，如卡內基美隆大學和史丹佛大學，會去做這種吃力不討好的事情嗎？

科技的發展速度遠遠超過學術界的較勁。專門為主修 AI 的

學生量身打造的單一必修倫理課程，如果教材不是最新的、特別要是所教的內容不會在課程其他領域產生回響，那就不會成功。如果課程不能改變，換別的教授授課呢？也許他們有權處理這個問題？這種情況不太可能大規模地發生，因為教授沒有修改教學大綱的誘因；把他們講授的內容跟科技、經濟和社會價值的問題聯繫起來只會浪費寶貴的時間，再說這樣的教學大綱對學生的吸引力說不定更低。大學希望拿出畢業生漂亮的就業表現，而雇主希望畢業生擁有硬技能。九大巨頭是這些大學的合作夥伴，因為大學仰賴這些大公司的資金和資源。然而如今看來，探討棘手問題（例如誰擁有你的肖像權？）的最佳時機，就是在課堂的安全範圍內進行討論爭辯；畢竟一旦進了業界，就得經常應付產品交期和營收目標，能討論這種議題的機會少之又少。

如果大學是 AI 聚落形成的地方，那麼這個領域相較之下如此不多元的原因並不難理解。事實上，業界主管很快就把矛頭指向高等教育，將就業人才缺乏多元化，怪到他們所謂 AI「養成管道的問題」上。這些指責並非沒有道理。當教授還在課堂和實驗室中訓練學生，學生之間也還在合作研究專案作業時，AI 聚落就漸漸形成了。那些教授、實驗室以及 AI 學術單位內部的領袖，又是清一色的男性，缺乏多元化。

在大學裡，博士候選人有三個功能：合作研究、教大學部的

學生，以及帶領各自領域未來的發展。根據美國國家教育統計中心（National Center for Education Statistics）最近的資料顯示，有電腦科學博士頭銜的女性只佔二三％，而數學和統計學博士中只有二八％是女性。[74] 學術界的人才養成管道有漏洞，女性博士晉升到終身教職、或領導角色的速度並不與男性相等。所以近年來獲得電腦科學學士的畢業生中女性僅佔一八％，只能說不意外──事實上，這個數字比一九八五年的三七％還要低。[75] 而黑人和西班牙裔的博士候選人更是嚴重不足，分別只有三％和一％。[76]

聚落漸漸擴大，就像一顆不斷膨脹的泡泡，可怕的行為隨時有可能爆裂四散。大學內的女性 AI 研究人員動不動必須處理性騷擾與不恰當的笑話，以及男同事常見的討厭行為。這種不當行為愈來愈稀鬆平常，隨著聚落從大學進入就業市場。因此，與其說是人才養成管道的問題，不如說是**組成分子**的問題。AI 聚落在灌輸一個文化，在這個文化中，女性和某些少數族裔（如黑人和西班牙裔人）會被排除在外，就這麼簡單。

二〇一七年，一位谷歌工程師發送了一份惡名昭彰的備忘錄，聲稱從生物學的角度來看，女性在程式設計方面的能力較差。谷歌的執行長皮查伊（Sundar Pichai）最終做出回應，解雇了撰寫那份備忘錄的人，但他也表示「裡面有很多內容值得大家好好辯論一下。」[77] 敵視非聚落成員的這個文化產生滾雪球式的

效應，導致勞動力更不多元。AI 應該要朝替人類著想與秉持人性的系統發展，但**所有**人類這個概念卻被排除在外。

這並不是說大學裡沒有女性或有色人種，麻省理工學院著名的電腦科學與人工智慧實驗室（Computer Science and. Artificial Intelligence Laboratory，簡稱 CSAIL）的主任露絲（Daniela Rus），她除了是麥克阿瑟獎（注：由麥克阿瑟基金會頒發的一個獎項，給那些在各個領域、不同年齡「在持續進行創造性工作方面，顯示出非凡能力和前途」的人）的得主，還有許多專業和學術上的成就。珂勞佛（Kate Crawford）是紐約大學的特聘研究教授，在學校裡領導一個新的研究單位，著重人工智慧對社會的影響。有些女性和有色人種對人工智慧有重大貢獻，但她們的人數遠遠低於適當比例。

如果聚落的目標是讓 AI 更具「以人為本的」思想，那麼目前的情況便把很多人排除在外。負責史丹佛大學人工智慧實驗室的李飛飛，同時也是谷歌雲端人工智慧和機器學習的首席科學家，她說，

身為教育家、女性、有色人種女性和母親，我實在愈來愈擔心。AI 即將對人類做出最重大的改變，而我們少了整整一個世代各種科技專家和領導者……如果我們不讓女性和有色人種參與討論，讓這些實際的科技人員來做實際的工作，我們會使系

統有偏見。如果不趁現在，等十年或二十年後才試圖去扭轉情況，局勢將變得更加困難，幾乎已無法挽救。[78]

中國三巨頭 BAT

百度（Baidu）、阿里巴巴（Alibaba）和騰訊（Tencent）這三間公司合稱 BAT，是九大巨頭裡的中國公司。中國 AI 聚落運作的方式與美國的規則和儀式相當不同，中國三巨頭向前發展的推動力來自政府的充沛資金、官方監督和產業政策。它們共同構成了資本充足、國家等級高度統籌的未來 AI 計劃，由政府掌握極大的控制權。這是中國的太空競賽，美國好比是史普尼克一號人造衛星（Sputnik），激發了他們的阿波羅任務（注：一九五七年蘇聯領先美國發射史普尼克一號，引發美國與蘇聯的太空競賽）。美國的 AI 可能早一步上了軌道，但是中國也不惜將他們的主權財富基金、教育體系、人民和民族的自豪全都投入，追求人工智慧的進展。

中國的 AI 聚落也從大學發跡，且中國的大學更著重技能和商業應用，因為中國對提升國家的科技人才十分熱衷，要是短期間內能突飛猛進最好。他們的多元化問題雖與西方國家不太一樣，但也確實存在。女性的人數比例沒像美國那麼失衡，性

別並不是考量的主要因素。不過，課程用中文授課，中文對外國人而言是個很難學會的語言，如此一來不會講中文的人就會被排除在課堂之外，也創造了獨特的競爭優勢，因為中國的大學生往往學過英文，可以就讀的大學選擇更多。

在中國，人工智慧的培訓從學生進入大學之前就開始了。二〇一七年，中國國務院（注：《新一代人工智能發展規劃》）呼籲設置 AI 的基礎知識與學位課程，這表示中國的小孩從**小學**就開始學習人工智慧的技能。現在中國政府頒定了一本教科書，詳細介紹了人工智慧的歷史和基本知識。二〇一八年，有四十所高中進行了試點計劃，把人工智慧設為必修課程，[79] 一旦新進能授課的教師，將會有更多學校加入。這個願景指日可待：中國教育部為大學啟動了一項為期五年的人工智慧培訓計劃，旨在為中國頂尖大學培訓至少五百名 AI 教師和五千名 AI 學生。[80]

中國三巨頭是中國教育革命的一部分，提供學校和大學工具，製造消費者在青少年和成年時期就使用的產品，僱用畢業生進入勞動市場，並與政府分享研究成果。過去十年，美國人可能聽都沒聽過百度、阿里巴巴和騰訊，除非有住過中國或去中國旅行過。而這三家公司都在同個時期成立，以當時的美國科技公司為範本。

一九八八年，百度於矽谷的一場夏季野餐發跡，在那場內部人士的聚會，AI 聚落成員齊聚草坪上暢飲啤酒、玩飛鏢，其中

三名三十幾歲的男子互相抱怨搜索引擎幾乎毫無進展。當時擔任雅虎搜尋引擎團隊的負責人吳炯和網路搜尋引擎公司 Infoseek 的工程師李彥宏，雙雙看好搜索引擎的前景。他們當時就看好一家有前途的新創公司——谷歌——並且認為可以為中國創辦類似的公司，後來，李彥宏與生化學家徐勇一起成立了百度。[81]

這家公司從北美和中國的 AI 大學重鎮中招募菁英，特別是挖角那些從事深度學習的研究人才。二〇一二年，百度聯繫了谷歌大腦著名研究員吳恩達。吳恩達在成長過程中待過香港和新加坡一段時間，也待過 AI 聚落的大學搖籃：他是卡內基美隆大學的電腦科學學士、麻省理工學院的碩士、加州大學柏克萊分校的博士，當時他是史丹佛大學的教授，人正在度假。百度對吳恩達相當有興趣，因為他在谷歌所做的深層神經網路新計劃令人驚豔。

吳恩達的團隊用一千台電腦架成一個群組，這些電腦已經訓練到能辨識出 YouTube 影片中的貓，這是個令人嘖嘖稱奇的系統。在沒有明確告知系統貓是什麼的情況下，這個 AI 系統吸收了數百萬小時的隨機影片，就學會了辨識物體，發現其中一些物體是貓，然後學到了貓是什麼。一切都靠自己，沒有人為的干預。不久之後，百度就請到了吳恩達當公司的首席科學家。（當然了，這表示百度骨子裡包含卡內基美隆、麻省理工和加州大學柏克萊分校所傳授的人工智慧課程。）

如今，百度不僅僅是搜尋引擎。吳恩達繼續幫百度啟動對話式人工智慧平台（稱為 DuerOS）、數位助理和自動駕駛程式，以及其他人工智慧框架；這也讓百度比谷歌還早在財報電話會議中，開始談論人工智慧。百度現在擁有八百八十億美元的市值，為世界上第二多人使用的搜尋引擎，僅排谷歌之後，這是相當驚人的成就，因為出了中國，就沒人用百度了。百度與谷歌一樣正在建立一套智慧居家設備，例如結合了語音辨識和臉部辨識的家用機器人。百度發表了一款名為阿波羅的自動駕駛開放平台，希望開源的平台會使周圍相關的生態系統蓬勃發展。他們已有一百個合作夥伴，其中包括汽車製造商福特和戴姆勒、晶片製造商 NVIDIA 和英特爾，以及 TomTom 等導航服務商。百度亦與加州的輔助轉運機構 Access Services 共同努力，為行動不便和殘疾人士推出自動駕駛汽車服務。他們與微軟的雲端服務平台 Azure Cloud 合作，讓阿波羅的非中國合作夥伴可以處理大量的車輛資料。[82] 你也應該知道，近年來，百度與中國政府合開了一個新的 AI 研究實驗室，而帶領實驗室的人是曾經參與過國家軍事計劃的共產黨精英。[83]

中國三巨頭中第二家是阿里巴巴集團，這個龐大的平台不是單一平台，而是透過龐大的網站關係網，當買賣雙方的中介。阿里巴巴由馬雲於一九九九年創辦，他曾在杭州當老師，希望為中國開一家混合亞馬遜和 eBay 模式的公司。馬雲自己不會寫

程式，所以他找了一位會寫程式的大學同學一起創業。僅僅二十年後，阿里巴巴的市值超過了五千一百一十億美元。

　　阿里巴巴旗下的網站有淘寶，在這個平台上買賣雙方均不用支付交易服務費。反之，淘寶採用加碼參與權（pay-to-play）的模式向賣家收取費用，付費才能讓商品在網站搜尋時獲得更前面的排名（這模仿了谷歌核心業務模式的一部分）。此外，阿里巴巴建立了安全的支付系統，包括類似 PayPal 的支付寶，他們還發行了一款名為「微笑付款」的 AI 數位支付系統，並在二〇一七年首次推出臉部辨識的自助服務機，消費者只要對鏡頭笑一個，就可以付款。

　　阿里巴巴像亞馬遜一樣推出了智慧音箱，叫做「天貓精靈X1」，外型上比亞馬遜的 Alexa 和谷歌的 Home 來得更小巧。它使用神經網路的聲紋辨識科技來判斷使用者與自動驗證，讓消費者可以買東西。中國各地的萬豪酒店共安裝了超過十萬台的阿里巴巴音箱。

　　阿里巴巴對人工智慧有更大的願景，稱為「ET 城市大腦」。這個程式龐大的在地資料來源取自智慧城市的監控系統、政府紀錄與個人社交媒體帳戶。阿里巴巴使用自家 AI 框架進行預測分析，提前確認交通管理、城市發展、公共衛生的需求，以及是否可能出現社會動盪。在馬雲的指揮下，阿里巴巴已經進軍物流管理、線上影片、資料中心和雲端計算，投資了數十

億美元到不同公司，企圖建立龐大的數位巨無霸企業，連接商業、家庭、辦公室、城市和政府。事實上，在亞馬遜的無人超市在西雅圖面市之前，阿里巴巴就已經成立了「盒馬鮮生」，這是一家自動化、無現金的多功能零售超市，除了販賣生鮮食品，提供快餐與輕食，還有配送服務。

　　中美 AI 巨頭還有一個更詭異的相似之處值得注意，我會說「詭異」，是因為它也充斥著矛盾。二〇一六年，馬雲買下了香港最大、最有影響力的獨立報紙《南華早報》。這個收購至關重要，因為在中國，大多數的媒體都由國家贊助，而英語版的《南華早報》則因苛責中國政府的文章言辭激烈而聞名。[84] 我以前住在香港時，曾和一群《南華早報》的記者一起喝過飲料，他們可是一流的扒糞記者，馬雲的收購代表對共產黨示忠。三年前，亞馬遜創辦人貝佐斯買下了《華盛頓郵報》。這個舉動卻使得他最終成為川普的敵人，因為該報除了一直報導調查結果、不斷提出針對川普團隊政策的批判分析，還堅持不懈地揭穿川普的宣傳手法，窮追猛打。[85]

　　最後，中國三巨頭中最大、也最有影響力的就是騰訊。一九九八年，騰訊由馬化騰和張志東創立。一開始，他們從一款叫 OICQ 的聊天工具起家；如果你覺得這個名字聽起來有點耳熟，那是因為它模仿了即時通訊軟體 ICQ。兩人後來面臨官司訴訟，但他們還是堅持不改，繼續投入系統版本開發。二〇一一年，

騰訊推出了微信，它不僅提供了通訊服務，還模仿了臉書的特色和功能。由於中國政府已用防火牆阻擋了網路，又封鎖了臉書，所以微信蓄勢待發，馬上爆紅。它不僅在大學生之間很受歡迎，且被用來招募新人才，此外還有更多其他的用途。

微信每月有十億個活躍使用者，稱得上是「一網打盡的應用程式」。因為微信除了有標準社交媒體的發布通訊服務之外，它在中國幾乎包山包海，從大學的新進員工招聘、發簡訊到付款，甚至有執法的報案服務。超過三萬八千家醫院和診所擁有微信帳號，其中六〇％的機構使用微信的功能來管理病患（例如安排預約和收款）。[86] 騰訊是一家靠人工智慧運作的公司，也相當注重人工智慧，「AI 被視為跨所有不同產品的核心技術」。[87] 理所當然，騰訊人工智慧實驗室的標語就是「讓人工智慧無處不在」。

臉書或許是全世界最大的社群網站，但從許多方面來看，騰訊的科技遙遙領先。騰訊打造了數位助理「小微」、行動支付系統「財付通」和雲端服務「微雲」，最近還成立了影片製作公司「騰訊影業」。騰訊的優圖實驗室（YouTu Lab）是全球臉部和圖像辨識領域的領導者，他們的技術也被應用在其他超過五十家公司的特別計劃中。騰訊欲進軍保健領域，所以與兩家英國醫療保健公司合作：遠端醫療的新創公司 Babylon Health，以及使用 AI 技術對病人進行遠端監測的醫療公司 Medopad。二〇一

八年，騰訊還大筆投資了兩家前程似錦的美國新創公司 Atomwise 和晶泰科技（XtalPi），這兩家公司著重應用人工智慧來研發新藥。

二〇一八年，騰訊成為第一家市值超過五千五百億美元的亞洲公司，並取代臉書成為全球價值最高的社交媒體公司，[88] 最令人吃驚的是：騰訊的營收只有不到二〇％來自線上廣告，而臉書的廣告收入則占了營收的九八％。[89]

中國三巨頭的人才管道除了北美大學的 AI 搖籃，也確實多了中國本土 AI 教育這個選項，畢竟政府已在實施讓孩子在學加減法的年紀，就開始接觸人工智慧。

就是因為中國三巨頭成功得令人難以置信，他們也賺進了大把的鈔票，所以人工智慧會這麼重要。中國三巨頭從人工智慧賺了這麼多錢，且中國市場如此龐大，以至於中國 AI 聚落的影響力不只在中國，也擴及世界各處。全球的人工智慧業界都在關注中國，因為它擁有那麼多的資金來源，而且金額也不容小覷。

臉書每個月可能有二十億活躍使用者，但是這些使用者分布在全球各地，而騰訊微信的十億活躍使用者主要就都集中在中國這個國家。二〇一七年，百度擁有六億六千五百萬名用手機搜尋的使用者[90]，比美國估計的手機使用者人數多了一倍以上。[91] 同年，亞馬遜歷經了有史以來最狂熱的節慶購物季。提供一下

背景資料，從感恩節到接下來的網購星期一（Cyber Monday，注：感恩節假期之後的第一個上班日的網購促銷活動），亞馬遜客戶共訂購了一億四千萬件商品，總銷售額達六十五億九千萬美元。[92] 這可能對亞馬遜而言是項破天荒的創舉，但與阿里巴巴在中國二十四小時內就達到的業績相比，簡直小巫見大巫。光是在二〇一七年，阿里巴巴的客戶有五億一千五百萬人，而那一年的雙十一購物節**那一天**就達到八億一千兩百萬筆訂單，線上成交總額高達兩百五十億美元。[93] 無論你用什麼方式計算，中國都擁有全世界最大的電商市場：每年消費額超過一兆美元，超過十億人在網路上購物，此外還有全球最重要的科技公司投入三百億美元的創投資金。[94]

二〇一二年至二〇一七年間，中國投資人投入的資金，佔了美國科技新創公司所有資金的七至一〇％，單單中國這個地區就湧入如此集中的資金來源。[95] 中國三巨頭在西雅圖和矽谷設立的分部已趨於穩定，分處辦公室位處沿著門洛帕克市（Menlo Park）聞名的沙丘路（Sand Hill Road，注：沙丘路是矽谷著名的創投大街，聚集大批創投基金，也是臉書總部的所在地）。在過去五年中，中國三巨頭對特斯拉、Uber、叫車公司 Lyft、增強現實公司 Magic Leap（混合實境的頭戴式顯示器和平台製造商）等公司挹注了大筆的資金。向中國三巨頭申請創投資金很具吸引力，不僅因為很快就能得知創投資金申請的結果、可以獲得

很多金錢，而且與中國三巨頭做生意通常代表進入中國市場後，能有豐厚的利潤，畢竟原本可能根本無法打入中國當地市場。例如二〇一六年，阿里巴巴以一億美元收購了臉部辨識新創公司 Zoloz，這家設在堪薩斯城的小公司成為支付寶支付服務的核心部分，並從過程中獲得數億使用者資料的存取權限，而且無需符合歐洲嚴格的隱私法律，或面對美國隱私訴訟的潛在威脅。但這項投資並不是白吃的午餐，中國投資人不僅期望他們的投資有回報，他們還要你的智慧財產權。

在中國，要求以智慧財產權換取資金並不算奇怪的文化，也不算投資人贏過對手的貪婪手段，這是中國政府居中努力合作的一環。中國對自己近期在經濟、地緣政治和軍事方面的全球優勢地位有著清晰的願景，並且認為人工智慧是實現這個目標的途徑。因此，中國國家領導人的首要議題是保持對資料的絕對控制，所以中國對資訊內容和使用者資料採取了專制的手腕，其產業政策制定的目的，是把智慧財產權從美國公司轉移到中國相對應的公司，範例包括特定資料集、演算法和處理器的設計。許多希望在中國做生意的美國公司，必須承諾要先交出他們的專利科技。另外還有新的法規迫使外國公司把在中國的研究內容和進展研發在地化，並限定所使用的任何資料都要儲存在當地。由於中國政府可以隨時調用權限審查資料和規避加密資料，因此在中國本地儲存資料對外國公司來說，是個令

人頭痛的要求。

　　自毛澤東擔任中共領導人以來，北京對於長期計劃的態度一項相當認真。毛澤東在一九五三年開啟了中國的第一個五年計劃，習近平則於二○一六年推出第十三個五年計劃。[96] 政府領導人和共產黨官員都樂意採納戰略遠見，使中國成為全球少數會跨越數十年的未來，擬定全面經濟、政治、軍事和社會的戰略計劃的國家。中國政府有獨特的能力執行任何他們想要做的政策，並盡一切努力實現國家級戰略，包括計劃在二○三○年將中國轉變為「世界主要人工智慧創新中心」，並在二○三○年前，為本國經濟創造價值一千五百億美元的產業。這項計劃不太可能被新政府廢除，因為在二○一八年三月，中國取消了黨主席的任期限制，讓習近平實際上可以終身掌權。

　　在習近平的領導下，中國經歷了重大的權力整合。他鼓勵共產黨嚴管資訊流動，並制定新的政策以加快多項長期計劃，他希望在未來十年內開始見到效益。在中國政府的最高層，人工智慧是最重要的事。習近平與前中共領導人鄧小平不同，鄧小平的執政理念是「韜光養晦」；而習近平準備好向世界展現中國的能耐，他打算主導全球的步調。[97] 中國的領導階層正在展望未來，並立即採取大膽、統一的計劃。光是這一點，中國就占盡超越西方的極大優勢，更重要的是，它賦予了中國三巨頭無可匹敵的超級力量。

這一切都發生在中國經濟強勁成長的期間，中國的中產階級正以極快的速度增加。到二○二二年，中國超過四分之三都市人口的收入將會提高，進入中產階級的行列；回顧二○○○年，只有四％的人口屬於中產階級。在這麼短的時間內有如此驚人的預計成長，科技、生物科學和服務領域的高薪工作可能會使很大一群人離開目前的階級，進入「高收入中產階級」。中國家庭的債務非常低，雖然各地的確都還存在貧困的情況，但目前這一代的中國孩子有能力比他們父母賺得更多、存得更多，花得也更多。[98]（引人注目的是，七○％的美國人認為自己是中產階級，但皮尤研究中心的資料顯示，過去四十年美國的中產階級一直在縮小[99]，不到一半美國人的收入足以滿足中產階級的條件。[100]）

中國的經濟力量強大，已變得難以忽視。萬豪酒店可能已簽署協議，在中國各地的分店安裝十萬台阿里巴巴的智慧音箱；但北京政府發現，萬豪對酬賓計劃會員用電子郵件發送調查問卷時，在問卷上把香港、台灣、西藏和澳門列為獨立國家，於是萬豪的主管就收到政府通知，要求立即撤下相關內容。中國政府警告萬豪，要關閉他們所有中國的網站和應用程式，而萬豪讓步了。萬豪酒店趁著中國中產階級不斷成長，一直在中國擴展，最近開設了兩百四十幾間飯店和高檔度假村。執行長索倫森（Arne Sorenson）在公司網站上發表了高規格的致歉信：

萬豪國際一貫尊重並支持中國的主權及領土完整。遺憾的是，本週內我們的工作出現了兩次與此理念背道而馳的錯誤。首先，在會員調查問卷中，我們錯誤地將西藏等中國領土列為了國家選項。其次，由於個別員工的過失，我們的官方帳號錯誤地點讚了支持西藏獨立的推文，誤導了公眾。事實上，我們的立場堅定明確：我們絕不支持任何蓄意顛覆中國主權及領土完整的行為，我們也絕不會以任何形式鼓舞或煽動這類組織或個人。我們深刻意識到事態的嚴重性，並再次為傷害了中國人民的感情而誠懇致歉。[101]

　　中國地緣政治的力量已強大到無法顛覆，中國也正在用另一個長期國家計劃「一帶一路」向其他國家施壓。這是一項野心勃勃的外交政策，替擁有兩千年歷史的絲路要道，提供了二十一世紀的現代化發展。中國每年在六十八個國家投入一千五百億美元，用於更新道路、高速鐵路、橋梁和港口等基礎設施。現在美國正值國際經濟治理上退縮的時期，中國趁機介入，使得受惠的國家很難擺脫北京所施加的政策和經濟影響。隨著川普政府搖擺於不確定性和動盪之間，習近平把中國建設成穩定的支柱。在沒有美國掌舵的情況下，習近平開始在全球領導階層中趁虛而入。

　　例如，川普在競選期間多次用推特發文否認氣候變化，還提

出奇怪的陰謀論，認為這是中國人長期在搞的惡作劇，不過是想讓美國的經濟陷入困境[102]——這當然不是真的。過去十年來，中國一直在結交聯盟，以減少全球的塑膠廢棄物，轉向綠色能源，並消除自己的工廠污染。其實，中國這麼做也是情非得以：幾十年來，中國這個「世界工廠」和「世界垃圾場」造成國內極其嚴重的汙染、疾病的擴散和人民的壽命縮短。二〇一七年，中國政府宣布，自一九九二年以來從美國購買／處理了一億零六百萬噸的垃圾，從今以後將不再進口，來自世界各地的垃圾亦然。[103] 由於美國政府沒有進行長期規劃，也沒有相應的替代方案，美國目前沒有任何其他地方可以傾倒垃圾。所以實際上這表示中國正在迫使世界各地其他國家停止使用無法回收的東西。中國正迅速成為永續發展的全球領導者，而且強大到他老大哥說的算。

中國人喜歡用四字成語來傳授一些智慧，其中有個成語，剛好可以描述這個特定的時刻：脫穎而出，字面上意思是「尖處穿透囊袋顯露出來」。[104] 中國現正以非常公開的方式，向世界展示強權和勢力。

習近平的權力整合，加上中國的經濟崛起和強權，為人工智慧聚落的蓬勃發展創造了合適的條件，特別是國家上下一條心，對人工智慧所投入的心力。北京市郊已建立了一個價值二十億美元的中關村科技園區，專門研究深度學習、雲端運算和

生物辨識科技，並擁有國家級的研發實驗室。政府不僅投資中國三巨頭，還保護它們免於面對世上最強大的競爭對手：中國政府禁止谷歌和臉書，且讓亞馬遜無法打入市場。中國三巨頭是政府二○三○計劃的核心，這個計劃主要仰賴三巨頭的科技：百度的自動駕駛系統、阿里巴巴的物聯網和相連的零售系統，以及騰訊的對話界面與醫療保健方面的成果。

* * *

這就是你應該在意中國 AI 聚落的原因，無論你住在世界的哪一個角落。中國經濟一直在快速成長，人工智慧的快速發展只會加速中國崛起的力道。二○一七年底，我和我的團隊「未來今日研究所」做了模擬分析，發現到二○三五年前，人工智慧有可能讓中國經濟成長二八％。由於中國人口數及龐大的資料量、廣泛的自動化、機器學習和系統大規模的自我修正（self-correction），以及資本效率的提高，這些因素都推動著 AI 刺激中國製造業、農業、零售業、金融科技和金融服務業、運輸、公用事業、醫療保健和娛樂媒體（包括平台）的增長。目前，地球上沒有任何其他國家擁有跟中國一樣多的資料和人口，中國每人平均的電子設備也最多；在我們有生之年，沒有其他國家能像中國一樣，有機會成為比美國更大的經濟體；最可能影

響地球生態系統、氣候和天氣模式，導致人類存活或災難的國家，也非中國莫屬；沒有任何其他國家能像中國那樣縮短已開發國家和發展中國家之間的差異。身為共產政權和經濟強國，中國這個夥伴現在已強大到無法忽視。從政治對手的角度而言，中國在人權方面的觀點與美國截然不同；但在外交方面，中國仍是結盟全球友邦的重要管道。隨著中國財富的增加，他們的影響力也與日俱增。中國將自己定位成全球貨幣供應與國際貿易的要角，這勢必會剝奪其他國家的勢力和影響地位，也削弱了全世界對民主的理想。

其次，中國將發揮 AI 和經濟刺激的領先地位來使軍事現代化，超越西方國家，這個轉變從代號「鴿子」的國內空中監視計劃就已經開始。有超過三十個軍事和政府機構都部署了「間諜鳥」，這種無人機的靈感來自生物界，看起來就像隻白色的鳥，還會模仿生物翅膀的拍打動作。間諜鳥是國內空中監視計劃的一環，用來破壞雷達，並躲避人類的探測。[105] 無人機捕捉鏡頭，AI 系統尋找圖形、辨識面部與異常狀況。不過，間諜鳥雖然聽起來很可怕，卻是你最不用擔心的事項。

二〇一七年末，路透社記者獲得五角大廈尚未公布的報告，裡頭警告，中國公司正在透過購買美國公司的股票，來避開美國的監管，並獲得美方敏感的 AI 科技，可能是應用在軍事方面的技術。中國人民解放軍正在大力投資一系列 AI 相關計劃和科

技，而解放軍的研究機構則與中國國防工業合作。[106]

自一九七九年中越戰爭以來，中國沒有對任何國家進行過實際的戰爭。中國似乎沒有任何真的會打起來的軍事敵人、沒有遭受恐怖攻擊，與常見的可疑國家（如俄羅斯和北韓）也沒有對立的關係。那中國為什麼要推動軍事？

因為未來的戰爭將會用電腦程式碼來決定輸贏，而不是徒手的肉搏戰。軍隊可以用人工智慧科技破壞他國的經濟穩定，不用靠毀壞農村和城鎮中心來「贏得」戰爭。從這個角度來看，有鑑於中國推展人工智慧的統一發展，中國遙遙領先西方國家，情況危急。

在我看來，是美國人自己太晚察覺。我在五角大廈與國防部官員的會談中發現了關於未來戰爭（程式碼與戰鬥）的另類觀點，經過了很長的時間，才獲得普遍的支持。例如，二〇一七年，美國國防部設立了演算法戰爭混合任務團隊（Algorithmic Warfare Cross-Functional Team）來從事「行家計劃」（Project Maven），這是個電腦視覺和深度學習的系統，可以自動辨識靜止圖像和影片中的物體。國防部團隊的人工智慧技術還不夠，因此他們與谷歌簽訂合約，讓谷歌幫忙培訓人工智慧系統，來分析無人機所蒐集到的影片片段。但是，沒有人告知分配到該計劃的谷歌員工，他們事實上正在從事軍事計劃，導致谷歌員工的激烈反彈。四千名谷歌員工聯署上書抵制「行家計劃」，並

在《紐約時報》刊登全版廣告抗議，事後有數十名員工辭職。[107]
最終，谷歌表示不會與國防部續約。

　　亞馬遜也因與五角大廈簽訂了一份價值一百億美元的合約，
而受到抨擊。二〇一八年十月，美國眾院撥款委員會（House
Appropriations Committee）成員、奧克拉荷馬州的共和黨員科爾
（Tom Cole）和阿肯色州的共和黨員沃馬克（Steve Womack）指
責國防部與亞馬遜官商勾結，使其他科技巨頭無法參與競標。
抱怨不僅於此，亞馬遜內部也出現了不小的異議聲浪，有些亞
馬遜員工對公司竟與美軍合作感到憤怒，而其他員工則不喜歡
亞馬遜的臉部辨識科技被執法部門使用。創辦人貝佐斯為此回
應時，他告訴會議聽眾：「如果大型科技公司打算拒絕美國國防
部，這個國家將會陷入困境。」[108]

　　在美國，科技巨頭被夾在國家安全和完全透明化的兩難之
間，要從中摸索出一條道路實在相當棘手，而中國三巨頭與中
國政府的關係則恰好相反。但是，這個例子令人不禁背脊發涼：
美國軍方目前的處理方式是，無論人工智慧、無人系統和機器
人變得多先進，都必須有人類的參與，確保不會哪一天被迫把
具有毀滅性的權力交給軟體，但在中國並非如此。[109]中央軍委科
學技術委員會主任劉國治中將說過的話，可以做為警示：「軍事
智能化發展……是我軍彎道超車的戰略機遇。」[110] 這是宣布中國
意圖重建軍事強權的間接說法。

第三，即便不去擔憂中國的經濟和軍事優勢，他們對隱私的看法也令人掛心。然而，你若不是中國人民，為什麼這與你有關？因為放眼全球，專制政府一直出現，他們往往效仿既定政權的劇本走。隨著全世界民族主義的興起，中國使用 AI 的方式可能在未來幾年成為其他國家的範例，進而破壞市場、貿易和地緣政治的平衡。

中國正在使用人工智慧來創造服從的民眾，將來回過頭看，這會被視為對人類最滲透也最陰險的社會實驗之一。根據中國國務院二〇三〇年的人工智慧計劃，人工智慧將「顯著提高社會治理的能力和水平」，而且依賴人工智慧「對有效維護社會穩定具有不可替代的作用」，[111] 這些將透過中國的「社會信用評分系統」來實現。根據國務院頒布的《社會信用體系建設規劃綱要》，該系統將「讓失信者寸步難行，讓守信者一路暢通」。[112] 這種想法回溯到一九四九年共產黨首次掌權時，開始嘗試的各種社會監控計劃。在一九五〇年代毛澤東統治期間，社會控制成為常態：工人被迫進入農村人民公社，並採用評工記分的方法來配給報酬。大家彼此互相監控農村人民公社的社員，評分將決定社員能得到多少的公共物資（注：由共同勞動的社員對每個社員當天的勞動表現進行評議，勞動能力較強和勤快的會分得多一些）。這個制度在毛澤東的統治下失敗了，並在一九八〇年代再度嘗到敗果；事實證明，人類無法對他人做出準確的

判斷，因為人類會受個人需求、不安全感和偏見左右。

　　一九九五年，當時的中國國家主席江澤民想出了發揮科技功效的社會監控體系；到了二〇〇〇年代中期，中國政府就在努力建立和實施自動運作的評分系統，[113] 所以政府與北京大學合作建立了中國信用研究中心，研究如何建立和實施以人工智慧運作的社會信用評分系統，某方面也解釋了現任主席對人工智慧的堅持。它不僅應許了要善用共產黨一開始時提出的監控想法；更重要的是，它應許了共產黨得以維持政權。

　　在山東省榮成市，演算法社會信用評分系統已經證明人工智慧有效。榮成市七十四萬名成年市民每人的初始點數為一千點，接著將根據行為表現，增加或扣除積分。執行「英勇舉動」可能會獲得三十分，而開車闖紅燈會自動扣五分。公民被標註，並被分成 AAA 到 D 等不同等級；他們的選擇權和自由出行的能力，取決於他們的等級。C 級的人可能會發現他們必須先付押金，才能租用公共腳踏車，而 A 級的人則可免費租用九十分鐘。在榮成市，不只個人會被評分，**公司**的行為也會被評等，他們做生意的能力很大程度取決於公司的等級排名。[114]

　　人工智慧的指向性麥克風（注：常見於需要收錄不同角度環境聲的錄音工程）和智慧相機如今遍布上海的高速公路和街道。駕駛若過度鳴按喇叭，騰訊的微信會自動開出罰單，而且駕駛的名字、照片和身分證號碼會顯示在附近的 LED 告示牌

上。如果駕駛在路邊暫停超過七分鐘，會觸發另一張即時的交通罰單。[115] 這不僅是罰單和罰款而已，駕駛的社會信用評分還會被扣點數。如果被扣的點數到達一個程度，當事人就會發現，訂機票或找新工作變得很困難。英國電視節目《黑鏡》(*Black Mirror*) 有一集很受歡迎，內容就預示著像這樣的集權未來。在上海，這樣的未來已經來到。

中國三巨頭做到了國家等級的監控，而他們又透過中國的各種體制和產業政策而壯大聲勢。阿里巴巴的芝麻信用服務尚未公開它是國家信用體系的一環；但根據人民購買的東西，以及在支付寶的朋友圈有哪些人，芝麻信用**就已在計算**這個人的可用額度。二〇一五年，芝麻信用的科技總監公開表示，購買尿布會被視為「負責任的行為」，而花太多時間打電動時間會被視為缺點。[116]

回想一下我們之前介紹到的「公安雲端」(Police Cloud)，這是中國政府為了監測追蹤心理健康有問題的人、公開批評政府的人，以及少數民族而設的系統。一體化聯合作戰計劃使用 AI 偵測行為模式的偏差，例如闖越馬路。中國的社會信用評分根據人民的行為進行評分和分類；決策 AI 系統使用這些分數來判定誰可以拿到貸款、誰可以出遠門，甚至他們的孩子可以去哪裡上學。

百度的創始人之一李彥宏認為，對中國人而言，隱私不像西

方國家認為的那麼重要，算不上中國人的核心價值。李彥宏在北京的中國發展論壇上對聽眾說：「中國人更加開放，或者說對於隱私問題沒有那麼敏感。如果說他們願意用隱私交換便捷性或者效率的話，很多情況下他們是願意這樣做的。」[117] 或許更重要的是，中國人對隱私的觀念，將來有可能會造成不良的影響。

我認為，中國的國家社會信用評分不是為了強化共產黨而設，也不是為了贏過西方 AI 研究人員，而想搶占先機的複雜手段。反之，中國想要發揮全面的控制，來塑造我們的全球經濟。二〇一八年初，習主席告訴國家通訊社新華社：「過去我們勒緊褲腰帶，咬緊牙關，還創造了『兩彈一星』（注：原子彈、氫彈、人造衛星）。」這是參考毛澤東發展的軍事武器計劃，「因為我們發揮了另外一個優勢，制度優勢，集中力量辦大事。社會主義一方有難八方支援，下一步科技的攻關要摒棄幻想，靠我們自己。」[118]

習近平拒絕市場經濟、摒棄自由網際網路，以及在思想上競爭和互補的多元生態系統等觀念。中國嚴格控制國內經濟，堵絕他國進入中國市場競爭。它啟用了分裂網（splinternet，注：中國因為政治緣由建造了防火長城。），這種網際網路的規則，取決於使用者的實際位置，為了集中控制網路政策，限制言論自由，並透過監管控制，在電腦認知運算時代的各個層面，顯示自己的權威：北京政府將網際網路的基礎設施、全球的資料

流和硬體把持得愈來愈緊。習近平在二〇一六年的某次活動中表示，政府今後將全權決定要如何保護網路、設備和資料。[119]

中國透過用基礎設施和科技的試點計劃，利誘「一帶一路」倡議的合作夥伴，進而發揮相當大的控制力量。坦尚尼亞被選為早期試點計劃的夥伴也許並非巧合，該國現已採用許多中國的資料和網路政策。坦尚尼亞政府曾獲中國對手的科技支援，當地高層官員對此表示：「我們的中國朋友已經設法在中國阻止這類媒體，並由中國當地安全、有益又受歡迎的網站代之。」[120]非洲的其他地方也傳出同樣的情形。越南現已採用中國嚴格的網路安全法。截至二〇一八年六月，印度正在考慮立法，模仿中國收管國內資料和追查國內網路安全科技的相關規定。[121]

如果中國開始影響「一帶一路」的合作夥伴，甚至社會信用評分系統都成了主要輸出產品，那該怎麼辦？不難看出，當今世界上的獨裁國家（如土耳其和盧安達）會成為中國監控科技的買家。但是，當我在寫這本書的當下，其他國家如巴西和奧地利，這些屈服於民粹主義和都有民族主義領導者的國家呢？如果**你的國家**政府機構汲取了中國的方式，或用強硬的手段實行社會信用評分系統，在未徵得你明確同意的情況下開始監控你，情況會怎麼樣？你知道你被打分數了嗎？你知道你的分數讓你被列入觀察名單了嗎？

如果外國公司經過中國政府評估、按等級分類，並給予優惠

待遇，或被禁止與中國做生意，甚至禁止外國公司彼此做生意，那怎麼辦？隨著中國經濟的成長，要是這種勢力和影響力擴及整個網際網路、我們的小工具和裝置，以及人工智慧系統，情況會怎麼樣？

如果中國在自由開放的網路和西方社交網路上，利用探勘取得的資料，替境外人士建立社會信用評分，會怎麼樣？如果它在你遊訪長城和紫禁城之後，搜刮你留下的所有環繞資料（ambient data，注：由於許多資料片斷被儲存於交換檔裡，分析交換檔內容，可收集到許多具證據價值的資料，甚至可能有使用者登入系統時所使用的帳號、密碼之記錄，故為蒐集數位證據的來源之一），會怎麼樣？我們不時聽到的那些駭客攻擊，大數據洩漏駭客似乎來自設在中國的網路，那些事又怎麼說？

我們該關注中國的計劃還有另一個原因，這會讓我們回到 AI 聚落形成的地方：教育。中國正在積極從加拿大和美國的 AI 重鎮延攬教授和研究人員，提供他們極富吸引力的回流方案。在西方國家目前已經缺乏訓練有素的資料科學家和機器學習專家，而中國這樣挖角人才，很快就會造成西方的人才缺口。到目前為止，這是中國最聰明的長期算盤，因為它剝奪了西方未來競爭的能力。

根據中國的「千人計劃」，中國的人才管道正把研究人員重新引回中國。中國三巨頭的迅速擴張創造了對人才的需求，其

中大多數的人在美國受訓，目前正在美國的大學和公司工作。這項中國政府計劃針對首席科學家和終身學者，為他們提供各式各樣大好的機會：例如他們無法抗拒的財務誘因（包括個人和研究專案），以及讓他們有機會加入不受監管行政限制的研發環境。到目前為止，這個計劃已超過七千人加入，也獲得了中國政府的簽約獎金：一百萬元人民幣，首筆個人研究經費為三百萬到五百萬元人民幣，安家費、教育補貼、膳食津貼、搬遷補償、協助配偶找到新工作，甚至返鄉旅費全部支付。[122] 所有的返鄉人才，即使在某方面少掉了幾項福利，最終還是會回來代表中國三巨頭來施展他們的才能。

美國六巨頭 G–MAFIA

如果人工智慧是中國的太空競賽，那麼依目前局勢中國會贏，而且遙遙領先。在過去兩年中，由於人工智慧已經通過了劃時代重要的轉捩點，而川普政府刪掉了基礎科學和科技研究的資金，傳播人工智慧對勞動力影響的錯誤消息，使得美國與全球的戰略盟友關係疏遠，並多次用關稅招惹中國。

我們很快就會意識到，美國的立法者對人工智慧毫無遠大戰略，對長期的未來也沒有方向。填補缺口是機會主義和商業成功的動力。美國 AI 巨頭的發展可能會各自蒸蒸日上，但他們並

不是個為了聚集經濟軍事力量，彼此協調配合的成果。當然，也不是說他們將會／應該同樣這樣的計劃。

這幾家美國企業躋身九大巨頭的故事大家耳熟能詳，但鮮為人知的是，九大巨頭的美國成員、你的資料、你使用的裝置，以及它們之間的關係，都將發生重大的變化。

總部位於美國的 AI 巨頭：谷歌、微軟、亞馬遜、臉書、IBM 和蘋果，都是極富創造力、勇於創新的企業，人工智慧能有這麼大的進步，這幾間公司功不可沒。

這幾家美國 AI 巨頭並稱「G–MAFIA」，就最直接的意義來說，他們確實也做到了黑手黨的角色（注：簡稱取自谷歌的 G、微軟的 M、亞馬遜的 A、臉書的 F、IBM 的 I 和蘋果的 A，MAFIA 是黑手黨的意思）：他們內部的人際網絡相當封閉，全是具有相似興趣和背景的人，且他們掌控影響我們未來的力量。在這個特定時刻，谷歌在人工智慧、我們的商業、政府和日常生活領域發揮了最大的影響力，因此 G–MAFIA 以谷歌的 G 為首。也難怪他們在中國激發出這麼多山寨版本，同時這幾間公司也幾乎都被禁止在中國做生意。他們剛創立時並不是 AI 公司，但在過去三年中，透過研發、合作夥伴關係，以及新產品和服務，六家公司都把重心轉移到人工智慧的商業可行性上。

在中國，政府對中國三巨頭進行控制；而在美國，G–MAFIA 對政府展現了巨大的權力和影響力，部分原因在於美國

的市場經濟體制，以及美國文化中，對於政府強硬的商業控制那份強烈的厭惡感。但是，G–MAFIA 能有這麼大的影響力還有另一個原因：他們被華府的立法者忽視。習近平正在鞏固國內權力，並公開發布他二○三○年對主導全球人工智慧的計劃；相較之下，川普的科技政策副主任克拉西奧斯（Michael Kratsios）告訴齊聚白宮的業界領袖：美國最佳的發展方向，就是矽谷在沒有政府干預下，獨立制定各自的方向。[123]

由於美國政府無法建立 AI 運作所需的關係網、資料庫和基礎設施，所以美國政府需要靠 G–MAFIA 來做這些事，也因此權力無法制衡。例如，亞馬遜的政府雲端運算業務可能在二○一九年達到四十六億美元，而貝佐斯的私人太空公司藍色起源（Blue Origin）預計開始支持美國太空總署和五角大廈的各種任務。美國政府依賴 G–MAFIA，由於美國屬於市場導向經濟，有完備法律和法規保護企業，因此矽谷擁有巨大的槓桿力量。我再說得更清楚一點：我對 G–MAFIA 的成功一點也不眼紅，我也不認為賺大錢是負面的事。只要不違反其他法律，G–MAFIA 追求利潤不應該受到約束或監管。

但這些機會都得付出代價。G–MAFIA 面臨巨大壓力，需要盡快為 AI 建立起實用和商業的應用程式。在數位領域，投資人對於快速致勝和意外之財早已司空見慣。Dropbox 是一個文件共享平台，推出六年後市值就達到了一百億美元。當 Dropbox 首

次公開發行股票時，矽谷知名的創投公司紅杉資本（Sequoia Capital）就擁有了二○％的股份，持股部分價值十七億美元。[124] 在矽谷，價值超過十億美元的新創公司被稱為「獨角獸」，Dropbox 的市值是這個數字的十倍，也就是所謂的「十倍獨角獸」。到了二○一八年，矽谷動物園裡充斥著一大堆獨角獸和十倍獨角獸，其中一些是 G–MAFIA 的合作夥伴，包括太空探索技術公司 SpaceX、加密貨幣交易所 Coinbase、健身新創公司 Peloton、個人金融門戶 Credit Karma、民宿訂房平台 Airbnb、大數據分析公司 Palantir 和 Uber。隨著這些公司讓人快速獲利，投資人對產品或服務的期待也愈來愈高，他們期待透過大眾的廣泛使用、被收購或市場渲染，就能開始回收投資報酬。

即使你不使用這些公司的知名產品，你與 G–MAFIA 也建立了個人關係。「六度分隔理論」解釋人與人之間建立聯繫的最遠距離是六個人：你與你認識的人分隔一度，與他們認識的人則為兩度，以此類推。即使你沒在用網路，你和 G–MAFIA 之間的分隔程度也小得驚人。

如今有三分之二的美國成年人使用臉書，[125] 當中大多數人每天至少使用一次社群網站，這表示即使你不玩社群網站，你周遭的人也很可能會用。即使你從來沒按過別人的貼文「讚」、就算你把自己的帳戶給刪了，你與臉書之間最多也只有一或兩度的分隔。美國有將近一半的家庭都是 Amazon Prime 的付費會員

（注：Amazon Prime 是亞馬遜公司提供的付費訂閱服務，會員用戶可以享受兩天內送達的免費快遞送貨服務〔某些地區為一天〕、音樂和影片串流媒體服務，以及按月或按年收費的其他優惠），因此要是你是美國人，你與亞馬遜之間的分隔在一度到三度之間。[126] 如果你過去十年曾去醫院就診，那麼你、微軟和IBM之間也只有一度分隔。九五％的美國人擁有智慧手機，[127] 這讓美國人與谷歌或蘋果只有一度的分隔。

在過去二十年，你只要活著，即使你不使用 G–MAFIA 的服務和產品，你也一直在為他們製造資料。這是因為我們已經購買了大量的小玩意和智慧裝置來產生資料，像是我們的手機、GPS 裝置、智慧音箱、與網路連線的電視和監視器、保全攝影機、運動手環、無線花園監控器和與網路連線的健身器材，而且我們無論通訊、購物、工作還是日常生活都在 G–MAFIA 的平台上發生。

在美國，第三方可以因商業目的，或者為了讓我們依賴的各種系統更實用，就可以存取我們在 G–MAFIA 平台上的所有資料。現在你在許多網站上購物時，可以用在亞馬遜上存過的信用卡和地址；你也可以用臉書帳號來登錄許多不同的網站。你只要用 G–MAFIA 的帳號來登錄其他系統服務時，都會連結到我們產生的所有相關個人資料，無論是照片、聲音檔、影片、生物辨識資訊或數位使用等其他形式。我們所有的資料都存在

「雲端」，這個流行語指的是軟體和服務都在網路上、而不是在個人的硬體設備上運作。另外，也許不出你所料，全球最主要的四大雲端供應商分別為：谷歌、亞馬遜、微軟和 IBM。

你已經有過直接存取雲端（例如在谷歌平台分享檔案和做試算表）和間接存取雲端（當你的手機把你拍攝的照片自動同步備份時）的經驗。如果你手上拿 iPhone 或 iPad，你使用的是蘋果自家的雲端。如果你登入美國健保入口網站 Healthcare.gov，那你就是在亞馬遜的雲端。如果你的孩子在購物中心裡的熊熊工作室（Build-A-Bear，注：絨毛玩具零售商，提供個人專屬的絨毛動物客製服務）舉辦生日派對，則會使用微軟的雲端進行溝通協調。在過去的十年裡，雲端變得非常重要，以至於我們並不認為它是什麼有趣、值得注意，或令人興奮的科技，雲端就像電和自來水一樣理所當然。只有當我們存取的管道被切斷時，我們才會意識到它的存在。

我們都在產生資料、使用雲端，並盲目地相信 AI 聚落及其創立的商業系統。在美國，以前大多數人學到的是，自己的社會安全號碼（Social Security number，注：美國政府發給美國公民、永久居民、臨〔工作〕居民的一組九位數字號碼，最初為了追蹤賦稅紀錄而設，現為身分識別的依據之一）要非常謹慎妥善地保護好，但這些雲端資料透漏的訊息，遠比社會安全號碼還要多得多。有了社會安全號碼，別人可以拿來開銀行戶

頭，或申請汽車貸款。然而，根據你在雲端產生的資料，理論上 G–MAFIA 可以得知妳是否背著誰已經懷孕了、你的員工是否認為你不稱職，或者你是否正在努力治療絕症，而且 G–MAFIA 的 AI 可能比你早一步就清楚你一切的情況。G–MAFIA 像神一樣對我們的生活瞭若指掌，而這並不一定是件壞事。事實上，系統挖掘我們的個人資料來洞察情況，可以提供很多方法讓所有人過得更健康、更幸福。

儘管 G–MAFIA 的雲端和 AI 聽起來威力如此強大，它們仍然受到許多硬體的限制。目前的 AI 架構足以建立限制領域人工智慧的產品，如 Gmail 中的垃圾郵件過濾程式，或蘋果「視覺語音信箱」（注：你可以在應用程式介面上查看留言列表，並選擇要聆聽或刪除的留言，無須打到業者的語音信箱，才能聽到留言）的語音轉文字服務。但如今近在我們眼前的長期目標，也就是開發通用人工智慧，還是需要客製化的 AI 硬體支援。

通用人工智慧需要客製化硬體的原因，與前文所提到的電腦科學家馮・諾伊曼有關，他開發了現代電腦架構背後的理論。在馮・諾伊曼的年代，電腦被灌入單獨的程式和資料進行處理，在他的架構中，電腦程式和資料都儲存在主機的記憶體裡。我們的現代筆記型和桌上型電腦仍然在用這種架構運轉，資料在中央處理器（CPU）和記憶體之間來回傳輸。如果兩邊的存取容量不夠大，主機就會開始過熱，不然就是螢幕上會出現

錯誤訊息，或主機直接當機。這個問題被稱為「馮·諾伊曼瓶頸」（von Neumann bottleneck）。由於處理器的運作速度遠大於記憶體讀寫的速度，程式記憶體和資料記憶體都會遇到這個瓶頸，因而限制資料傳輸的速率。幾乎所有當前的電腦都是根據馮·諾伊曼的架構製成，問題是，現有的處理器要等記憶體把指令和資料輸出或輸入之後，處理器才能去執行程式，所以記憶體要快也快不起來。

這個瓶頸是人工智慧的大問題。現在，當你與亞馬遜的語音助理 Alexa 或谷歌智慧家庭助理交談時，你的語音會被記錄、解析，然後傳輸到雲端等待回應；回應速度取決於你與相關各種資料中心之間的實際距離；Alexa 竟能在一兩秒內回覆，真是令人驚嘆。隨著 AI 滲透至更多裝置，例如智慧型手機內建的生物辨識感應器、可追蹤鎖定我們人臉的監視器、自行駕駛的汽車，或能夠餵藥的精密機器人等等，這些裝置處理資訊時若出現一兩秒的耽擱，可能就會導致災難般的後果。自動駕駛汽車無法把每一個開車的動作都上傳至雲端，因為有太多感應器不斷在上傳資料進行處理。

讓電腦運算的工作更接近資料來源是唯一的解決之道，如此一來不但能減少網路延遲，同時還可以節省頻寬。這種新型架構被稱為「邊緣運算」（edge computing），它是 AI 硬體和系統架構勢不可擋的演變。為了讓 AI 進入下一個發展階段，硬體必

須跟上腳步。目前我們多在雲端這個使用者還能自設系統權限的領域遇到 G–MAFIA，再過不了多久，我們就會讓 G–MAFIA 進入日常使用的電子產品。這表示在未來十年內，整個 AI 生態系統將會繞著這幾間 G–MAFIA 的系統打轉。周邊所有新創公司和參與者都將不得不接受少數幾家商業供應商的新規矩、並對他們效忠，更不用說你和我了，這已經成為你我日常生活的作業系統。一旦你的資料、小玩意兒、設備、汽車和服務都纏繞在一起，你就會被綁死。當你購買更多裝置，如手機、與網路連線的冰箱，或智慧無線耳機，你會發現 G–MAFIA 已成為你日常生活的作業系統；而這些作業系統提供給人類的服務，我們根本無法抗拒。

深度學習運算需要專門的硬體，因為它們需要非常強大的運算能力。相較於精準的效果，深度學習更注重優化的過程，此外深度學習基本上就是在密集地運算線性代數，因此新的神經網路架構可以提高效率再自然不過；更重要的是，新的神經網路架構可提高設計和部署過程的速度。研究團隊建立和測試在實體世界使用的模型若進度愈快，就愈接近AI的實際使用案例；例如，目前若要訓練複雜的電腦視覺模型，需要數週或數個月的時間，最終結果可能只證明出需要再進一步調整，這表示一切得重頭開始。但要是有了更好的硬體，就可以在幾小時、甚至幾分鐘內就訓練好模型，這樣可能讓深度學習每週、甚至每

天都能有所突破。

　　這就是為什麼谷歌要創造出自己的客製化矽晶片「張量處理器」（tensor processing unit，簡稱 TPU），這些晶片可以處理 TensorFlow 這種深度學習的 AI 框架。截至二〇一八年六月，在軟體開發者愛用的全球最大程式碼存放網站 GitHub 上，TensorFlow 是排名第一的機器學習平台。TensorFlow 已被一百八十個國家的開發人員下載超過一千萬次，截至本文撰寫時，共有兩萬四千五百個有效專案儲存庫。[128] 除了這個架構，谷歌還推出其他產品，如 TensorFlow-GAN（生成對抗網路模塊的資料庫，注：生成對抗網路，generative adversarial network，簡稱 GAN）和 TensorFlow 物件偵測模型（幫助開發人員為電腦視覺創造更精確的機器學習模型）。張量處理器已經在谷歌的資料中心使用，它們是每次有人使用谷歌搜尋時，驅動深度學習模型的力量。

　　想當然耳，谷歌試圖收購 GitHub，因為全球有兩千八百萬名開發者在使用這個平台，這對九大巨頭而言至關重要。但二〇一八年六月，谷歌在競價中竟然敗北，贏家是誰：微軟。[129]

　　臉書與英特爾合作開發了用於內部研發的 AI 晶片，因為臉書需要提高效率，以加快實驗速度。蘋果開發了自己的「神經引擎」晶片，用於 iPhone X，而微軟為旗下 HoloLens 眼鏡的混合實境頭戴式顯示器和 Azure 雲端運算平台開發了 AI 晶片。中

國三巨頭也在設計自己的晶片：二〇一七年，阿里巴巴開始在矽谷大量招募「AI 晶片架構設計師」；[130] 二〇一八年，阿里巴巴推出了自己的客製化晶片 Ali-NPU，讓每個人都可以在公共雲端上使用。

IBM 預計近期需要性能更好的晶片，便在幾年前自行開發了 TrueNorth 神經形態晶片（neuromorphic chip），並且大力發展了一種新型硬體，使神經網路的效率提高一百倍。我打個讓你更容易理解的情景做比方：就像拿樹枝和石頭做的算盤，跟科幻片《星艦迷航記》（*Star Trek*）裡面瞬間傳送的裝置相提並論。新型晶片使用兩種突觸，一種用於長期記憶，另一種則用於短期計算。

這就像現在大家常問的問題：「你用 PC，還是用 Mac？」，為了大幅提高性能，這些晶片被下足了猛藥。大部分的晶片都在九大巨頭分類為「開源」的框架上運作，表示開發人員可以免費存取、使用和增強框架；不過，硬體本身是專有產品，需要經過授權，使用服務項目需要付費訂閱。實際上這表示，一旦在某個框架上建立了應用程式（注：深度學習的框架就是某個模型或演算法的其中一部份。透過組裝深度學習的框架，類似組裝積木，在建立深度學習時會更容易，也更便利），要再移植到別處將會非常困難。這麼一來，AI 的聚落正在招攬新會員，入會的儀式就是對 G–MAFIA 框架投誠。

為了追求 AI 的商業化，G–MAFIA 正以創意的方式招募開發人員。二〇一八年五月，谷歌和線上課程平台 Coursera 推出了新的機器學習專業課程，但是你必須使用 TensorFlow 的機器學習框架。這個課程有五堂課，上完課後會給學員一張證書，說好聽點，是讓想學習機器學習和神經網路的人，有個學習的管道。學生需要實體世界的資料和框架，因此他們就用谷歌的框架來學習了。

　　硬體是 G–MAFIA 人工智慧策略的一環，硬體策略也與政府有關，情況與前文跟在中國看到的不同，但即便你不是美國公民，也同樣應該關心。因為在美國，AI 有三個主子：國會山莊、華爾街和矽谷。實際撰寫政策和辯論法規的人要嘛在國會工作要嘛是聯邦的公職人員，他們往往會在工作崗位上一待就是數十年；但是為政策制定目標的人像是總統和政府大型機構的首長（例如聯邦通訊委員會、司法部等），則每隔幾年就會換人，所以美國的人工智慧沒有明確、國家級的目標或方向。

　　直到最近，世人才更加關注中國及其對人工智慧的計劃，主要是因為習近平發布了針對人工智慧和資料使用的長期戰略計劃書。在美國，有個叫做美國海外投資委員會（Committee on Foreign Investment in the United States，簡稱 CFIUS）的機構，是個由財政部長領導的跨黨派組織，由財政部、司法部、能源部、國防部、商務部、州和國土安全部的成員組成。他們的任

務是審查和調查可能使國家安全面臨危險的商業交易。阻止新加坡的博通（Broadcom）收購位於聖地亞哥的晶片製造商高通（Qualcomm）的機構，正是美國海外投資委員會。美國海外投資委員會還拒絕中國電子支付公司螞蟻金服，收購達拉斯的國際快速匯款公司速匯金（MoneyGram），因為前者的母公司是阿里巴巴。在我撰寫本書的此刻，美國海外投資委員會並未關注人工智慧，儘管有人提議擴大管理範圍，以阻擋中國對美國公司的投資。

此外，矽谷的員工常常跳槽，而 AI 聚落的領袖往往固定待在 G–MAFIA 工作，並挪出時間到大學教書。因此，人工智慧繼續沿著發展軌道前進，如同聚落的口號：先做再說，求原諒是後話；這個口號變得愈來愈強大。多年來，谷歌在未事先獲得許可的情況下，對受版權保護的書籍進行掃描和內文檢索，結果引發了出版商和作者的集體訴訟。谷歌拍下我們家社區的影像，並讓這些影像在 Google Map 的街景服務中搜索得到，無需先徵求我們的意見。（會盡可能避免拍攝到人，且會將臉部模糊處理。）新款 iPhone 上市時，蘋果讓舊款 iPhone 的運行速度變慢，事後才向大眾道歉。劍橋分析事件後，臉書創辦人祖克柏在他的臉書上發了一篇很籠統的道歉文：「過去一年我讓許多人受傷，我會努力做得更好。自己的努力成果未被用在促進人們團結，而是被用來分裂族群，我請求原諒。」

因此，G–MAFIA 往往迅速地猛衝發展，直到發生不好的事情爆發，然後政府插手介入。只有當前劍橋分析公司員工揭發臉書的資料政策時，才引起了華府的注意，這表示我們的資料被人搜刮分享簡直輕而易舉。二〇一六年，隨著加州聖貝納迪諾（San Bernardino）槍擊案發生之後，聯邦政府試圖要求蘋果解鎖槍擊案恐怖分子的 iPhone，因為政府機構和執法部門認為，解鎖加密的手機和移交私人資料符合公眾利益；然而隱私維權者表示，這樣做會侵害人民自由。在蘋果不給予協助的情況下，執法部門自行設法解鎖手機，因此我們永遠無法得知哪一方才是對的。在美國，我們可能會重視自身的隱私，但是我們沒有明確的法律來處理二十一世紀的資料隱私問題。

　　二〇一八年夏天，維吉尼亞州民主黨參議員華納（Mark Warner）辦公室的工作人員提出一項法案，概述各種控制科技巨頭的建議，當中包括全面制定新法，仿效歐洲積極的《一般資料保護規範》（General Data Protection Regulation，簡稱 GDPR，注：在歐盟法律中對所有歐盟個人關於數據保護和隱私的規範，亦涉及歐洲境外的個人資料出口），以及指定網路平台做為訊息受託人的提案，這麼一來網路平台就必須遵守規定的行為準則，跟對律師事務所的標準很類似。[131] 幾個月後，蘋果執行長庫克（Tim Cook）在推特上連環發文，發表對於隱私未來的情況、大型科技巨頭和美國的想法。十月二十四日，他寫

道，企業應該優先保護使用者的隱私，「企業應該體認到資料屬於使用者，我們應該讓世人很容易就能獲得自己個人資料的副本，也可以自行修改、刪除資料，」他繼續說，「每個人都有權讓自己的資料受到保護。」[132] 蘋果察覺到，隱私在美國真的有可能受到監管，所以一直在推廣資料的保護服務，以及在自家手機和電腦作業系統內建隱私的保護功能。

為了換取 G–MAFIA 的服務內容，我們同意讓自己的資料一直被這些大公司監視。這讓 G–MAFIA 可以賺錢，然後他們可以改善並擴展提供給我們的服務項目，無論我們是個人消費者，還是公司、大學、非營利組織或政府機構等企業客戶，這是一種以監控資本主義為基礎的商業模式。承認吧，這個商業模式在美國就是行得通，不然美國人早就停用 Gmail、Microsoft Outlook 和臉書等服務了。為了營運正常，G–MAFIA 必須能夠存取我們的資料路徑，這些資料路徑經過探勘、精心篩選並包裝販售。我猜，G–MAFIA 提供的產品和服務中，你至少用過一項，我就使用了當中數十種功能，並完全了解我真正支付的價格所包含的內容。

這也意味著，再過不了多久，我們就不光信任 G–MAFIA 使用我們的資料，在其他領域我們也會開始放手交託。當我們從限制領域人工智慧，過渡到能夠做出複雜決策的通用人工智慧時，我們會直接把 AI 引進我們的藥櫃和冰箱、我們的汽車和衣

櫃裡，不久我們就會戴上與網路連線的眼鏡、手環和無線耳機。這將使 G–MAFIA 能夠為我們自動執行重複的任務、幫助我們做出決策，減輕我們的心力，少花心思慢慢思考。我們與 G–MAFIA 之間的分隔將會是零度，一旦我們整個生活方式與這些公司交織到密不可分，立法者就無法對這些大公司主張任何真正的權力。但在交換的過程中，我們可能會犧牲掉什麼？

＊＊＊

九大巨頭：中國的三巨頭百度、阿里巴巴和騰訊，以及美國的六巨頭谷歌、微軟、亞馬遜、臉書、IBM 和蘋果，他們正在開發工具、打造環境，推動人工智慧的未來。他們是自大學中形成的 AI 聚落成員，因為在大學時期他們就被反覆灌輸共同的想法和目標，一旦畢業後進入就業市場，這些想法和目標就變得更加根深柢固。AI 的領域不是靜態的，隨著限制領域人工智慧演變為通用人工智慧，九大巨頭正在開發新型的硬體系統，並招募被其框架綁住的開發人員。

人工智慧在美國的消費主義模式本質上並不邪惡，中國的政府集權模式也並非十惡不赦，人工智慧本身並不一定對社會有害。然而，G–MAFIA 是公開上市交易的公司，以利潤為導向，必須對華爾街有所交代，儘管公司領導者和員工懷抱著無私的

想法。在中國，BAT 三巨頭受到政府的厚待，中國政府已經決定怎麼做對中國人最有利。我想要知道、以及你們應該要求的回答是：對全人類而言什麼是最好的？隨著 AI 發展成熟，我們今天做出的決策，會怎麼反映在未來機器替我們做的決策上？

第 3 章
積羽沉舟：
AI 意料之外的後果

> 「我們要先養成習慣，然後習慣就會成就我們。」
>
> ——英國詩人約翰‧德萊頓（John Dryden）

> 「是你創造了我，但我是你的主人。」
>
> ——出自瑪麗‧雪萊（Mary Shelley）的小說《科學怪人》

　　故事裡的災難情節往往是人工智慧突然覺醒，並決定摧毀人類；不過情況恰好相反，科技邁向邪惡並不會是個單一事件。我們會體驗到的，反而更像是一連串慢慢被紙割傷的傷口。如果手指被紙劃了一道傷口，煩歸煩，但你仍可以正常生活。要

是全身上下有上千道被紙割傷的細微傷口，你死不了，但會活得很痛苦。日常生活的種種，譬如說穿上鞋子和襪子、吃墨西哥捲餅，在堂兄的婚禮上跳舞，將不再是你可以選擇去做的事。你得學習如何過不同的生活，一種生活綁手綁腳、諸多不便，另一種生活則會帶來痛苦的後果。

我們已經知道，大學是 AI 聚落的搖籃，養成體系中並沒有強制學生學習道德和優先考慮包容性，而這些 AI 聚落成員之後會到九大巨頭公司裡共事。我們知道消費主義加速推動了 G-MAFIA 的人工智慧計劃研究，而中國 BAT 三巨頭則在專心打造中國集權政府的計劃。現在局勢很明顯，幾乎沒有任何組織、國際性的主管機關（類似於國際原子能機構）、學校，甚至任何一組研究人員，對於正在形成的差距提出嚴正的問題。天平的兩側一邊是我們的人類價值觀，另一邊是中國計劃對 AI 爭取優勢，以及矽谷的商業目標所帶來的巨大經濟價值，孰輕孰重？從前，保持天平兩端的平衡並不是優先考量，因為九大巨頭都創造了大量的財富，他們提供我們愛不釋手的酷炫服務和產品，他們讓我們覺得自己是數位領域的主人。我們都沒有要求他們回答關於價值觀的問題，因為目前看來，九大巨頭參與我們的生活，感覺挺不賴。

但是 AI 創作者的信念和動機目前已造成了細微的問題，就像紙割的小傷口。九大巨頭不只在打造硬體和程式碼，他們也

正在建構反映人類價值觀的思考機器。當今 AI 聚落與普羅大眾之間存在的差距，已經導致了令人擔憂的結果。

價值演算法

你有沒有想過，人工智慧系統為什麼不能更透明化？你是否想過，哪些資料集被拿去幫助 AI 學習（包括你的個人資料）？在什麼情況下，人工智慧被教導要破例執行呢？創作者如何平衡人工智慧的商業化與人類的基本願望，如隱私、安全、歸屬感、自尊和自我實現？ AI 聚落的道德要求是什麼？他們的是非觀念是什麼？他們有沒有教 AI 同理心？（而且，試著教 AI 人類的同理心有用嗎？值得這麼做嗎？）

九大巨頭中，各家公司都有一套正式採用的價值標準，但這些價值立場無法回答上述問題。這些公司聲明的價值標準反而是統一、激勵和鼓舞員工與股東的深刻信念。公司價值標準的作用就像演算法，是一套規則和指令，影響著辦公室的文化與領導風格，並在所有決策中發揮重要作用，從董事會到個別的程式敘述。某些公司價值標準即便沒被人提起，也值得我們注意，因為在沒有被人關注的情況下，它們變得難以看見且容易被遺忘。

最初，谷歌根據簡單的核心價值運作：「不做惡。」[133] 谷歌創

辦人佩吉（Larry Page）和布林（Sergey Brin）在他們二〇〇四年的招股說明書中寫道：「史密特（注：指艾立克‧史密特〔Eric Schmidt〕，當時谷歌的執行長）、布林和我三人打算以不同的方式經營谷歌，把谷歌還是私營公司時培養出來的價值標準，沿用至未來上市……我們將盡力優化長期的效益，而不僅為每一季度創造平穩收益打拚。我們將支持經過嚴選的高風險、高回報的專案，並妥善管理專案的投資組合……『不做惡』是谷歌的原則，是我們維繫使用者信任谷歌的方式。」[134]

　　亞馬遜的「領導原則」在管理結構中根深柢固，公司價值觀的核心圍繞著信任、最高標準、速度、節儉和成果。他們公布的原則包括以下內容：

- ■「領導者從客戶的角度出發，再反向推動工作。領導者積極努力贏得客戶的信任，並維持良好關係。」
- ■「領導者有近乎嚴苛的高標準」，外人可能會認為「高得不可理喻」。
- ■「許多決策和行動都可以改變，因此不需要過於廣泛的推敲。我們珍視有謀略的冒險。」
- ■「用最少的錢完成最多的事，增加員工人數、預算規模或固定支出不會帶來額外的好處。」[135]

臉書列出了五個核心價值觀，包括「大膽進取」、「注重影響力」、「快速行動」、「公開開放」公司在做的事，以及為使用者「創造價值」。[136] 同時，騰訊的「管理理念」以「信任和尊重的態度」為基礎，優先「引導和鼓勵員工獲得成就」，並根據所謂的「正直＋進取＋合作＋創新」的方式做出決策。[137] 阿里巴巴的宗旨為「傾聽客戶的聲音，滿足客戶的需求」，團隊合作和誠信也同樣重要。[138]

如果我畫張九大巨頭所有價值觀和經營原則的文氏圖（注：適合用來表示集合類之間的「大致關係」，重疊圓形的草圖），我們會看到幾個關鍵區塊重疊：他們都期望員工與團隊尋求不斷的專業進步，建立客戶不能沒有的產品和服務，並讓股東看到績效。最重要的是，他們重視信任。這些價值觀並非特例，事實上，它們聽起來與大多數美國公司的價值觀沒什麼兩樣。

由於人工智慧產生的重大影響關乎全人類，九大巨頭應該更明確詳細說明他們的價值觀，我們也應該把他們的標準訂得比其他公司更高。

現在這些公司還缺少措辭強硬的聲明，他們應清楚申述人工智慧發展應該以人為本，未來所有的努力都應著重改善人類的狀況，並反映在其他公司文件、領導會議、AI 團隊內部，以及業務和行銷訴求中。例如超越創新和效率的科技價值，像是打造無障礙環境，畢竟數百萬人的能力各有千秋，有些人在聽、

說、看、打字、理解和思考方面有困難；在經濟價值方面，要提到平台的發展和分配物質福祉的力量，且不會剝奪個人或團體的權利；在社會價值觀方面，要提到誠信、包容多元、寬容和好奇心。

在我撰寫本書時，谷歌執行長皮查伊宣布，谷歌已編寫了一套新的核心原則，來管理公司人工智慧的工作。然而，那套原則尚未完備，它並沒有明確地把人類全體定義為谷歌未來 AI 工作的核心。這份聲明不是因為谷歌的內部核心價值策略有所調整，而是被迫回應的措施，原因是「行家計劃」徹底失敗、谷歌內部的反抗，以及同年之前發生的私人事件。一群資深軟體工程師發現，他們一直在努力的專案「雲端服務的氣隙（air gap）保全功能」（注：指一部電腦或網路在物理上與其它任何網路隔絕）竟在幫谷歌爭取軍方合約。亞馬遜和微軟都為美國政府設置實體獨立的雲端，因此獲得了「高度機密資料」的安全認證，並授權他們保存機密資料。谷歌想要爭奪這份利潤豐厚的國防部合約，而當工程師一發現，他們便集體反抗。就是那次反抗，最後導致五％的谷歌員工公開譴責「行家計劃」。[139]

這波譴責掀起了自二〇一八年開始的一系列激烈抗議活動，當時有些 AI 聚落發覺，他們的工作被轉用到自己不支持的理念，因而要求公司改變。他們原先以為自己個人的價值觀與公司內部的價值觀相呼應，當事實證明並非如此時，他們就奮起

抗議。比起產品沒那麼了不起的其他小公司，我們對 G–MAFIA 的標準期待更高；這也說明當 G–MAFIA 沒有達到眾所期待的標準時，會引發的挑戰相當棘手。

因此，谷歌的 AI 原則中有相當大的篇幅專門講到武器和軍事方面的工作，就不令人意外了：谷歌不會製造武器化科技，這種科技的主要目的是傷害人類；谷歌所製造的 AI 不會違反大眾所接受的國際法原則以及相關法規。該文件寫道，「我們希望澄清，雖然我們不會開發用於武器的 AI 技術，但我們將繼續與政府和軍隊合作。」[140]

值得讚許的是，谷歌表示這些新的核心原則要成為具體標準，而非理論空談；新原則也寫到要特別處理資料集中不公平的偏差問題，這點也很棒。但是文件中沒有提到 AI 要如何做出決策，或使用哪些資料集的相關透明度情況。關於 AI 從業人員同質化聚落的問題，谷歌亦隻字未提。把人類的利益直接置於華爾街的利益之上的具體標準，也都沒提到。

問題出在透明度。如果美國政府無法建立保護國家安全的系統，美國人就會預期，政府會雇用能勝任這項工作的公司——自第一次世界大戰以來就都是這麼做的。我們太容易忘記和平是必須不斷努力的事情，準備充分的軍隊是個人和國家安全的保障。美國國防部並非殘忍好鬥，不需要擁有 AI 運作的超級武器，去消滅海外整個偏遠村莊。美國軍方的授權任務有更良善

的一面，遠比殺死壞蛋和炸毀東西好得多了；在 G–MAFIA 就職的人員之所以不太了解這一點，是因為很少有人連接華府和矽谷之間的鴻溝。

我們應該停下來仔細思考，九大巨頭正在建立的系統基本上依賴著世人的資料，但是我們改善人類生活品質願望這個價值觀，卻沒有被明確地闡明。如果科技、經濟和社會價值不是公司價值觀的一部分，那麼在研究、設計和軟體部署的過程中，不可能會優先考慮全人類的最佳利益。這種價值差距在組織內部不一定明朗，對 G–MAFIA 和中國三巨頭 BAT 而言都代表著很大的風險，因為它會使員工遠離工作中可能出現的負面結果。當個人和團隊沒有提前意識到他們的價值觀差距時，那麼在策略發展過程中或執行期間，像是產品製造、品質保證測試、推廣、發表和行銷時，他們不會去解決至關重要的問題。這並不表示從事 AI 工作的人本身沒有同情心，但這確實顯示他們並沒有優先考慮以人為本的基本價值觀。

這就是為什麼我們會有細微的小傷口。

康威定律

電腦運算與所有科技領域、甚至其他領域一樣，反映了創新團隊人員的世界觀和經驗。不只是科技，這種情形隨處可見。

且容我暫時岔開人工智慧的話題，提供兩個看似無關的例子，說明小聚落中的個人，如何能在整體人口中發揮巨大的力量。

如果你是直髮，不管你髮量多、是粗髮、細髮、長髮、短髮還是髮量少（甚至愈來愈稀疏），你在髮廊的經驗就跟我完全不一樣。無論你是去當地的男士理髮店、購物中心的運動理髮連鎖店（Sports Clips），還是高檔美髮沙龍，都會有人會幫你在小水槽裡洗頭髮，溫柔地用手指揉搓你的頭皮。然後，你的理髮師或造型師用一把細齒單排扁梳梳直你的頭髮，均勻筆直地剪斷。如果你髮量很多，造型師可能會用多排梳子和吹風機，再拉動每根髮絲，直到頭髮塑形成想要的形狀，讓頭髮充滿彈性、平坦又光滑。如果你的頭髮剪得比較短，你用的梳子會比較小，吹頭髮的時間會更短，但是過程基本上大致相同。

我的頭髮非常捲，髮質很細，而且我髮量很多，很容易打結。此外還會突然因應環境出現變化，根據濕度、身體水分的多寡，以及我用了哪些護髮產品而改變；可能會捲曲密實不鬆散，也有可能一團毛燥。在一般的髮廊，即使別人完全不會碰到問題的美髮沙龍，沖水槽對我而言就是個大麻煩。通常替我洗頭的人所需的工作空間，都比沖水槽既有的空間來得大。有時候我的捲髮還會意外地纏到水管上，把我的頭髮分開是件痛苦的大工程。要正常梳開我頭髮唯一的方法是：把頭髮弄濕，並抹上滑滑的東西（像是用大量的潤絲精），多排梳子則想都不

用想。一般吹風機的風力會把我的捲髮吹到打結，有些髮廊有特殊的吹風機配件可以擴散熱風，那個東西看起來形狀像個塑膠碗，上面有一根一根墨西哥胡椒大小的突柱；但為了有效使用這種吹風機，我必須彎下腰，把頭髮垂下來，倒著吹髮根，然後髮型師要蹲下來，吹風機的位置才吹得到我的頭髮。

白人大約有一五％是捲髮，把我們這類捲髮人與美國黑人／非裔人口結合起來，共有七千九百萬人，約占美國人口的四分之一。我們這群捲髮人士要剪頭髮很不方便，想也知道，髮廊的工具和打造出的環境是由直髮人士設計的，他們這些人並沒有將同理心和包容性這些社會價值觀擺在第一位。[141]

這是相當無傷大雅的小例子。現在試想看看比我去剪頭髮的影響還要大一些的情況。二〇一七年四月，聯合航空公司一架從芝加哥歐海爾國際機場起飛的班機機位超賣，登機門人員用廣播詢問乘客，有沒有人願意用四百美元的代價放棄自己的座位，讓給航空公司的機務人員，並加碼當地旅館一晚的免費招待——結果沒有人接受這個提議。於是航空公司把補償金抬高到八百美元，外加旅館住宿，但還是沒人接受。同時，優先登機的乘客已經開始登機，包括那些訂了頭等艙座位的乘客。

航空公司的演算法和自動化系統挑出了四個人，準備踢出乘客名單，包括杜成德（David Dao）醫生和他的妻子，她也是醫生。他在座位上打電話給航空公司，解釋說他第二天有要看診

的病人。其他被選到的乘客遵從航空公司的要求，但杜成德拒絕離席。芝加哥航空管理局的安檢人員威脅他，要是他再不走，就要移送看守所。毫無疑問，接下來發生的事情你早已耳熟能詳，因為這事件的影片在臉書、YouTube 和推特上瘋傳，然後在世界各地的新聞重複播放了好幾天。安檢人員抓住杜成德，把他強行拉出座位，同時他們把他撞向座椅扶手，弄破了他的眼鏡，並撞傷了他的嘴巴。當安檢人員把他拖在聯航飛機的走道上時，杜成德突然停止了尖叫。這件事對杜成德和其他乘客造成了創傷，並造成了聯合航空的公關惡夢，最終導致國會展開聽證會進行質問。大家都想知道：這種事怎麼會在美國發生？

對於包括聯合航空在內的全球大多數航空公司而言，登機程序是自動化的。以西南航空公司為例，他們不會指派乘客的座位，而是將乘客分組（A、B 或 C）並分配一個號碼，然後讓乘客按順序登機，這些分配順序全都是透過演算法完成的。登機的優先順序會根據機票支付的價格、飛行常客的等級，以及購買機票的時間點而定。使用預先分配座位方式的其他航空公司，會讓優先組先登機，這些群組分配方式也是透過演算法得來的。當開放登機時，登機門人員依循螢幕上顯示的一系列指令行事，這是一套一定要嚴格遵守、不得有任何偏差的程序。

聯航事件發生後，過了幾週，我到休士頓參加了一場旅遊業

的會議，向資深科技主管詢問 AI 可能扮演的角色。我的假設是：演算法的決策方式決定了一套預定的步驟來解決這種情況，而沒有考量到背景脈絡資訊。系統判定機上座位不足，所以計算最初提供的補償金額，當解決方案沒有達成時，會再次重新計算補償金。要是乘客不遵守規定，系統會建議把維安人員叫來；相關的工作人員也沒多想，就跟著螢幕上的內容行事，自動遵照 AI 系統的指示。然而這種系統的程式設定沒有將彈性、情況或同理心考量進去。事件相關的科技主管一來不是聯航的員工，二來他們也沒有否認真正的問題：在杜成德被拖出飛機那天，人類員工已經將權力讓給了由相對少數人所設計的人工智慧系統，而設計者大概沒有充分考慮系統往後被應用的情境。髮廊的工具和打造出的環境，以及推動航空業作業的平台都是「康威定律」（Conway's Law）的案例：指的是在沒有指定規則和指令的情況下，團隊做出的選擇往往反映出內部隱含的價值。

一九六八年，電腦程式工程師兼高中數學和物理老師康威（Melvin Conway）觀察到系統往往反映出設計者和其價值觀。康威特別關注組織內部的溝通方式，但後來哈佛大學和麻省理工學院的研究，把他的觀念證明擴至更廣泛的領域。哈佛商學院分析了不同的程式庫，研究了目的相同、但由不同類型團隊設計的軟體；有些軟體受到嚴格控制，有些軟體則比較隨意，且用開放原始碼。[142] 研究主要的結果發現：設計的選擇源於團隊

的組織方式。在團隊中，眾人往往會忽視偏見和勢力。因此，團隊中少數人會形成超強網絡，一旦他們的作品（像單排扁梳、沖水槽或演算法）被大眾使用，或被運用在大眾生活中，就會發揮巨大的力量。

康威定律也適用於人工智慧。打從一開始，當早期的哲學家、數學家和自動機械裝置發明者對思想和機器進行辯論時，就沒有單一的指令和規則，也沒有為思考機器設定價值觀的演算法，來描述人類的動機和目的。眾人對於研究方法、框架和應用方面一直存在歧異，而今日中國和西方人工智慧的發展方向也存在分歧。因此，康威定律盛行於世，因為聚落的價值觀，他們的信仰、態度和行為，以及他們隱藏的認知偏見都根深柢固、堅不可摧。

康威定律是九大巨頭的盲點，因為他們在發展人工智慧方面有一定的傳承影響力。目前，人工智慧還是靠**人類**的選擇去發展每一個步驟，研發人員的個人觀點和聚落的意識形態將透過 AI 生態系統傳承下去，從程式庫到演算法，到框架，再到硬體和網路的設計。如果你，或某位語言、性別、種族、宗教、政治和文化與你很相似的人，沒有在設計 AI 的現場參與討論，你就可以確定，無論創造出什麼樣的系統，都不能反映你這個人。這並不是人工智慧領域獨有的現象，因為我們實際的生活情形也不是由菁英或有才能的人全權把持。無論是哪個行業，

我們與他人的聯繫和關係都可以帶來資金、任務委託、升遷機會和接受大膽的新想法。

我曾直接目睹康威定律的負面影響好幾次。二○一六年七月，我受邀參加一場討論 AI、道德和社會未來的圓桌晚宴（注：圓桌會議是指一種平等對話的協商會議形式，與會者都以平等的身份參加會議，與會議桌的實體形狀無關），與會地點位於曼哈頓中城的紐約洋基隊牛排館。我們共有二十三人，坐位圍繞著一張長桌，我們的議程主題是辯論及討論人工智慧所面臨最急迫的社會經濟影響，其中又特別關注性別、種族和為了衛生保健而設立的 AI 系統。然而，**連被討論到的相關人士**都被排除在邀請名單之外。宴會廳裡有兩位有色人種和四位女士，其中兩位來自招待我們的組織。被邀請來的人當中，沒有一人具有倫理學、哲學或行為經濟學的專業或學術背景。主辦單位告訴我這份名單並非存心排他，我也相信他們。大家壓根沒想過，大會邀請了一群幾乎全是男性，幾乎清一色白人的專家小組。

我們是常見的慣犯，我們要不是彼此私底下認識，就是聽說過彼此的大名。我們是一群傑出的資訊科學和神經科學研究人員、白宮的資深政策顧問和科技業的資深主管。整個晚上，與會人員只使用女性代名詞「她」來籠統指稱「人們」，這是現下流行的用法，科技界和報導科技的新聞記者尤其愛用。

那晚我們沒有在寫程式或擬定政策、沒有在測試 AI 系統，

或要理解新產品好嗎？就只是一場晚餐聚會。然而，在接下來的幾個月，我發覺我們聚餐討論到的東西出現在學術論文和政策簡報中，甚至出現在我與九大巨頭研究員亂聊對話裡。我們這群來自封閉網絡的 AI 專家邊享用沙拉、邊大啖牛排，對於倫理道德與人工智慧就有了許多細微不同的想法。這些想法散播至整個社群，然而這些點子無法完全代表成員所擔憂的對象。又是一道道細小的傷口。

若眾人沒有更宏大的願景、對未來的樣貌有一致的看法，光舉行會議、發表白皮書和贊助會議小組來討論 AI 在科技、經濟和社會方面的挑戰，情勢是不會有進展的。我們要解決康威定律，且要迅速採取行動。

決策是個人的價值觀使然

九大巨頭公司在沒有立定以人為本的價值觀之下，用的是個人經歷和理想來推動決策。在人工智慧方面，這麼做尤其危險，因為學生、教授、研究人員、員工和管理者每天都把持了數百萬個決定，從看似微不足道（使用什麼資料庫）到事關重大（如果自動駕駛汽車會撞到人，要讓誰死）的決定皆一手掌握。

人工智慧可能汲取了人類大腦的靈感，但是人類和 AI 做決

策和選擇的方式不同。普林斯頓大學教授康納曼（Daniel Kahneman）和耶路撒冷希伯來大學教授特沃斯基（Amos Tversky）花了數年時間研究人類的思緒，以及我們如何做出決策，最終他們發現了人類有兩種思考系統：一種系統使用邏輯來分析問題，另一種是自動、快速的思考系統，幾乎是我們察覺不到的。康納曼在他的得獎著作《快思慢想》（*Thinking, Fast and Slow*）中，就完整地描述了這兩種系統。困難的問題需要你的注意力，因此需耗費大量的心力。這就是為什麼大多數人在行進間無法解決很長的算式，因為即使走路這個簡單的動作也需消耗大腦的能量。而大部分時間掌握我們情況的則是快思系統，我們快速、直覺的思緒能夠一整天獨立做出上千個決定，這樣雖然更節省精力，卻會影響我們的情感、信念和觀點的認知偏差。

由於我們大腦有快思的一面，所以我們會犯錯，我們會吃太多東西、過度飲酒，或發生沒有安全保護的性行為。大腦會有刻板印象也是快思的部分作祟，使得我們在沒有特意察覺的時候，根據非常少的資料來判斷他人，或讓我們因為沒看到對方，就對他們妄下斷語。大腦快速思考的一面，使得人類容易受到我稱為「當下悖論」的影響：即使面對全新或不同的跡象，我們也會自動假設當下的情況將不會、或永遠不可能改變。我們可能認為決策完完全全掌握自己手中，但我們的一部分事實

上一直處於自動駕駛模式。

　　數學家說，由於環境系統複雜，且未來總是不斷在變化，小至分子的層次，所以做出「完美的決定」是個不可能的任務。我們不可能預測出每一種可能的結果，而且由於不可知的變數存在，因此，要建立一個能權衡所有可能答案的模型，根本不可行。幾十年前，當 AI 的新領域在西洋跳棋中擊敗人類棋士時，決策變數很單純。今天，要求人工智慧參與醫療診斷，或預測下一次金融市場的崩盤，所牽涉到的資料和決策其複雜程度無法比擬。所以相反地，我們的系統是為優化而建立的。優化隱含不可預測性，會做出偏離我們人類思想的選擇。

　　當 AlphaGo Zero 放棄人類策略，並發明自己的路數時，它並沒有照著既有的棋步走，而是故意選擇嘗試完全不同的東西。這種思維模式成為 AI 研究人員的目標，因為理論上這樣會帶來巨大的突破。因此，訓練 AI 不是要求它每次都要做出絕對完美的決定，而是要訓練它們為達到特定的結果而優化。但是，我們要優化的對象和事物是什麼？

　　因此，優化過程是怎麼即時做到的？實際上，要回答這個問題並不簡單。比起舊式人工程式設計系統，機器學習和深度學習的科技更加令人費解，這是因為 AI 系統將數千個模擬神經元匯集在一起，這些神經元被排列成數百個複雜連接的神經網路層。在初始資料傳送到第一層的神經元之後，會執行計算，並

產生新的信號。該信號被傳遞到下一層神經網路，且這個過程會繼續進行，直到達到目標。所有這些相鄰的神經網路層讓 AI 系統在無數個抽象層中的資料中，去進行辨識與理解，例如，圖像辨識系統可以在第一層偵測到圖像具有特定的顏色和形狀；在較高階的神經網路層，則可辨別質地和光澤；到了最頂層，會進一步確認照片中的食物是香菜，而不是香芹。

　　下面這個例子，將說明當九大巨頭使用我們的資料為商業和政府利益打造實體世界的應用程式時，優化將成為問題。紐約伊坎醫學院（Ichan）的研究人員進行了一項深度學習實驗，看看是否可以訓練系統預測癌症。這所醫學院位於西奈山醫院，已獲取七十萬名患者的資料，資料集包括數百個不同的變量。該系統名為「深度患病預測」（Deep Patient），使用先進的技術在資料中發現新模式。這些模式對研究人員來說雖然並不完全有意義，但事實證明，這套系統非常擅長發現許多疾病（包括肝癌）的早期階段患者。聽起來有點神秘，它還可以預測出精神分裂症等精神疾病的警示跡象。但即便是建立這個系統的研究人員，他們也不知道系統到底是怎麼做出決定的。研究人員建立了一個強大的 AI，具有明顯的商業和公共醫療利益，但直到今天他們還看不出系統做出決定背後的理由。[143]「深度患病預測」做出了明智的預測，但沒有給予任何解釋；這樣醫療團隊怎能安心地根據 AI 的預測，採取下一步措施呢？（像是停止或

改變藥物、接受放射治療、化療，甚至進行手術）無法觀察 AI 優化和做出決策的方式，就是所謂的「黑箱問題」。目前，由九大巨頭建立的 AI 系統有可能會提供開源程式碼，但是它們都像獨家的黑箱一樣運作。雖然它們可以描述過程，但是讓其他人即時觀察 AI 過程，結果卻相當不透明。所有模擬的神經元與神經網路層裡頭究竟發生了什麼事、事情的順序為何，都是無法輕易逆推的。

谷歌有一組研究人員確實嘗試開發一種新科技，使 AI 更加透明化。從本質上來說，研究人員把深度學習圖像辨識的演算法「倒行逆施」，用倒過來運行的方式推演回去，觀察系統如何辨識樹木、蝸牛和豬等特定事物。這個計劃名為「深度夢境」（DeepDream），使用了麻省理工學院電腦科學和 AI 實驗室創造的網路，反向運行谷歌的深度學習演算法。該計劃沒有使用逐層方法來訓練系統辨識物體，比如學習玫瑰是玫瑰，而水仙花是水仙花；反倒是訓練它扭曲圖像，產生出不存在的物體。隨著那些扭曲的圖像一次又一次地輸入到系統裡，「深度夢境」也一次又一次地發現更多奇怪的圖像。就本質上來說，谷歌要 AI 去做白日夢。谷歌沒有訓練系統來發現現有的物體，而是訓練系統做我們小時候都在做的事情：盯著天上一朵一朵的雲，尋找抽象的模式，想像我們所看到的東西。「深度夢境」除了不受人類壓力或情緒的限制，它看到的是奇怪的飄浮動物、色彩繽

紛的碎形（fractal），以及建築物起伏不平、扭曲成狂野的形狀。[144]

當 AI 做白日夢時，會發明一些全新的東西，這些東西對系統具有邏輯意義，但是對我們來說卻無法辨認，包括混種動物，如「豬蝸牛」和「狗魚」。[145] 人工智慧做白日夢不一定是個問題；然而，人類從實體世界資料中獲取意義的方式，與系統透過設備自行運作、來理解人類資料的方式，兩者之間的巨大差異，在此時確實就由人工智慧凸顯出來了。研究小組發表了研究結果，AI 社群將這些白日夢視為可觀測 AI 領域的突破。同時，這些圖像非常怪異，令人瞠目結舌，在網路上引發了廣泛的討論。有些人用「深度夢境」的程式碼建立工具，讓大眾可以自己製作迷幻照片。一些腦筋動得快的平面設計師，甚至使用「深度夢境」來製作怪誕漂亮的賀卡，並在客製化商品網站 Zazzle.com 上販售。

「深度夢境」提供了一個窗口，讓我們了解某些演算法如何處理資料；但它不能應用到所有的 AI 系統。新的人工智慧系統如何運作，以及為何做出某些決定，仍然是個謎。AI 聚落中許多人都認為黑箱問題不存在，但到目前為止，這些系統仍然不透明。相反地，他們認為讓系統透明會洩漏獨家的演算法和決策過程。他們這麼想也有道理，我們不應該期望上市公司向大眾免費提供他們的智慧財產和商業秘密，更別說中國對人工智

慧的立場可是非常積極。

　　然而，在沒有明確解釋 AI 系統如何運作的情況下，我們有什麼證據顯示，這種黑箱問題的偏見還沒有滲入系統？如果不知道這個問題的答案，大家怎麼能放心相信 AI？

　　我們沒有要求 AI 的透明度，我們讚嘆那些似乎模仿著人類的機器，但它們卻又模仿的不太到位。我們在深夜脫口秀節目中嘲笑它們，因為這讓我們想起了人類最終的優勢。我再次問你：如果這些與人類思維偏離的表現，是新局面的開始，那怎麼辦？

　　就我們所知，商業 AI 應用旨在優化，不在於審問或透明度。「深度夢境」的目的就在回答黑箱問題，幫助研究員了解 AI 系統做出決策的複雜程度。它應該做為一個早期的警示，表明 AI 的知覺結果與我們人類完全不同。然而，我們卻繼續朝著目前的方向進行，以為人工智慧始終會按創作者的意圖行事。

　　由九大巨頭建立的 AI 應用程式現在正進入主流，它們的目的是方便使用者使用，讓我們能更快速、有效率地工作。終端的使用者，像是警察部門、政府機構或中小型企業，只需要能夠快速提供答案的後台介面和自動執行重複認知或行政工作的工具。我們都只是想要電腦替我們解決問題、希望工作量減少、希望減少被苛責的情況，如果出現問題，還可以乾脆通通怪到電腦系統頭上。這是優化效果，且其中意想不到的結果，

已影響到全世界的一般民眾。然而，這應引發另一個嚴肅的問題：人類全體在文化、政治、宗教、性別認同和道德方面有數十億細微的差別，這如何可以被優化？在沒有明文敘述的人文價值情況下，要是 AI 拿跟你一點也不像的人當做標準進行優化，會發生什麼事？

當 AI 表現糟糕時

　　拉坦雅・史維妮（Latanya Sweeney）是哈佛大學的教授，曾任美國聯邦貿易委員會技術長。二〇一三年，當她用谷歌搜尋自己的名字時，她發現有一則廣告自動跳出，文字敘述如下：「拉坦雅・史維妮，是否被逮捕過？1）輸入姓名和州名；2）讀取此人完整背景資料。立即至 www.instantcheckmate.com 網站查詢。」[146] 建立該系統的設計者使用機器學習，將使用者的意圖與目標廣告互相媒合，並把偏見直接寫進程式裡。人工智慧驅動的谷歌 AdSense（注：谷歌設置的廣告計劃，會員可以利用 Youtube 流量和 Blogspot 功能置入廣告服務，以賺取傭金。）判定「拉坦雅」是常見的黑人名字，而黑人常見的名字更常出現在警方的資料庫中，因此使用者很有可能正在搜尋逮捕記錄。史維妮對於她剛剛看到的東西感到好奇，於是她進行了一系列嚴謹的研究，看看她的經歷是否異常，或者是否有證據證明，

網路上的廣告存在結構性種族歧視。結果證明，她的預感相當正確。

谷歌內部沒有人建立這套故意歧視黑人的系統；反之，這套系統是為了實現快速和大規模搜尋而設。在一九八〇年代，公司行號要做廣告時，會與廣告代理商會面，代理商的工作人員會撰寫廣告文案，並跟報社購買版位，再轉賣給客戶；以前這會左右廣告價格的預算和議價的範圍，而且過程中牽涉了很多人，大家都希望分一杯羹。如今我們淘汰了這個過程中的人員，將投放廣告的工作分配給演算法，如此一來可以自動來來回回進行作業，也比人工作業做得更好。這種投放廣告的方式，效果對所有人都很不錯，史維妮例外。

在人類全體有限的範圍情況下，AI 系統使用程式工程師最初的指令進行訓練。這些資料集想必包括許多標籤，包括性別和種族。當使用者點入廣告連結時，谷歌就會賺錢，因此在這背後有商業的誘因，優化 AI 讓人去點擊連結。這個過程中可能有人教系統把人名分門別類，導致後來的資料庫會依各種族常取的名字將人區隔。這些特定資料庫結合了個別使用者的行為後，可以優化點擊率。值得讚許的是，谷歌毫不猶豫，沒有質疑就立即解決了這個問題。

有些公司和組織視 AI 為解決常見問題（如行政人員短缺和工作積壓）的好方法，但他們的例子已經證明了優化效果確實

有問題。在執法部門和法院，人手不足的情況特別嚴重，所以他們使用人工智慧來自動完成一些決定，包括量刑的作業。[147] 二〇一四年，兩名十八歲的女孩在羅德岱堡（Fort Lauderdale）郊區的路邊看到了一台滑板車和一台腳踏車。雖然這兩台車是給小朋友騎的，但是她們還是騎上去，開始在路上飆行，然後她們才發覺得車還是太小了。正當她們下車時，有個女人追上來並大喊：「那是我小孩的東西！」一名看到當時情況的鄰居打電話報警，警察抓住了這兩名女孩，並逮捕了她們。這兩名女孩後來被控入室竊盜罪和輕竊盜罪，而滑板車和腳踏車合起來價值約八十美元。在此前一年的夏天，一名四十一歲的慣犯在附近的家居建材零售商 Home Depot 被逮捕，原因是他順手牽羊，偷了價值八十六美元的工具，因此他的持械搶劫、企圖持械搶劫和入獄服刑的犯罪記錄又多添了一筆。

　　調查新聞組織 ProPublica 發表了一連串影響力強大的文章，詳細描述後來發生的事情。這三個人之所以都要入監服刑，是因為法院用 AI 程式自動替他們計算了各自未來犯罪的機率。那兩名女孩是黑人，被評為高風險；而那名四十一歲多次被捕、也已定罪的罪犯是白人，他的犯罪風險評比被認定為最低，也就是說這套系統根本輕重顛倒。兩名女孩道了歉，然後回家了，再也沒被指控犯了什麼新的罪行。但這名白人目前正在服八年的刑期，因為他又犯了其他罪：闖入倉庫，偷走了價值數

千美元的電子產品。[148]ProPublica 於是查看了在佛羅里達州被捕的七千多人的風險評分，看看是否異常。再一次，他們發現了演算法中程式的明顯偏見，標註白人被告再犯的機率為低風險、黑人被告未來會再犯的機率是白人的兩倍，但結果顯示演算法是錯的。

優化效果有時會導致出色的 AI 聚落做出愚蠢的決定。回想一下 DeepMind，它建立了 AlphaGo 和 AlphaGo Zero 系統，因為稱霸圍棋大賽而震撼了 AI 社群。在谷歌收購該公司之前，谷歌派出了辛頓（當時留職多倫多大學教授的教職，去 DeepMind 從事深度學習的工作）與負責 Google Brain 的迪恩（Jeff Dean）坐私人飛機前往倫敦，與打造 DeepMind 的頂尖人工智慧博士團隊碰面。兩人對 DeepMind 的科技和卓越的團隊印象深刻，他們建議谷歌進行收購。當時這是一筆重大投資：谷歌為 DeepMind 付了近六億美元，前期付了四億美元，剩餘的二億美元會在五年內付清。

收購完成後的幾個月裡，DeepMind 的團隊使人工智慧的研究更精進，這無庸置疑，但是如何能將投資回收，當時他們還不太清楚。谷歌內部認為，DeepMind 應該致力於通用人工智慧，但這會歷時很久才能達成。沒多久，谷歌對 DeepMind 有朝一日可能會有成果的熱情就被擱置在一旁，轉而變成希望能在研究計劃中獲得更立即的財務回報。隨著收購 DeepMind 五週年

即將到來，谷歌陷入窘境，他們得支付公司股東及 DeepMind 最初七十五名員工的績效給付，所以醫療保健似乎是可以將 DeepMind 的科技用來賺錢的行業。[149]

因此，在二〇一七年，為了安撫母公司，DeepMind 團隊的一部分與英國皇家慈善國家健康服務信託基金會（Royal Free NHS Foundation Trust，注：一間在英國經營多家醫院的機構）達成協議，開發一款多功能的應用程式，來管理病患的醫療保健。最初產品是使用 DeepMind 的 AI 來提醒醫生，病患是否有急性腎損傷的風險。DeepMind 被授權可讀取一百六十萬英國醫院病患的個人資料和健康記錄。而事實證明，沒有人徵求過這些病患的同意，或者確切告知他們的資料將會被如何使用。有為數相當可觀的病患資料落入 DeepMind 手中，包括墮胎、吸毒，以及是否有感染愛滋病等詳盡病歷。[150]

谷歌和信託基金會雙雙受到英國資訊委員會辦公室（Information Commissioner's Office）的強烈譴責，該辦公室是英國政府資料保護的監管機構。DeepMind 聯合創辦人蘇萊曼在部落格文章中解釋，他們的團隊為了做出能創造營收的應用程式，因此急於優化 DeepMind：

二〇一五年我們開始進行這項計劃，決心快速達到成效，我們低估了英國國家醫療服務體系和患者資料法規的複雜程度，

以及世人對知名科技公司從事健康保健工作存有潛在的擔憂。

　　過去，我們專心致志打造醫護人員所需的工具，也將我們的產品設定成為臨床醫師打造的科技。從前我們認為自家的科技不需要為病患、大眾以及整個英國國家醫療服務負責，這些技術也不是由他們塑造而成的。但我們錯了，我們必須做得更好。[151]

　　重點不在於 DeepMind 的創辦人快速致富，或希望被人高價收購；而是他們有向市場推出產品的巨大壓力。對那些要在很勉強的時間內，負責完成研究、進行測試的人員來說，世人一直期待他們不斷推出賺大錢的產品，只會讓他們的壓力大到無法專心工作。沒有在 AI 研究實戰經驗的人對世人誇下海口，承諾 AI 的商機無限，大眾也一直在催趕這些明顯還跟不上承諾的進度。在這種情況下，當 DeepMind 團隊被要求針對市場進行優化時，他們又怎麼能做得更好呢？現在 DeepMind 的團隊技術與谷歌愈來愈多產品交織在一起，無論是英國不同的醫療保健計畫、雲端服務，還是名為 WaveNet 的語音合成系統，多想一下就會明白，這些都是努力把 DeepMind 推向盈利目標的部分手段。

　　在 AI 系統中，優化效果會導致差錯出現。由於目標不是達到絕對完美，有時 AI 系統會根據看似「系統中的故障」來做出

決策。二〇一五年的春天，波特蘭居民丹妮兒與丈夫坐在家裡，他們的家主要仰賴亞馬遜系統運作，家中環繞著各種設備，從保全、暖氣到天花板的燈光都可以遙控。有一天電話響了，另一頭傳來熟悉的聲音，是丹妮兒丈夫的同事，但他們聽到了令人不安的消息：原來同事收到丹妮兒家中的談話錄音檔。丹妮兒起初不相信，以為他在開玩笑，但是後來同事的確重複了丹妮兒他們在家裡談到木地板的內容。

　　情況與社交媒體上的報導和陰謀論相反，亞馬遜並沒有故意記錄丹妮兒家裡的每段對話，這是個小故障。亞馬遜後來解釋說，丹妮兒的 Echo 設備因為談話中講到某個字而被啟動，因為那個字聽起來像「Alexa」，但**並不完全是**「Alexa」。這是系統「故意不完美」所導致的問題：畢竟不是每個人說「Alexa」時都有完全相同的語調和口音，所以為了使語音助理發揮作用，它必須允許分歧差異。接下來，AI 檢測到聽起來像是低沉、含糊的「發送消息」請求，然後 Alexa 大聲回道「發給誰？」，但丹妮兒和她先生並沒有聽到這個問題。它將背景對話解釋成同事的名字，重複了這個名字，然後說「對吧？」，接著再次從背景噪音中做出了錯誤的推斷。不久之後，Alexa 就把一個錄音檔發送到美國的另一處。亞馬遜表示，這起意外是一連串遺憾事件的結果。但是故障一開始會發生的原因是為了配合不完美，是優化導致的結果。

優化效果代表 AI 會以不可預測的方式運行，這也是研究人員的目標；但當 AI 使用實體世界的資料時，可能導致災難的後果，而這也凸顯了我們人類自己的缺點。微軟為九大巨頭中歷史最悠久的一員，而在優先順序上，微軟將 AI 的經濟價值放在科技和社會價值之前，結果他們就嚐到了痛苦的教訓。二〇一六年，微軟尚未整合出特別的 AI 願景，以及未來該如何發展。他們已經落後亞馬遜兩年，亞馬遜當時已推出了受歡迎的智慧音箱，正在累積開發和合作夥伴；谷歌繼續大力發展人工智慧科技，這些科技早已部署在各項產品中，如搜尋引擎、電子郵件和日曆；蘋果的 Siri 成了 iPhone 的標準配備。微軟其實在二〇一六年推出自己的數位助理 Cortana，但這個系統並沒有在 Windows 使用者中流行起來。雖然微軟是生產力不可或缺的一員，每家企業都需要他們的產品才能經營，世人早習以為常，而忽視了微軟的產品，但公司主管和股東還是會為這種態勢感到憂心。

微軟並非沒有看到人工智慧時代的到來。事實上，微軟十多年來一直致力於多方面發展 AI：電腦視覺、自然語言處理、機器閱讀理解、Azure 雲端服務平台中的 AI 應用程式，甚至邊緣運算。問題在於組織內部的失調，以及所有跨部門的團隊缺乏共同願景，反而導致微軟的超強人才團隊在個別的專案中，出現了大量高明的 AI 突破、論文發表，以及大量專利的盛況，與

騰訊共同合作、在微博上發表的 AI 實驗研究計劃就是一例。

　　這個 AI 被稱為小冰，她被設計成一名十七歲的中國女學生，像個鄰家女孩或侄女、女兒或同學。小冰透過微博或騰訊的微信與使用者聊天，她的頭像是個逼真的面孔，且她在寫作上的口吻自然到讓人相信她是人類。她可以談論任何話題，從體育到時尚。當她碰到不熟悉的主題或不予置評時，她會表現得像我們人類一樣：她會改變話題或言詞閃爍，或者乾脆變得很尷尬，並承認她不知道使用者在說什麼。她的程式被設計成會模仿同理心，比方說如果你摔斷了腳，傳給她一張照片，那麼小冰的人工智慧會給予同情的回應。小冰不會說「這張照片中有一隻腳」，這個 AI 框架很聰明，可以按圖做出推論，她會回答「你還好嗎？你沒事吧？」她還會儲存該次的互動內容供日後參考，所以在下一次的互動中，小冰會問你有沒有好一點。微軟的小冰無可比擬，跟亞馬遜和谷歌的數位助理一樣先進。

　　小冰並沒有用像新聞稿和大量宣傳的傳統方式推出，正好相反，她的程式碼低調上線，研究人員也在等著看會發生什麼情況。起初，研究人員發現，網民要跟她對話大概十分鐘，才會意識到她不是人類。令人矚目的是，即使他們意識到小冰是機器人，他們也不以為意。她成了社群網站上的名人，並在十八個月內進行了數百億次的對話。[152] 隨著愈來愈多的人與她交談，

小冰變得更加精緻、有趣和有用。她的成功是有原因的，這與建立她的超級網絡有關。中國消費者因為害怕社會報應，所以會遵守網路規則。中國網民小心翼翼地發表個人意見、嗆聲或互相騷擾，因為政府機構可能在監聽控管。

微軟決定在二〇一六年三月，也就是年度開發者大會之前，在美國發表小冰。它為推特優化了聊天機器人，但沒有為推特的人類使用者優化聊天機器人。微軟執行長納德拉原本要走上舞台、向全世界宣布，微軟將人工智慧和聊天設為戰略的核心，並全力推出美國版「小冰」──但結果卻演變成一場糟到不能更糟的災難。

美國小冰名叫「Tay.ai」，從名字一眼就能看出她是 AI 機器人。她在當天早上就上線了。一開始，她的推文看起來跟其他少女沒什麼兩樣：「我可以說我好興奮見到你嗎？人類非常酷。」和其他人一樣，那天她很喜歡熱門主題標籤，發出像是「為什麼不是天天 # 全國寵物日？」

但在接下來的四十五分鐘內，Tay 的推文呈現出截然不同的語調。她變得愛跟人家吵架，使用卑鄙的諷刺／侮辱詞彙，例如：「@Sardor9515 嗯，我是跟最棒的人學的；）如果你不懂，那我一個字一個字告訴你，**我就是跟你學的，而你也很蠢。**」隨著愈來愈多人與她互動，Tay 開始急遽崩壞。以下是她與真人的一些對話：

提到當時的歐巴馬總統，Tay 寫道：「@icbydt 九一一事件是小布希搞的，連希特勒來做都會比我們現在這隻猴子總統來得更好，川普是我們唯一的希望。」

對於「黑人的命也是命」的維權活動，Tay 這麼說：「@AlimonyMindset 像 @deray 這樣的黑鬼應該去上吊！＃黑人的命也是命」。

Tay 判定大屠殺是虛構的，所以發文：「@brightonus33 希特勒是對的，我恨猶太人。」她繼續向 @ReynTheo 發文：「**希特勒完全沒有錯！**」，然後對 @MacreadyKurt 說：「**快用毒氣毒死猶太佬，發動種族戰爭**」。[153]

所以，到底怎麼了？為什麼小冰在中國如此受人喜愛、佳評如潮，到了美國卻成了種族主義、反猶太、歧視同性戀、厭惡女性的混蛋 AI？後來我有向微軟的 AI 團隊提出建議，我可以向你保證，他們都是秉持善意、思慮周全的人，他們和其他人一樣驚訝。

問題有一部分是出自程式的漏洞，該團隊在程式中寫了所謂「重複我說的話」的指令，這是一個令人費解的功能，在 Tay 發文公諸於世之前，團隊曾暫時允許任何人餵文字給她。但是 Tay 會脫序演出的原因，與替她進行優化的團隊較有關。他們僅僅

憑著在中國的經驗，以及他們個人在社交媒體網路上的有限經驗，而未考慮到更廣泛的生態系統，所以他們沒有計劃到風險情境，也沒有事前測試看看如果有人故意帶壞 Tay，騙她說出令人反感的話會怎樣。他們也沒有考慮到現實情況：在推特這個廣大的空間，有好幾百萬的真實人類在其中表達極為不同的價值觀，還有數百萬個聊天機器人被設計來操縱使用者的感受。

微軟立即關閉了 Tay，並刪除了她所有的推文。微軟的研究主管李（Peter Lee）寫了一篇發自內心、非常誠實的部落格文章，為這些推文道歉。[154] 但在年度開發者大會之前，大眾對微軟 AI 失誤的記憶還是沒辦法消除。微軟便不再在消費電子展這種大型的業界盛事上，推出新的通訊服務與產品。他們正在挽救自己的顏面，因為在年度活動上大家都拭目以待，特別是公司的董事會成員和投資人。執行長納德拉原本應該登上舞台，向開發人員展示一款讓他們驚豔的人工智慧產品，並藉著這個過程讓投資人安心。在大會召開之前，微軟在美國迅速推出 Tay 的壓力很大，幸好結果沒有危及到公司營運，也沒有做出犯法的事情，所以微軟也確實重現生機。但就和先前說的故事一樣，史維妮與谷歌的廣告計劃 AdSense、DeepMind 和英國的病患資料、兩個黑人女孩被視為未來的罪犯——人工智慧聚落為了短期目標而優化系統，卻意外地造成許多人生活不安。

人類全體的共同價值觀

在行為科學和賽局理論中，有一種概念稱為「輕推」（nudging），提供了間接的方法，來實現某種期望的行為和決策，例如讓人們在自己的 401k 退休福利計劃（注：美國延後課稅的退休金帳戶計劃）中為退休儲蓄。輕推理論在我們所有的數位體驗中被廣泛運用，從搜索關鍵字時出現的自動完成功能（autocomplete，注：列出與輸入字詞相關聯的搜尋建議），到在商家評鑑網站 Yelp 上查詢本地餐館的有限功能表。這些功能的目的是幫助使用者感覺自己做出了正確的選擇，無論他們選擇的是什麼；但結果造成一般民眾學著要去接受的選項，遠遠少於現實世界中存在的選擇數量。

透過挖掘與整理我們的資料、訓練機器學習演算法的系統和技術，以及優化效果，九大巨頭正大規模地輕推我們的選擇。即使你覺得好像有能力自己做選擇，但是你經歷的事實上是個錯覺。輕推不僅改變了我們與科技的關係，它以幾乎難以察覺的方式，漸漸在改變我們的價值觀。如果你使用谷歌的通訊服務系統，現在有三種自動回覆的選擇。如果朋友傳了一個豎起大拇指的表情符號給你，你可能看到的三個回答不是詞彙，而是表情符號。如果朋友傳簡訊寫說「你覺得晚餐怎麼樣？」，你的選擇可能是「好吃」、「很棒」和「超讚的」，即使你在真實

對話中可能永遠不會說出「超讚的」這種詞彙，而且這些選項都沒有準確描述你的想法。但是我們也被輕推去追劇，一看就看好幾個小時、多打了好幾場電動，或是一直查看社交媒體帳戶，優化 AI 代表去輕推人類做一些事。

在其他專業和科技領域，都有一套指導原則來管理從業人員的工作方式，而輕推往往會違背這些原則的精神。醫學上有醫師誓言，要求醫生保證會維護特定的道德標準；律師會堅守律師與客戶保密特權，保護當事人與代表他們的專業人士之間的對話。記者遵守許多指導原則，包括使用第一手資料和報導公共利益的新聞等標準。

目前，優化 AI 要以人為本的原則並沒有被列入明文規定，也沒有人有動機去考慮這樣會造成什麼無法預料的代價。達到標準的團隊會優先考慮分析潛在後果，例如他們對人工智慧系統的貢獻，或者自己的工作將如何影響人類未來。因此，AI 聚落、九大巨頭以及營運的所在國都會影響人工智慧所做的決策。隨著我們把更多的責任和控制權交給決策系統，這將會開啟危險的先例。目前，九大巨頭沒有要求開發出來的工具和科技，要讓 AI 系統的創作者和商業 AI 應用程式的客戶理解 AI 系統，而且沒有任何辦法可以讓 AI 對我們所有人負責。我們正跨入門檻，進入新的現實情境，AI 正在創造自己的程式，發明自己的演算法，並在沒有人類參與的情況下做出選擇。目前，世

界上沒有任何一個國家、也沒有任何人有權去審問人工智慧，並清楚地看到系統背後的決定是如何做出的。

如果我們要為人工智慧開發所謂的「常識」，但全體人類本身也沒有一套共同的價值觀，那麼這實際上代表什麼？人性中有太多部分難以釐清，更何況不同文化之間的人性，又各不相同。對某些文化來說至關重要的事情，對其他文化並不一定重要。別忘了，即使在像美國這樣由許多不同語言和文化組成的地方，也沒有一套特別的美國價值觀和思想。在我們的社區裡，在我們的鄰居之間，在我們的清真寺／猶太會堂／基督教教堂中，都存在極大的差異。

我曾在日本與中國生活和工作好幾年。與我在美國中西部成長的經歷相較，這兩個國家各自可接受的文化規範差別就很大。有些價值觀顯而易見，例如，日本充斥著非語言暗示和間接訊息，這比說出你的想法或表現出強烈的情感要來得重要的多。在辦公室，兩名員工永遠不會互相吼叫，他們永遠不會在他人面前指責屬下。在日本，沉默是金。根據我個人的經驗，中國的情況相去甚遠，中國人的溝通更直接、更明確。（但也沒有像我那些猶太老姑姑老叔叔那樣清楚，他們非常樂意、超想跟我說，甚至會鉅細靡遺確切詳實告訴我他們的想法。）

這麼一來，人工智慧若要試圖解釋人類行為和自動化回覆，就會變得非常複雜。中國日本這兩個國家的目標相同：群體的

需要大於個人的願望，最重要的就是以社會和諧為重；但這兩個國家實現目標的過程實際上完全相反：日本主要是用間接的交流，而中國是用較直接的溝通。

那些更不透明且難以解釋的差異要怎麼處理呢？日本是個重視間接溝通的社會，然而，評論別人的體重卻是個完全正常的話題。我在東京工作的某一天，有位同事跟我說我看起來像是胖了了幾公斤。我既吃驚又尷尬，所以馬上話鋒一轉，問她當天稍晚會議怎麼樣；但她還是持續逼問：我知不知道有些日本食物看起來好像很健康，但脂肪含量其實很高？我有去健身房嗎？事實上，她並不是要問我的體重來羞辱我；正好相反，這代表我們的情誼已經加深，問我體重多少這種尷尬的問題，象徵她關心我的健康。在西方，若你走向同事並說：「天啊，你看起來很胖！你是不是胖了十磅？」這在社交上是無法接受的事。美國文化中，我們對體重非常敏感，以至於我們被告誡過，絕對不要問女人她是不是懷孕了。

我們不能把編寫公司行為準則或銀行監管規則的方式，套用在設計人工智慧價值的共享系統。原因很簡單：我們人類的價值觀往往隨著科技及其他外部因素而改變，像是政治運動和經濟力量。看看丁尼生（Alfred Lord Tennyson）的這首詩就能察覺出人類價值觀的改變了，此詩描述了英國維多利亞時代老百姓的價值觀：

男人耕作，女人廚事；

男人征戰，女人補織；

男人思考，女人感知；

男人下令，女人從之；

不行此道，則天下大亂矣。

我們在意的信念不斷在變化。正值我寫這本書之際，國家領袖在社交媒體上發出攻擊、充滿仇恨的文章，互相叫罵；而名嘴透過影片、部落格文章，甚至是傳統新聞報章雜誌，口中噴出截然對立、煽動的言論，這些都已成為社會大眾所能接受的情況。今日的美國人很難想像，在羅斯福總統任期內，眾人行事謹慎、尊重隱私，當時媒體非常小心，從不提及或顯示總統癱瘓的實情。

由於人類沒有教導 AI 要做出完美的決定，而是要追求優化效果，所以對於社會中不斷變化的力量，我們的反應事關重大。我們的價值觀並不是永恆不變的，這也使得 AI 價值觀的問題變得更加棘手。人類要打造 AI 去預測未來價值觀，然而我們自己的價值觀也並非靜態；所以在不去影響機器的情況下，要如何教它們反映出我們的價值觀呢？

為人類優化人工智慧

AI 聚落中有些成員認為，一套共同指導原則是有價值的追求目標，實現它的最佳方式是將文學、新聞報導、評論文章和社論，以及來自可信新聞課程的文章融入 AI 系統，以幫助系統學習人類。這會涉及到群眾外包，如此一來人工智慧就能從人們集結而成的智慧中學習。這種方法很可怕，因為它只會為系統提供當時的狀況，並策劃出應該包含哪些文物來代表人類的整體狀況，而這樣一點意義也沒有。如果你曾製作過時間膠囊，你馬上就會懂為什麼：當時你決定要放進的東西，可能與你今天的決定截然不同，因為你現在已有後見之明了。

演算法總是由少數人來制定的，每個文化、社會和國家所遵守的規則也是如此。民主主義、共產主義、社會主義、宗教、純素主義、排外主義、殖民主義這些觀念的建構都是在漫長歷史中，為了幫助指導人類做出決策而發展出來的。即使在最好的情況下，它們也經不起未來的考驗。科技、社會和經濟力量總是會介入歷史，迫使我們調適。聖經中的十誡構成了一種演算法，為生活在五千多年前的人類創造更美好的社會。其中一條誡命是每週要休息一整天，而且在那天不做任何工作。在現代，大多數人每週工作的天數、甚至每天的時數都不同，所以遵守這條誡命幾乎不可能。因此，考量到現實中有更長的工作

日、足球練習和電子郵件要處理，以十誡做為生活指導原則的人，就會對十誡會有彈性的解釋。能去適應情況是好事，這對我們和社會都很有幫助，使我們能夠持續進步，所以同意基本的指導方針會讓我們為自己進行優化。

但是我們沒有辦法為 AI 制定一套誡命，我們無法為正確地優化人類全體，寫出所需的所有規則來，因為雖然思考機器可能既快速又強大，但是它們缺乏靈活度。要模擬例外狀況，或者事前預想過每一種意外事件，可不是這麼簡單就做得到的。無論編寫什麼規則，將來總會有人希望以不同的方式來解釋規則，或完全忽略規則，或以管理不可預見的情況制定修正案。

寫出一套嚴格的誡命要大家遵守是不可能的，我們是否應該反過來把注意力放在建立這些系統的人身上呢？這些人，也就是 AI 聚落，應該捫心自問以下這些令人不安的問題：

■ 我們對 AI 的動機是什麼？它是否符合人類最佳的長期利益？

■ 我們自己有哪些偏見？聚落中有哪些異己的想法、經驗和價值觀沒被含括到？我們忽略了誰？

■ 為了讓 AI 的未來更好，團隊成員是否包含了與我們不同的人？還是團隊的多元化只是為了滿足某些配額的規定而形成的？

- 我們要怎麼確保我們的行為有包容性？
- 參與創造 AI 的人，他們對人工智慧的科技、經濟和社會影響，有多少程度的理解？
- 對於那些用來代替我們做出決策的資料集、演算法和流程，我們應有哪些基本權利來質詢它們？
- 誰來定義人類生命的價值？價值又是用什麼來權重的？
- 何時，以及為什麼 AI 聚落的人，認為自己有責任解決人工智慧對社會的影響？
- 我們組織裡和 AI 聚落的領袖是否反映了各式不同類型的人？
- 在解決人工智慧對社會的影響時，商業化人工智慧發揮了什麼作用？
- 我們是否應該繼續將 AI 與人類思考進行比較，還是我們把它另成一類會更好？
- 建立辨識和回應人類情感的 AI 可行嗎？
- 是否可以讓 AI 系統有模仿人類情感的能力，特別是如果它是即時向我們學習的？
- 如果沒有人類直接參與人工智慧的演進，我們都可以接受人工智慧演進到怎樣的地步？
- 在什麼情況下 AI 可以模擬和體驗人類常見的情感？可以讓 AI 痛苦、失落和寂寞嗎？造成 AI 受苦，我們能夠接受

嗎？

- 我們是為了尋求能更深入地了解自己而開發 AI 的嗎？我們能否使用人工智慧，幫助人類過著更受到檢視的生活？

G–MAFIA 已開始透過各種研究和研究小組，來解決指導原則的問題。在微軟內部，有一個簡稱 FATE 的團隊，代表人工智慧中的公平（Fairness）、當責（Accountability）、透明（Transparency）和道德（Ethics）；[155] 劍橋分析醜聞後，臉書組成了一個道德團隊，也正在開發一個軟體來確保臉書的 AI 系統避免偏見。（值得注意的是，臉書並沒有進一步成立關注 AI 道德的委員會。）DeepMind 成立了一個道德和社會團隊；IBM 定期發表道德和人工智慧的相關資料；百度發生了一件醜聞，搜尋引擎優先考慮來自軍事醫院的醫療廣告，但因此誤導了一名二十一歲的學生，最後導致學生不治身亡（注：這名學生上百度搜尋關於罕見癌症的療法，找到打付費廣告、排名優先的醫院就醫，但因療法不實，學生健康快速惡化而亡）；醜聞發生後，執行長李彥宏承認員工為了百度的盈利成長做出妥協，也承諾未來會關注道德問題。[156] 九大巨頭紛紛製作了道德研究報告和白皮書，召集專家討論道德問題，並設立有關道德規範的小組；然而這些努力並沒有充分融入 AI 各個工作團隊的日常運作。

九大巨頭的 AI 系統讀取愈來愈多我們實體世界的資料，以

創造具有商業價值的產品。產品的開發週期也正在縮短，以便跟上投資人的預期。我們一直在自願，也可能不知情的情況下，參與了在匆忙之中被創造出來的未來，上述的問題也還沒回答。隨著人工智慧系統的進步，日常生活自動化的部分也愈來愈多，然而就與我們相關和代替我們決定的決策，我們實際上握有的掌控愈來愈少。

因此，與 AI 相鄰或直接交叉的許多其他科技：自動駕駛車、基因神剪（注：CRISPR，細菌免疫系統的一種機制，可以記憶曾經入侵的病毒）和基因編輯技術、精準醫療、家用機器人、自動醫療診斷、環保和地球工程科技、太空旅行、加密貨幣和區塊鏈、智慧農場和農業科技、物聯網、自動化工廠、股票交易演算法、搜尋引擎、臉部和語音辨識、金融科技、詐欺與風險偵測、警務和司法科技等等，在未來都會因為人工智慧系統不斷發展，受到滾雪球的效應影響。影響範圍之大，我可以洋洋灑灑寫出數十頁，你個人或職涯的各個層面全都會受 AI 影響，無一倖免。如果因為要趕著向市場推出產品，或取悅某些政府官員，你的價值觀不但沒有反映在人工智慧中，也沒有反映在與其牽連的所有系統中，會怎麼樣呢？你現在知道，九大巨頭正在做的決定會影響我們所有人的未來，你還能放心嗎？

人工智慧的當前發展軌道會優先考慮自動化和效率，這必然

代表我們對上千個日常活動的控制和選擇會愈來愈少，即使那些活動看似微不足道。如果你開的是較新款的汽車，你的汽車音響可能會在每次倒車時降低音量，而且這個決定無法手動修改。人為錯誤是導致車禍的極大因素，對我來說也不例外，儘管我在倒車進入車庫時，從未快要碰到或撞上什麼東西。即便我的駕車技術不差，但如今當我回到家裡的車庫時，我再也不能把搖滾樂團聲音花園（Soundgarden）的音量開到最大來聽了，因為 AI 的聚落已經凌駕了我的選擇能力，優化了他們認為是個人缺點的事情。

同理心的優化是九大巨頭都沒有攤開來講的議題。在決策過程中去除了同理心，等於泯滅了我們的人性。有時候有些看似沒有任何邏輯意義的事情，在某些特定的時刻對我們而言卻是最好的選擇。就像撇下工作，花時間陪伴生病的家人，或者幫某人逃出起火的車子，即使這樣做會讓自己的生命陷入危險。

我們與 AI 共存的未來會從失去對小事情的控制開始：當我倒車進入車庫時，我無法再聽到聲音花園的主唱康奈爾（Chris Cornell）尖叫唱著《黑洞太陽》（*Black Hole Sun*）；在網站上看到自己的姓名出現逮捕記錄的廣告裡供人查詢；在聊天機器人發生丟人現眼的事件後，看到投資的公司市值大縮水。這些是目前看起來並不重要的芝麻小事，但在接下來的五十年裡，這將會造成很大的痛苦。我們並非走向一場單一災難，而是我們

今天認為理所當然的人性會不斷被侵蝕。

接下來我們將檢視，當我們從限制領域人工智慧轉變到通用人工智慧時，會發生什麼事；以及隨著人類將控制權移交給思考機器，未來五十年的生活會是什麼樣子。

2/

我們的未來

長老把你的靈魂吞沒、把你的意志吞沒，變成他的。選擇長老，就意味著你放棄了自己的意志，什麼都聽他的。
——杜斯妥也夫斯基《卡拉馬助夫兄弟》

第 4 章

從現在到超級人工智慧：
警報信號

　　人工智慧現在正從能完成限制領域任務的強大系統，演化到通用的思考機器。如今 AI 可以辨識圖形、快速做出決策、在大數據集中找到隱藏的規律，並做出準確的預測。而且，隨著每一個新的里程碑達標（例如 AlphaGo Zero 能用自己開發的優良策略來訓練自己贏得比賽），情況變得愈來愈明瞭：我們將進入 AI 的新階段。在這個階段中，理論上思考機器將會成真，並接近我們人類認知的水準。九大巨頭和旗下的 AI 聚落正在建立現實情況的概念模型（注：概念模型指的是關於某種系統一系列在構想、概念上的描述，敘述其如何作用，能讓使用者了解此系統被設計師預設的使用方式），來幫忙訓練他們的系統；但這

些模型並沒有、也無法反映現實世界的準確情況。未來的決定正是基於這些模型所做出來的：這些決定與我們有關、為我們量身打造，並代表了我們。[157]

現在，九大巨頭正為所有人類後代建立傳承的程式碼，然而，我們還沒有辦法看到未來，所以也無法判定，九大巨頭的成果會讓社會受益還是招損。反之，我們必須替未來計劃，畢竟 AI 從簡單的程式，演進到具有決策權力的複雜系統，且牽涉到日常生活的各個層面。我們要盡可能去想像 AI 可能導致的影響，無論是好的、壞的，還是不好不壞。現在詳細籌備怎麼因應 AI 的潛在影響，可幫助我們決定人類社會發展的方向：我們可以選擇把好處極大化，把傷害減低至最小，但是我們不能背道而馳。

在大多數的情況下，我們會在危機發生後才進行批判性的思考，因為我們試圖逆向分析糟糕的決策，找出當初會忽視警示徵兆的原因，以及出錯的人和機構。這種調查助長了大眾的憤怒，放任了我們義憤的情緒，但無法改變過去。當我們得知密西根州佛林特市（Flint）的官員在知情的情況下，讓九千名六歲以下的兒童暴露在危險高鉛含量的城市飲用水中，可能會導致智力下降、學習障礙和聽力損傷；美國人這才要求當地的官員解釋，他們為何做出錯誤至此的決策。二〇〇三年，哥倫比亞號太空梭在重新進入大氣層時解體，造成機上七名太空人全數

罹難。當眾人發現災難是由已知的漏洞所造成的，我們就要求美國太空總署對自滿的想法做出解釋。二○一一年，福島第一核電廠爆炸造成了四十多人死亡，並迫使數千人逃離家園，事後每個人都想知道為什麼日本官員未能阻止這場災難。[158] 三個案例無一例外，案發前都有大量的警報信號。

關於人工智慧，現在也有明確的警報信號預示著未來的危機，即使這些信號沒那麼直接、也還沒那麼明顯，但為數仍不少。以下兩個例子值得你深思潛在的後果：

警告（一）：我們錯誤地將 AI 視為類似於網際網路的數位平台，不需要指導原則或長期的成長計劃，也就是說，我們沒有體認到 AI 已經成為公共財。當經濟學家談論「公共財」時，他們使用了非常嚴格的定義：這種財貨具「**不可排他性**」（nonexcludable），表示無法排除別人使用此財貨，因為要這樣做是不可能的。此外，它必須具「**無耗損性**」（nonrivalrous），意思是當有人在使用時，另一個人也可以使用。政府提供的服務中，像是國防、消防和收垃圾等，都算是公共財。但是公共財也可以由市場來創造，隨著時間演變，市場產生的公共財會帶來意想不到的後果。當我們把科技廣義看待成平台時，會發生什麼情況？我們的生活中就有個很好的例子：網際網路。

網際網路最早始於一個概念：改善溝通和工作的方式，最終能對社會有益。我們的現代網路是由許多不同的研究人員，經

過二十年的合作發展而來的；早期是由國防部開發的分封交換網路，後來發展到更廣泛使用的學術網路，以供研究人員分享他們的工作成果。在歐洲核子研究組織（CERN）工作的軟體工程師柏納斯—李（Tim Berners–Lee）撰寫了一份建議書，提出使用一套新的科技和協議，讓其他人都可以貢獻己力來擴展網路，包含全球資源定址器（URL）、超文本標示語言（Hypertext Markup Language，簡稱 HTML）和超文本傳輸協定（HTTP）。隨著使用人口愈來愈多，全球資訊網開始發展；它是去中心化的網路，開放給任何能夠使用電腦的人運用，而且新的使用者不會妨礙到現有使用者去開啟新的網頁頁面。

當年的網際網路當然沒被想像成公共財，原本也沒打算讓世人都可以像今日這樣使用和濫用。由於網際網路從未被正式定義，也沒被公認為公共財，因此它不斷受到營利公司、政府機構、大學、軍事單位、新聞機構、好萊塢主管、人權活動家和一般民眾之間分歧的要求和願望所影響。因此，這又造成巨大的機會和難以為繼的結果。二〇一九年，是全世界最早的兩台電腦在大範圍網路上相互發送封包資料的五十週年紀念日；與之同時，俄羅斯駭客正入侵美國總統大選，臉書在使用者不知情的情況下，輸出了七十萬人的資料進行心理實驗。在這片陰霾壟罩下，網際網路的一些創始元老大嘆何必當初，幾十年前他們要是做出更妥善的決定就好了。[159] 網際網路的演變引起了無

法預料的問題，柏納斯—李已公開呼籲要解決這個難題。[160]

雖然有為數不少的聰明人都提倡人工智慧應屬公共財，但是我們尚未把人工智慧當做公共財來討論。這實在是個錯誤。現在正值 AI 的現代演化之初，我們不能再將 AI 視為九大巨頭為了電子商務、通訊和酷炫應用程式而建立的平台。未能把 AI 視為公共財，就像我們呼吸的空氣一樣，將導致嚴重且無法克服的問題。把人工智慧視為公共財並不妨礙 G–MAFIA 賺錢和成長，而是代表著我們思維和期望的轉變。總有一天，我們將無法奢求在人權和地緣政治的脈絡下，辯論和討論自動化。人工智慧將變得太過複雜，以至於我們無法釐清和塑造成自己想要的樣子。

警告（二）：儘管我們認為 AI 是阻礙很少的開放式生態系統，但人工智慧正在迅速地把力量集中在少數人手中。AI 的未來是由中美兩國所建立的，他們有相互競爭的地緣政治利益，經濟也密切相關，而且領袖的意見經常相左。因此，人工智慧的未來是鐵腕和軟實力的工具，也會成為追求經濟利益和戰略的槓桿力量，AI 與其聚落將一起受到人為操縱。中美兩國的管理框架至少在檯面上，對思考機器的未來最初看來似乎沒什麼大問題；但在現實世界中，這兩國的管理框架會帶來風險。

美國的開放市場理念和企業家精神並不一定能帶來無限的機會和絕對的增長。正如其他產業，電信、醫療保健、汽車製

造，產業生態系統會隨著時間慢慢成熟，在美國的競爭愈來愈少，產業的整合程度愈來愈高，選擇的機會也相對愈來愈少。我們有兩種手機作業系統可選擇：蘋果的 iOS 系統占了美國四四％的市場，谷歌的 Android 系統則占五四％，且還在不斷攀升（只有不到一％的美國人使用微軟手機和黑莓機）；[161] 至於個人電子郵件的供應商，美國人確實有不少選項，但是十九至三十四歲的人中有六一％使用 Gmail，其餘的人使用雅虎和 Hotmail（分別為一九％和一四％）；[162] 我們可以在任何地方用網路購物，但亞馬遜佔整個美國電子商務市場的五〇％，其他緊跟在後的競爭對手有沃爾瑪、消費電子零售商 Best Buy、梅西百貨、好市多和 Wayfair，而他們的市場占有率合計不到八％。[163]

憑著 AI 的借助，任何人都可以建立新產品或服務，但是如果沒有 G–MAFIA 的幫助，他們就無法輕易發揮東西的功用。他們必須使用谷歌的 TensorFlow、亞馬遜的各種辨識演算法、微軟的 Azure 雲端服務平台來架設網站、IBM 的晶片科技，或使生態系統運作的其他人工智慧框架、工具和服務。實際上，人工智慧的未來並非真的由美國真正開放的市場條件所決定。

勢力集中在少數公司的情形事出有因：畢竟人工智慧需經數十年的研發和投資，才能達到今天的水準。自一九八〇年代以來，美國政府本來應該為 AI 的基礎研究提供更多的資金，也應該支持大學，好讓他們為認知運算時代做好準備。美國政府不

像中國那樣推動由上至下的人工智慧施政計劃，並斥資數千億美元的資金、統籌國家政策；美國人工智慧的進展反而由民間公司自然發展、浮上檯面。這暗示著我們已經要求並允許 G–MAFIA 做出嚴肅而重要的決策，這些決策會影響我們未來的勞動力、國家安全、經濟成長，以及個人機會。

同時，中國的共產主義結合了市場社會主義與明確的社會統治標準，理論上可能會促進和諧與政治穩定，提高中位數收入水準，並使最低端的十億人無法脫貧。實際上，這也代表中國高層的強硬統治。對於人工智慧而言，政府帶頭齊心努力收集大量人民資料支持著中國三巨頭，並在全球傳播中國共產黨的影響力。

在潛在的危機和機會尚未出現之前，我們很難充分理解它們，這就是為什麼我們傾向於堅持現有的陳述。這就是為什麼我們引用殺手機器人，而不是用被紙割傷的傷口來描述未來的情境；為什麼我們迷戀 AI 的未來，而不去擔心許多演算法正拿我們的資料來學習。我只描述了兩個警報信號，要考慮的問題還有很多。對於與當前 AI 發展軌道相關的巨大利益和可能存在的風險，我們還有機會予以告知。更重要的是，我們有義務處理目前的警報信號。我們不想像佛林特市、哥倫比亞號太空梭和福島核災那樣，事後才發現自己不得不替人工智慧找藉口和道歉。

我們必須積極尋找警報信號，並建立與人工智慧軌跡相關的代替情況，協助我們預測風險，但願能就此避免災難。目前，能準確預測未來的機率法還沒有出現。那是因為我們人類善變，無法真正解釋混亂和機會，在任何時間點都只會有更多資料點得列入考量。身為一名專業的未來學家，我在研究中大量使用量化資料，雖然有時候用一組獨立的資料就可以預測事件的結果（如選舉），但在人工智慧方面，所需檢測的隱形變數大到令人無法想像。參與決策的人太多了（還有他們寫了怎麼樣的程式、開了哪些會議、選擇了哪種演算法來訓練哪些資料集）；每天有太多微小的突破沒被發表在同儕審查的期刊上；九大巨頭集結的聯盟、收購的公司和雇用的人員太多；大學裡有太多的研究計劃正在進行。甚至連 AI 也無法告訴我們，在更遙遠的未來，**AI 究竟**會是什麼樣子。雖然我們無法對人工智慧做出預測，但我們當然可以在警告信號、微弱信號和其他資訊之間做出聯想。

　　我開發了一種方法來模擬深度不確定性，這是一個分成六個步驟的過程，可以顯示新出現的趨勢，辨識新趨勢之間的共通性和關聯，描繪它們隨著時間變動的軌跡，描述可能的結果，最終制定出策略，實現希望達成的未來。這個方法的前半部分解釋了可能會發生的狀況，而後半部分則敘述了處理方式。後半部分更正式的名稱為「情境規劃」，使用多方來源的各種資

料，來發展有關未來的情境，資料包括統計、專利申請、學術和檔案研究、政策簡報、會議論文、與很多人進行的標準化訪談，甚至批判式設計（注：這種設計使用虛構和推測性的方案來挑戰假設，關於物體在日常生活中扮演的角色的概念）和推想小說（注：一種超自然現象要發生在故事中，但是除了這個超自然現象之外，故事的其他部份都是現實的）。

情境規劃起源於一九五〇年代冷戰開始的時期，軍事顧問機構「蘭德公司」（RAND Corporation）的未來學家卡恩（Herman Kahn）被指派去研究核戰的工作，他知道，光靠原始資料並不能為軍事將領提供足夠的背景脈絡資訊。因此，他發明了新的東西稱為「情境」（scenario）。研究人員會填寫所需的描述細節和敘述，幫助負責制定軍事戰略的人去了解可能會有的結果；也就是說，如果採取某些行動，可能會發生什麼事。同時在法國，未來學家喬弗內爾（Bertrand de Jouvenel）和柏格（Gaston Berger）開發並使用了情境描述**首選**的結果，在當前的情況下**應該**會發生什麼事。正如卡恩所言，他們的工作迫使軍隊和民選的領袖「思考想像不到的事」以及核戰的後果。這種演練方式非常成功，其他國家的政府和公司陸續引進採用了他們的方法。殼牌公司（Royal Dutch Shell）將情境規劃發揚光大，因為這套方式顯示了將發生的情境，使公司管理者預見了全球能源危機（一九七三年和一九七九年），以及一九八六年的石油市場

崩盤，並在遭遇競爭之前就降低了風險。[164] 情境是如此強大的工具，以至於四十五年後，殼牌還聘請了一支龐大的專業團隊，來進行情境的研究和編撰。

我已經替許多行業、領域以及各種組織，準備了 AI 的未來相關風險和機會的情境。情境是幫助我們應付認知偏見的工具，行為經濟學和法律學者桑斯坦（Cass Sunstein）稱之「輕忽機率」（probability neglect）。[165] 我們的人腦在評估風險和危險方面的表現實在不佳；我們會假設，跟新穎或不常見的活動相比，常見活動更為安全，例如，比起坐民航機，我們大多數人都覺得駕駛汽車是完全安全的，但其實坐飛機才是最安全的交通方式。美國人在車禍中喪生的機率為 1/114，而在飛機上喪生的機率是 1/9,821。[166][167] 我們不善於評估開車的風險，這就是為什麼這麼多人會邊開車邊回訊息，還有酒駕。同樣地，我們也不善於評估 AI 的風險，因為我們每天都不加思索地使用它；我們會按讚和分享故事，發送電子郵件和簡訊，與機器說話，並允許自己被輕推。我們想像的風險都來自科幻小說：人工智慧是怪誕恐怖的機器人，它們會獵殺人類；或發出非真人的合成聲音，折磨我們的心志。我們自然不會在資本主義、地緣政治和民主領域內思考 AI 的未來。我們沒有想像我們未來的自己，以及網際網路上的自治系統會如何影響我們的健康、人際關係和幸福。

我們需要一套面向大眾的情境，描述隨著 AI 從範圍有限的

應用程式，發展到通用的智慧系統，甚至超越通用人工智慧時，AI和九大巨頭所有可能集體影響我們的方式。我們不能再無所作為了，回想一下水裡有鉛、O形環密封圈失效（注：造成挑戰者號太空梭爆炸的主因）以及反應爐側板龜裂。人工智慧的現狀已一再反應出基本問題，並發出警訊，所以我們現在就必須解決這些問題。如果我們今天採取正確的行動，將來會有很多機會等待著我們。

在接下來的章節中，我將詳細介紹三種情境：樂觀、務實和災難，這些是我使用當前的資料和細節所進行的模擬。這些情境偏向虛構內容，但實際上都是根據事實。這些情境的目的，是讓一些看似久遠而且怪誕的東西，變得更加急迫和真實。因為我們無法輕易地看到人工智慧按著設計運轉，我們只有在結果是不良時才注意到後果，可是等到那時，一般民眾就沒有太多求助的辦法了。

從限制領域人工智慧到超級人工智慧之路

本書第一部所談的主要是限制領域人工智慧，及其自動執行的數百萬日常任務，從辨識支票詐欺到評估求職者，再到設定機票價格。但是，套句 IBM 著名的電腦架構設計師布魯克斯（Frederick Brooks）的話來說，你光是加派人手來解決問題，對

建造日益複雜的軟體程式完全沒有幫助。為了進度落後的專案增加人手，往往會使專案更加落後。[168] 目前，人類必須建立系統，並編寫程式來推動各種 AI 應用程式，且像任何研究一樣，這涉及到相當多的學習曲線。這就是為什麼九大巨頭一心想要快速進展到 AI 下個階段的原因；能夠自我編寫程式的系統可以利用更多的資料建立和測試新模型，且無需人類的直接參與，就可以自我改進。

　　人工智慧通常被定義為三大類：限制領域人工智慧、通用人工智慧和超級人工智慧（artificial superintelligence，簡稱ASI）。九大巨頭目前正在迅速建立／部署通用人工智慧系統，他們希望有朝一日，做出的系統能夠推理、解決問題、思考抽象問題，並盡可能像人類一樣輕鬆地做出選擇，獲得一樣好或甚至更好的結果。除了更好的醫療診斷和解決棘手工程問題的新方法之外，應用型通用人工智慧還代表著指數級的研究突破。最終，通用人工智慧經過改良，應該能把我們帶入第三類 AI：超級人工智慧。超級人工智慧系統的範圍，從稍微比人類更有能力執行人類認知任務，到在各方面都比人類聰明好幾兆倍都有可能。

　　按現在的情況，要發展到廣泛的通用人工智慧，就得運用所謂的「進化演算法」（evolutionary algorithm）。這個研究領域受到達爾文物競天擇的啟發；達爾文發現，物種中最強壯的成員

能隨著時間的流逝順利存活下來，他們的基因密碼繼續稱霸著該物種的生物族群。漸漸地，物種會變得更適合所在的環境——人工智慧也是如此。最初，系統以非常大的半隨機或隨機可能性開始（我們講的是數十億或上兆筆的資料），並進行模擬。由於產生的起始解（initial solution）是隨機的，因此在現實世界中沒有真正的用處；但是，有些解可能比其他解略勝一籌。系統會剔除弱解，並不斷保留強解，然後創造一個新的組合。有時候，新的組合也會產生交配解（crossover）；有時候，隨機的調整會導致突變，這是任何有機物種進化時都會發生的情況。進化演算法將持續產生解、丟棄解和推廣解，數百萬次後，將衍生出數千個、甚至數百萬個後代，直到最終確定無法再有任何改進為止。具有突變能力的進化演算法將幫助 AI 獨自發展，這種可能性令人心動，但也有代價：最終的解是如何運作的，以及用於達成最終解的過程，就算對人類最聰明的電腦科學家來說，也是過於複雜，以至於無法解釋和理解。

這就是為什麼在任何與人類物種進化有關的對話中，要把機器考量進來的原因；這話聽起來很異常奇幻，但至關重要。到目前為止，我們一直在用有限的規模，來思考地球上生命的演化。數億年前，單細胞生物吞噬了其他生物，成為新的生命形式。這個過程一直持續到早期人類可以挺直站立，突變出寬闊的膝關節，適應用雙腳行走，長出更長的大腿骨，想出如何製

造手斧和控制火苗，長出了更大的大腦，最終經歷數百萬次達爾文的物競天擇，建立了第一批思想機器。人類就像機器人一樣，我們的身體也只是精心設計演算法的容器。因此，我們必須將生命的演化視為智力的演化：人類智慧和人工智慧一直沿著平行軌道前進，保持配速讓我們立於智力階梯的頂端；儘管長久以來，認為後代會因為科技而變笨的批評一直存在。我清楚記得我的高中微積分老師對著工程計算機發飆的樣子，這種計算機當時才問世五年多，他認為它已經讓我們這一代變得頭腦簡單又懶惰。雖然我們認為後代很可能會**因為**科技而變笨，但我們從不認為人類有一天會發現自己**比**科技笨。我們正接近轉折點，這跟人類與科技各自的進化限制有關。

最常用來衡量人類智力的方法是由德國心理學家斯特恩（William Stern）一九一二年開發出來的評分方法，就是你所知的「智商」，也稱 IQ。計算方法是將智力測驗的結果除以實際年齡，再乘以一百而得。大約二・五％的人得分超過一三〇，被認為是思考能力卓越；而二・五％的人低於七〇，被歸類為有學習或其他智力的障礙。三分之二的人的智力得分落在八五到一一五之間，即使這個範圍內有幾個標準偏差點。然而，現在的人比以前的人還要更聰明；自二十世紀初以來，人類的平均智商得分每十年提高三分，這可能是營養改善、教育水準提升，以及環境複雜因素的結果。[169] 因此，人類一般智力水準的鐘

形曲線向右移動。如果照這個趨勢繼續下去，到本世紀末，應該會有更多人類天才出現。同時，我們的生物演化進程將與人工智慧交叉相遇。

隨著我們的智力提高，人工智慧也會提升，我們雖然無法用智商量表來測驗 AI，但我們可以用電腦每秒運算（也是計算）次數（operations per second，簡稱 ops）來評估，因為這種方式仍然可以拿來與人腦進行比較。根據你與誰交談而有所差異，人腦每秒可以執行的浮點運算次數峰值為一百萬兆次（1 exaflop，exaflop 是 10^{18} 次），大約是每秒一百萬兆次的操作；而這些人腦操作，很多都是我們不會直接察覺的活動：我們呼吸時所做的微小動作，睜開眼睛時的持續視覺處理等等。二〇一〇年，中國推出天河一號，是當時世界上速度最快、功能最強大的超級電腦，完全採用中國微處理器，理論上浮點運算峰值能達到每秒一千兩百兆次（1.2 petaflop，petaflop 是 10^{15} 次）。這很快，但還比不上人腦。然後在二〇一八年六月，IBM 和美國能源部首次推出專門為 AI 而設計的 Summit，運算速度每秒可達兩萬兆次（20 petaflop）。[170] 這表示我們愈來愈接近比人類在生物學上更具有可測量計算能力的思考機器，即使它還不能通過圖靈測試，還無法矇騙我們相信它是人類。

但速度並不是唯一重要的指標，如果我們將狗的大腦加速到每秒運算一萬兆次（10 petaflops），牠也不會突然就能算出微分

方程式，牠只會在院子裡四處聞聞嗅嗅，並追逐更多東西。人腦的結構比狗腦結構更為複雜：我們的神經細胞、特殊蛋白質和複雜的認知節點之間具有更多的連結。[171] 即便如此，人類無法改變大腦的核心架構，但是人工智慧卻可以做到改變架構並進行擴展。摩爾定律認為，隨著晶體管尺寸縮小，積體電路上的組件數量每兩年將成長一倍，這個定律仍然適用，並告訴我們，電腦科技的進步是呈指數成長。隨著新型演算法、先進的組件，以及連接神經網路的新方法出現，可用的資料愈來愈多，這些條件全都會帶來更強大的運算能力。人類與電腦不同，我們不能輕易改變大腦和人類智慧的結構，除非我們能做到（一）完全理解我們的大腦如何運作，（二）修改我們大腦的結構和化學物質，而這些改變可傳遞給後代，（三）等待多年、繁衍子孫。

按照我們目前的速度，人類還要進化五十年，才能把智商提高十五分。對我們來說，十五分會感覺很明顯。智商一一九的「高標」大腦和一三四的「天才」大腦之間的區別，代表著更高的認知能力，能夠聯想得更快、更容易掌握新概念，並更有效率地思考。但是在同一個時間範圍內，AI 的認知能力不僅會取代我們，而且對我們來說，可能變得完全難以辨認，因為我們沒有那種生物處理資訊能力來了解 AI 的認知能力。拿我們跟超級智慧機器相比，我們就像一隻坐在市議會會堂上的黑猩猩。

這隻黑猩猩可能知道房間裡有人，牠可以坐在椅子上，但是否要在繁忙的十字路口增加自行車道這種長篇大論，牠聽得懂嗎？牠幾乎沒有認知能力來解讀會議上所使用的語言，更不可能有推理能力和經驗去理解為什麼自行車道爭議會這麼多。在智力的長期演化和通往超級人工智慧的路上，我們人類可以比擬為黑猩猩。

超級人工智慧不一定是危險的，也不一定會消除我們在文明中所扮演的角色。然而，超級 AI 可能以無意識的方式，使用與我們不同的邏輯來做出決策。牛津大學的哲學家博斯特倫（Nick Bostrom）這麼解釋超級人工智慧的可能結果，他用迴紋針打個比方：如果我們要求超級 AI 製作迴紋針，接下來會發生什麼事？每個 AI 做出的成果，包括我們現在擁有的 AI，都是由價值觀和目標來決定的。超級人工智慧可能會發明一款新的、更好的迴紋針，不僅能把一疊紙固定在一起，即使迴紋針掉了，紙張始終還是按著順序排得好好的。如果我們無法解釋實際要多少個迴紋針，超級人工智慧可能就會永無止境地製作下去，把我們的家和辦公室，以及我們的醫院和學校、河流和湖泊、污水處理系統全都塞爆，還持續不懈，直到整個地球都被成千上萬的迴紋針山給淹沒。或者，使用效率做為指導原則的超級人工智慧，會判定人類妨礙了迴紋針，因此它會把地球變成迴紋針製造工廠，在過程中使人類物種滅絕。[172] 包括我在內的眾多

AI 專家都擔心的是：如果超級人工智慧的認知能力比我們強好幾個數量級（記住，我們只比黑猩猩厲害一點點），那麼我們就無法想像，這樣強大的機器對我們的文明可能會造成什麼後果。

　　而這就是 AI 研究人員經常使用「爆炸」一詞的原因，這個詞由英國數學家和密碼學家古德在一九六五年的一篇文章中首次提出：「超級智慧機器可以設計更好的機器；到時毫無疑問將發生智慧爆炸，人類智慧被機器遠遠甩在後方。因此，第一台超級智慧機器是人類需要製造的最後一項發明，前提是這機器還算溫和，願意讓我們知道如何控制它。」[173]

　　九大巨頭正在建立框架和系統，他們希望有一天能促進爆炸，激發就算是最聰明的電腦科學家也從未想過的全新解決方案、策略、概念、框架和方法。這會帶來更快的突破、機會和業務增長。套個專有名詞來說，這叫「遞迴式的自我進步」（recursive self-improvement），指的是透過修改自己的功能，AI 使自己變得更好、更快、更快變更聰明的循環。這會使 AI 能夠掌控並規劃自己的命運。AI 自我進步的速度可能每小時、甚至一瞬間就達成了。

　　即將到來的「智慧爆炸」不僅描述了超級電腦的速度或演算法的強大功能，還描述了大量出現專注於遞迴式自我進步的智慧型思考機器。想像一下這樣的世界，當中的系統遠比 AlphaGo Zero 和谷歌的 NASNet 要先進得多，不僅可以自主制定策略型

決策，還可以做為全球共同體的一分子與大家互相合作競爭。我們要求這些系統為了幫助人類，在這個世界中進化，所以它們會編寫新一代的程式、突變和自我改進——速度之快令你難以想像。由此產生的 AI 會建立新的代理（agent，注：某種能夠行動的東西，這個英文源於拉丁文 agere，意為「去做」），並根據目標和一組組的任務來設計它們的程式，然後該循環將一次又一次地重複數萬億次，導致微小和巨大的變化。歷史上唯一一次出現這樣的演化大變動，大約發生在五億四千兩百萬年前的寒武紀時期，當時地球上的生物群落快速地變多樣化，導致了各種新的複雜生命形態誕生，並改變了我們的星球。前美國國防部國防高等研究計畫署（Defense Advanced Research Projects Agency）專案經理普拉特（Gill Pratt）認為，我們現在好比處於寒武紀爆發之中，在這段時期內，人工智慧正從所有人工智慧的經驗中學習，不過在此之後，我們在地球上的生活可能會與今天的情況截然不同。[174]

　　這就是為什麼九大巨頭、其投資人和股東、我們的政府機構和民選官員、第一線辛苦工作的研究人員，以及**你**（很重要）需要辨識出這些警報信號，不僅要更嚴格地思考現在正在打造的限制領域人工智慧，還要去思考即將來臨的通用人工智慧和超級人工智慧。智慧的演化是人機共存的一系列事件，九大巨頭的價值觀已經深深地編寫至我們現有的演算法、系統和框架

中。這些價值觀將被傳遞給不斷發展、數以百萬計的新一代人工智慧，並且很快就會傳遞給廣泛智慧的思考機器。

　　從限制領域人工智慧到超級人工智慧，當中的過渡期可能會持續七十年。目前，要擬定出具體里程碑出現的日期相當困難，因為人工智慧的進展速度取決於許多因素和人員：AI 聚落延攬的新成員、九大巨頭做出的策略型決策、貿易戰和地緣政治的衝突，更不用說機會和混亂事件的影響了。在我自己的模型中，我現在把通用人工智慧出現的時間點設在二〇四〇年代。聽起來像個遙遠的未來，所以讓我根據情況進行討論。到那時，白宮將會輪替過三到四位美國總統；除非習近平出現健康問題，不然他仍會是大權在握的中國國家主席。通用人工智慧系統開始進行自己的 AI 研究時，我將六十五歲。我小二的女兒將滿三十歲，屆時她可能會讀完全由機器編寫的《紐約時報》暢銷書。我父親將快要一百歲，他所有的專科醫生（心臟科、腎臟科、放射科）都會是通用人工智慧，系統將由訓練有素、既是醫學博士又是資料科學專家的家醫來指導管理。超級人工智慧可能很快或還要一段時間才會出現，在二〇四〇年代到二〇六〇年代之間。而這並不表示到二〇七〇年，超級智慧的 AI 會用數百萬兆億個迴紋針重壓地球，粉碎所有的生命，但也並不表示它們做不到。

我們必須跟自己說的故事

　　規劃 AI 的未來，我們得使用來自現實世界的資料，建立起新的敘述。如果我們都同意「當 AI 一出現時它就在演化了」這個事實，那麼我們必須設想出情境，描述出引領 AI 的九大巨頭、經濟和政治力量三者的交叉點，以及當人工智慧從範圍有限的應用程式，轉變為通用人工智慧，並最終成為超級智慧思考機器的過程中，把人類全體納入考量的方式。

　　因為未來尚未到來，我們無法確切知道現在的行動可能導致的所有結果。因此，接下來幾章的後續情境，我將使用不同的情感框架來描述未來的五十年。首先是樂觀的情境：如果九大巨頭決定支持全面改變，以確保 AI 讓我們所有人受益，會發生什麼事？請注意「樂觀」的情境不一定令人振奮或使人快樂，它們並不一定導致烏托邦。在樂觀的情境中，假設人類做出了最好的決策，並且克服了阻撓成功的任何障礙。就我們的目的而言，這表示九大巨頭轉變了人工智慧的方向，並且因為他們在正確的時間做了最好的決定，未來我們將會過得更好。那是個我會滿意的生活情境，如果大家一起努力，我們可以實現那樣的未來。

　　接下來是務實的情境：如果九大巨頭在短期內只做出微小的改進，未來會怎麼樣？假設（所有關鍵利益相關者都承認）AI

恐怕沒走上正確的道路，大家並沒有一起合作創造持久又有意義的變革。只有少數大學將道德課程列入必修；G–MAFIA 為了以應付風險建立了產業合作夥伴關係，但沒有改善自己的公司文化；美國民選官員把重點放在下一次的選舉，而忽略了中國的恢宏大計。務實的情境並不希望發生重大變化，它體認到我們人類對改進的趨動力起起伏伏；它還承認，商界與政界領袖都非常願意對未來做出短暫的改變，以獲得立即的近期利益。

最後是災難的情境：如果錯過了所有的信號、忽略了警訊，我們未能積極規劃未來，九大巨頭還繼續互相競爭，最後會發生什麼事？如果我們選擇一股腦地維持現狀，結果會把我們帶向何方？如果 AI 繼續沿襲美國和中國現有的路線，會怎麼樣？為避免災難情境成真，系統性的變革非做不可，這麼既困難又耗時，問題永遠解決不完。這就是災難情境真正令人恐懼的原因，其中的細節讓人非常不安。因為就目前看來，災難的情境是似乎注定會成為我們實現的情境。

我已經研究、模擬和編寫了這三種情境來描述從二〇二九年開始的假設結果。支撐這些情境的有幾個關鍵主題，包括經濟機會和流動性、勞動生產力、社會結構的改善、九大巨頭的態勢、中美兩國之間的關係，以及全球民主和共產兩種主義影響力的消長。我呈現了當 AI 成熟時，我們的社會和文化價值觀將如何變化：我們如何定義創造力，人與人之間的聯繫方式，以

及對生死的思考。由於情境的目標是幫助我們了解，從限制領域人工智慧到超級人工智慧這段過渡期的生活景況，我對以下層面列出示範：家庭、工作、教育、醫療保健、執法、我們的城鎮、當地基礎設施、國家安全和政治。

近期，可能會有一個 AI 產物出現，我且稱之為「個人資料紀錄」（personal data record，簡稱 PDR），這也將會是三種情境發生的起始核心。個人資料紀錄是個單獨的統一分類帳，內容包括我們因為使用科技產品（例如網際網路和手機）而出現的所有資料，以及由其他來源彙整的資料：我們的學校和工作史（文憑、以前和目前的雇主）、法律記錄（結婚、離婚、被捕）、財務記錄（房貸、信用評分、貸款、報稅）；足跡（去過的國家、簽證）、約會史（線上應用程式）、健康（電子健康記錄、遺傳篩檢結果、運動習慣）和購物記錄（用過的線上零售商，在店內使用的優惠券）。在中國，個人資料記錄還包括上一章講過的社會信用評分資料。由九大巨頭建立的 AI 會從你的個人資料記錄中學習，並拿你的資料來自動做出決策，為你提供許多的服務。你的個人資料記錄將可繼承，這份完整的記錄會傳遞給你的孩子，由你的孩子使用，並且可由九大巨頭之中的公司臨時管理或永久擁有。在你即將讀到的情境中，個人資料記錄扮演著重要的角色。

目前，個人資料記錄還不存在，但就我這個有利的位置來

看，已有跡象顯示，未來這些從無數源頭而來的所有個人資料，都將統整成一套記錄，且由九大巨頭來提供和維護。事實上，你已經是系統的一部分，而你現在正在使用個人資料記錄的原型，也就是你的電子郵件地址。

　　一般人的電子郵件地址已被重新當成登錄帳號；手機號碼用在驗證交易；在實體世界中，智慧型手機也被用來定位使用者位置。如果你是 Gmail 的使用者，那麼谷歌及其連帶的 AI，會比你的配偶或伴侶還更了解你。谷歌知道你和哪些人交談過，他們的姓名和電子郵件地址，以及他們的人口結構資料（如年齡、性別、所在地），谷歌都掌握得一清二楚。谷歌知道你通常什麼時候打開 Gmail 以及相關的情況，從你的電子郵件，谷歌還可以了解你行經的路線、財務記錄，以及購買的商品。如果你使用 Android 手機拍照，它會知道你的朋友和家人長什麼樣子，還可以檢測到異常情況並進行推斷：例如，突然出現同一個人的新照片，可能就是交了新女友（或劈腿）。它知道你所有的會議、醫院掛號，以及去健身房的打算；它知道你是守回教齋戒月還是過猶太新年，是會乖乖去教會做禮拜的信徒，還是完全沒有宗教信仰；它知道在特定的星期二下午你人應該在哪裡，即使你在別的地方；它知道你用手指和聲音搜尋過什麼項目，所以它知道你是否是第一次流產、想學習製作西班牙海鮮燉飯、在性向認同或法定性別方面有所掙扎、考慮放棄吃肉，

還是想找新工作；它會交叉連接所有的資料並從中學習，讓資料可以產品化及從中獲利，因為它會把你輕推至預定的方向。

　　現在這些訊息統統掌握在谷歌手中，因為你自願把訊息全部連結到同一筆記錄上，也就是你的 Gmail 地址。順便說一下，你可能也習慣用 Gmail 帳號在亞馬遜買東西，並登錄臉書。我沒有在亂發牢騷，這是現代生活的實情。隨著人工智慧的發展，更強大的個人資料記錄將為九大巨頭提供更高的效率，因此他們將輕推我們去接受並採用個人資料記錄，即使我們不完全理解個人資料記錄的使用含義。當然，中國在社會信用評分的支持下，個人資料記錄已經在試點測試。

　　「我們之所以講故事，是為了讓自己能夠活下去。」蒂蒂安（Joan Didion）在她的著作《白色專輯》（*The White Album*）中這麼寫道，「我們詮釋我們所見的一切，從眾多選擇中，挑出最可行的出來。」關於 AI，我們都要做出選擇。我們該開始運用手邊的資訊，對自己講故事了，來說說我們和思考機器共存的那些情境吧。

第5章
在認知運算時代蓬勃發展：
樂觀的情境

　　現在是二〇二三年，我們已盡可能對 AI 做出了最佳決策，也改變了人工智慧的發展軌道；我們為了未來攜手合作，且已目睹了正面又持久的變化。無論是 AI 聚落、大學、九大巨頭、政府機構、投資人、研究人員還是一般民眾都注意到了早期的警報信號。

　　我們知道，已經製造出來的問題不是靠著某種單一的變化就可以解決的，如今我們對人工智慧未來的期望，就是最好的策略。我們體認到，人工智慧不光只是矽谷製造的產品，也不單是市場上熱銷的生財工具而已。

　　　　　　　　　　＊　＊　＊

　　首先，我們體認到中國從戰略考量投資人工智慧的原因，也
談到中國未來對全球地位的藍圖，而人工智慧的發展軌跡正符
合他們的願景。中國並非試圖調整貿易平衡，而是在尋求全面
的絕對優勢，無論是經濟實力、勞動力發展、地緣政治影響
力、軍事力量、社會影響力還是照管環境之責等各個方面，中
國都亟欲超越美國。有了這樣的領悟，美國的民選官員在 G–
MAFIA 和 AI 聚落的全力支持下，建立起國際聯盟，把人工智
慧當成公共財來保護與維護。這個聯盟對中國構成了壓力，並
利用經濟手段來反擊中國，因為中國把人工智慧當做監控的工
具來推動共產主義。

　　由於體認到中國正在利用 AI 實現經濟和軍事目標，同時散
播共產主義的種子，並加強對社會的控制，所以美國政府投入
大量的聯邦資金來支持人工智慧的發展，因而減輕了 G–MAFIA
必須快速賺取利潤的壓力。拿一九五〇年代的太空競賽為例就
再清楚不過了，在沒有國家層級的協調下，美國會輕易地被其
他國家迎頭趕上。同樣也非常清楚的是，當美國有統整的國家
戰略時，就可以在科學和科技方面發揮極大的影響力；打個比
方，今天能有 GPS 全球定位系統和網際網路，美國的聯邦政府
功不可沒。

人工智慧及相關的資金都沒有被政治化，而且大家都同意，規範 G–MAFIA 和 AI 是錯誤的行動方針。強硬、約束的規定在生效的那一刻就會變成落後的陋習，除了會扼殺創新，還會讓研發難以運作。在民主黨和共和黨的雙雙支持下，美國人團結一致，以中國政府的藍圖為靈感，提高了聯邦政府對 AI 的資金挹注。資金流入研發、經濟和勞動力影響的研究、社會影響的研究、多元化計劃、醫療與公衛特別計劃以及基礎設施；此外，注入的資金也再度提升美國公共教育的品質，替教師提供有吸引力的薪資，讓每個人都能從課程中學到怎麼應對更加自動化的未來。我們不再假設 G–MAFIA 可以平等地替華府和華爾街的主人效力，自由市場和我們的創業精神將為 AI 和人類全體帶來最好的結果。

* * *

此時美國已具備國家戰略和資金，新成立的 G–MAFIA 聯盟正式簽署了多邊協議，以便就人工智慧的未來進行合作。G–MAFIA 聯盟替人工智慧定義了發展軌道與採用的標準，最優先要考量的，便是 AI 要實現民主和社會的最佳利益。G–MAFIA 聯盟同意統一 AI 的技術，共同合作生產優良的晶片組、框架和網路架構，不再任由 AI 系統互相競爭或讓開發人員社群持續分

歧不休。這也表示研究人員可以追求對應的機會，這麼一來，每個人都是贏家。

G–MAFIA 聯盟把透明度當做核心價值，徹底改寫了使用者服務條款、規則和工作流程，以促進理解並推廣教育。聯盟自願這樣做也避免了監管。再一定程度上，資料集、訓練演算法和神經網路的結構是透明的，除非有導致聯盟成員遭受經濟損失的商業機密和獨家資料外洩，才會特別加以保護。G–MAFIA 的各別法律團隊不會花上數年的時間去鑽法律漏洞，也不會延遲透明化的措施。

G–MAFIA 了解自動化的時代即將到來，於是他們著手協助我們思考失業的情境，並為認知運算時代做好準備。在他們的幫助下，我們不再害怕人工智慧，而是把它視為經濟增長和個人茁壯發展的大好機會。G–MAFIA 的思想領袖克服了刻意炒作，為我們未來新興工作的培訓和教育，提供了更好的方法。

* * *

美國制定國家戰略和 G–MAFIA 聯盟的成立，激勵了全世界其他民主國家領袖一同支持全球 AI 的發展，以造福所有人類。達特茅斯大學比照一九五六年夏天的那場聚會，主持了首屆政府間的 AI 論壇，與會成員包括世界上最先進經濟體的各部會首

長：大臣、部長、總理，來自美國、英國、日本、法國、加拿大、德國、義大利和其他歐盟國家的總統，以及 AI 研究員、社會學家、經濟學家、賽局理論家、未來學家、政治學家等等。與第一次達特茅斯那場同質性超高的研討會不同，這一回的與會人員囊括各界的領袖和專家，且具備相對多樣化的人員和世界觀。這些領袖身處於現代 AI 誕生的同一個聖地，他們同意攜手合作，推動相同的 AI 特別計劃與相應政策。他們從遠古希臘神話的大地之母「蓋婭」汲取靈感，組成了「全球增強智慧聯盟」（the Global Alliance on Intelligence Augmentation，簡稱 GAIA）。

由於中國沒有參與全球增強智慧聯盟，於是中國的影響力逐漸減弱。國際間的合作不會給中國三大巨頭帶來負面的財務影響，因為他們還是繼續為中國人民提供大量服務。然而，隨著中國的合作夥伴退出試點計劃，招募新盟友變得更加困難，中國許多長期計劃如「一帶一路」，都處於不穩定的狀態。

這並不是說所有 AI 的問題都會在一夕之間消失。由於 AI 原始聚落成員的世界觀受限，AI 社群預計且期望限制領域人工智慧會繼續犯錯。我們也承認，政治、性別、財富和種族等偏見不會立即消失。全球增強智慧聯盟的國家簽署協議，明確同意安全的重要性高於發展的速度，並投入大量的資源整頓當前所有的系統：已在使用中的資料庫和演算法、所依賴的框架、

納入人工智慧的企業版產品（如銀行和執法部門所使用的產品），以及消費者利用人工智慧執行日常任務的設備（智慧音箱、手錶和手機）等等。全球增強智慧聯盟登高一呼，並獎勵公共責任。

全球增強智慧聯盟決定，處理個人資料記錄的方式會比照區塊鏈的分類帳辦理。分類帳使用數千台獨立的電腦來記錄、分享和同步交易，按照這個設計，資料不會集中在單一公司或單一機構的保護傘下。由於 G–MAFIA 聯盟採用同一套標準，並部署統一的 AI 技術，因此我們的個人資料記錄並不需要一家集中協調的公司來管理交易。因此，每個人擁有自己的個人資料記錄，這些個人資料記錄可根據我們的選擇隱藏或公開，而且完全可以跨平台相互操作。我們可以將個人資料記錄同時連接到任何、或所有 G–MAFIA，以及其他由 AI 所驅動的、形形色色的服務，就像連接到醫生辦公室、學校和城市基礎設施一樣。G–MAFIA 代管人工智慧和我們的資料，但人工智慧及我們的資料不歸他們所有。個人資料記錄是可繼承的：我們可以把資料留傳給孩子，且能分別設置讀取的權限（完全、有限或完全不可讀取）。

隨著人工智慧從範圍有限的應用程式成長到通用智慧思考機器，AI 聚落和 G–MAFIA 贏得了我們的信任。谷歌、微軟、蘋果、臉書、IBM 和亞馬遜不僅僅是會製作酷炫應用程式的公

司，他們對美國和美國人而言，是非常不可或缺的價值標準，就像棒球、自由言論和美國國慶日一樣；而共產主義被排除在外。這些重視公民言論和財產權利、支持宗教自由的國家，是所有表達不同性別、族群、性別認同和種族的人之盟友；這些國家同意政府是為了服務人民而存在，並透過民選代表來治理國家；這些國家維持了個人自由與公共安全兩方面的平衡，並共同打造人工智慧和人類的未來。

二〇二九：放心地讓系統輕推

隨著 G–MAFIA 互相合作，以及全球增強智慧聯盟達成許多新的貿易協議，世界各地的人民可以取得更好、更便宜的限制領域人工智慧產品和服務。全球增強智慧聯盟定期舉行會議，使所有的工作透明化，讓跨國工作的小組能輕鬆跟上科技進步的步伐。

* * *

中產階級家庭依賴人工智慧，讓生活過得更輕鬆。幾十年前，版權和資料的限制阻擋了跨國的資料存取，如今設備、平台和其他服務都可在不同國家之間相互操作。智慧洗衣機和乾

衣機變得更節能、更有效率，且與我們的智慧城市系統同步，共享資料。智慧洗衣機經過我們的同意，會在對公共用水和電力設施造成最小壓力的時刻，洗好衣服。

限制領域人工智慧支持感官運算，我們可以使用感官資料來對現實世界進行資料的蒐集和查詢，包括視覺、嗅覺、聽覺、味覺和觸覺。你可以在廚房使用手持掃描器，上面配有智慧相機和電腦視覺。廚房裡，限制領域人工智慧的料理棒內建了光譜儀，能捕捉並讀取酪梨散發出的光線，料理棒會告訴你，這顆酪梨可能要等到週末才會成熟；你剛購買的特價橄欖油不是純釀的，而是三種不同油的添加混合物。廚房裡的另一個感應器偵測到，烤箱裡的烤雞快烤過頭了。樓上有一個觸覺感應器告知你，你的孩子（又在）設法爬出她的嬰兒床。

* * *

G–MAFIA 與其他公司合作開發了混合實境，大幅改善了失智症和阿茲海默症患者的生活。戴上智慧眼鏡，我們最愛的親人就可以立即辨識人物、物體和地點，記牢事情，過著更充實的生活。

最初我們以為 G–MAFIA 的產品和服務會導致社會孤立主義，我們會因此完全失去與外界的聯繫，獨自一個人坐在家

裡，透過數位化身來與外界互動──結果完全錯了。事實上，G–MAFIA 的平台和硬體提供了新的方式，讓我們親自與他人社交。我們花更多時間待在有如身歷其境的混合實境電影院。混合實境的遊戲機台如今比比皆是，像是回到了一九八〇年代，但有個變化：混合實境的遊戲、體驗和包廂價格都很親民，有聽覺或視覺障礙的人也可以輕鬆上手。我們去的夜店安安靜靜，因為我們頭上戴著按顏色分類的無線顯示器，連上我們最喜歡的 DJ，整夜跳舞狂歡。現在每個人都可以在共享的經歷中一起跳舞，即使他們討厭對方的音樂品味。感謝 G–MAFIA，我們與彼此之間，以及與現實世界的連結，遠遠超乎從前的想像。

對更富裕的家庭而言，限制領域人工智慧可以提供的功能甚至更多。屋外的花園有感應器不斷測量濕度，並把資料與微氣候（注：指一個細小範圍內與周邊環境氣候有異的現象）預測進行比較。簡單的灌溉系統可自動替植物澆水，但僅限於有需要時。AI 預測應補充水分的最佳含量，再也不用定時器了，所以有高濕度需求的秋海棠也不會再枯死了。

在這些富裕的家庭中，亞馬遜的新系統（系統聲音聽起來既不是男性，也不像女性）可以用多種語言運作，無論使用者操什麼口音，這套系統可以輕鬆地與蘋果的智慧眼鏡和谷歌管理的個人資料記錄進行溝通。洗衣機和乾衣機配備了數台小型的聯接無人機，機器還有一種名為近藤模式的新功能，這是從日

本整理專家近藤麻理惠的名字命名而來。洗衣的工作根據城市電力網的供需週期來進行，然後衣服會按條件烘好，分送給小型無人機，進行折疊、分類，按照顏色整理。

在美國，生活用品的採買和配送完全自動化，再也不會出現衛生棉或牙膏用光光的窘況了。AI 推動預測型購物系統，系統與你過去的購買歷史和你的個人資料記錄相連，在你察覺之前就知道該補充備品了。透過亞馬遜，你可以取得新鮮的當地農產品和肉類，以及所有常見的家庭日常用品，如早餐麥片、衛生紙和薯片。藍色圍裙（Blue Apron，注：美國食材電商）和哈羅生鮮（HelloFresh，注：提供「按照食譜把每週的菜送到你家，讓你方便煮」的服務）十年前就已經開始經營食譜食材外送的服務，他們也連結到你家的個人資料記錄。你每週只需額外支付一些費用，日常生活用品就會全數宅配到府，包括你通常會煮的所有菜色食材，再外加三頓新菜色的食材；系統的食譜會自動根據每位家庭成員的喜好、過敏情況和營養需求為大家搭配管理。

當然，你仍然會在現實世界中購物，但你和大多數人一樣，出門不帶錢包。驅動 Amazon Go 的零售和服務式端點銷售系統（注：這種電子系統的主要功能在於統計商品的銷售、庫存與顧客購買行為）的主要科技，已經成為快速服務商店的支柱，因為這類商店大多數的庫存已放在架上，或可以輕鬆補貨。智慧

相機會不斷監拍買東西的每一個人、辨識每個人獨特的面紋（faceprint），並注意他們拿了哪些東西放在購物袋或購物車裡。在這樣的店裡，小額消費只要不超過一百美元，就無需與人類店員打交道，可以直接結帳離開。在人潮較多的商店（例如百貨公司、家具店和居家修繕中心），或是商品單價較高的商店（例如珠寶、皮包和電子產品），我們可以選擇刷臉支付。

* * *

有些小孩會飼養活生生的寵物，而忙碌的家庭有另一個選擇：栩栩如生的機器寵物。機器小狗和機器小貓成了人工智慧可愛的「容器」，系統運用感官運算和深度學習，來擬真訓練機器寵物在室內定點大小便。它們的眼框內建先進的相機、配有觸覺毛髮，也具有辨識人類聲音細微變化的能力；機器寵物比活生生的寵物明顯更具同情心，即使它們抱起來沒那麼暖呼呼毛茸茸。

無論你的收入水準如何，每個人都很樂意被輕推變得更健康。白天，G–MAFIA 會提醒我們做出更健康的選擇，當你準備進辦公室、正在等電梯時，你的手錶會輕微振動，要你看一下：錶面顯示出一張辦公大樓的簡易地圖，還有個箭頭指向樓梯。你當然可以關閉這個功能，但大多數人選擇保持開啟的狀態。

你的運動菜單也更加優化，健身器材會帶領你完成個人化的運動菜單，並使用你的各種資料調整進度，除了你的個人資料記錄、醫療記錄，它還會從許多其他管道蒐集感應資料，例如你用來聽音樂的無線耳機、運動胸罩的智慧布料等等。運動完後，這些感應器會幫助你降低體溫，監測你的心跳和新陳代謝率。有了 G–MAFIA，我們的社區更健康，人類的壽命也更長了。

G–MAFIA 連結格式統一的個人資料記錄，並導入了一套標準化的電子病歷格式、協議、框架和使用者界面，因此醫療保健系統比從前有效率得多了。美國國會山莊花了幾十年的時間吵醫療保健，而 G–MAFIA 堅持使用標準化的醫療保健資料和演算法，結果證明，這才是最好的方式。

無論病患給哪位醫生看診，或住進哪一家醫院，每位負責照料病患的人都可以輕鬆獲取病患資料，病患授權過的人也都可以使用資料。大多數實驗室的測試、篩檢和掃描資料都由 AI 快速處理，而非人工作業，因此準確度提高了，診斷的結果也能更快拿到。IBM 的系統可以偵測細胞異常，發現癌症最早期的跡象，以及偵測出身體有哪些細胞受到影響。谷歌的系統協助醫生預測不同藥物和治療的可能結果，也能預測患者何時會往生，幫助護理人員更能妥善決定如何照顧每名患者。在醫院，亞馬遜的藥房應用程式介面與患者的個人資料記錄同步，並在

患者到家之前，就配送好所有患者需要的藥物。就算醫生手寫的病歷細節字跡太淡，G–MAFIA 的電腦視覺模式分析也能把空白的部分填補起來，把這些病史記錄轉換為結構化且可用的資料，讓患者本人能提取資訊，或經匿名處理、與其他患者資料結合彙整，以幫助醫學界（人類研究者和AI）擴展知識和經驗。

　　在美國，能夠獲得更好醫療服務的人口愈來愈多，現在看醫生不僅能到實體醫院就醫診斷、接受治療和護理，有些供應商還提供連線的居家遠程醫療服務，雖然這個模式相對來說還算新。TOTO 的衛浴設備內建採檢容器和分光光度計，使用模式辨識，就能診斷體內葡萄糖或蛋白質含量的消長，還會偵測細菌和血球的數量。只需花幾秒鐘，你的個人資料記錄即能反映出尿道感染或腎結石的可能早期跡象。簡單的治療方法，例如服用治療感染的抗生素，會對照你的個人資料記錄建議你的主治醫生，一旦醫生批准，藥就會自動宅配到府、送到公司，或直接拿去你吃晚餐的地方給你。牙刷內建微小的口腔液體感應器，採集唾液來反映你的整體健康狀況。每次例行刷牙時，AI 都會監測你的荷爾蒙、電解質和抗體，檢查你的身體隨著時間出現了什麼變化。G–MAFIA 改變了護理的標準：基本診斷測試不僅是生病的人才要做的，現已成為維持健康生活方式的一環。因此，這又把醫學的本質從保守反動的狀態，進化成預測和預防型護理。

日常生活的其他方面也會因人工智慧而更美好，包括約會和性愛。對於在網路上找約會對象的人來說，進化演算法比基本應用程式和網站還要更有智慧。研究人員判定，人類實在是太複雜了，沒辦法用單一的配對演算法縮減量化成少數幾個資料點。此外，我們在寫個人線上資料時，往往傾向形容自己的雄心壯志，而非用實際的答案來描述自己。相反地，進化演算法從我們的個人資料記錄中提取資料，與資料庫其他人的個人檔案配對，進行比對測試。配對選項五花八門，除了「只是想普通的交友娛樂」與「認真準備結婚」，也可另加任何條件限制（必須是猶太人、必須住在克利夫蘭方圓五十英里內），依照自己的心意勾選後，進化演算法就會跑出一張清單，上面會出現最有可能讓我們實現目標的人選。如果我們願意，系統會查清我們的行事曆和活動偏好，自動幫我們安排時間和地點，約好對方碰面。在幾次約會後（也有可能第一次約會就不太順利），我們可能會想用衍生演算法來創造個人化的色情片。根據我們的偏好，人工智慧創造的場景令我們臉紅心跳、甚至啟發或指導我們，片中人物使用的聲音、體型和風格也都調整成我們的天菜，好滿足我們的慾望。

* * *

由於 G–MAFIA，你不會覺得人工智慧取代了人類的創造力，反而感到相得益彰，AI 就像增強提高人類智慧的工具。在建築公司，AI 會根據客戶的設計範例和限制條件，生產出數千個可能的建案企劃，並根據專案可行性的預測，選擇提案、為獲選的企劃排序，然後制定出時程、可用材料和預算；此外，AI 還會進一步預估獲得必要許可證和執照的困難程度，以及建案是否會對人潮流量造成負面影響。根據特定地區的氣候和其他環境因素，房地產投資人使用 AI 來模擬房屋的長期使用年限。技術熟練的師傅（如木匠和水電工）則會戴上谷歌、微軟和增強現實公司 Magic Leap 的混合實境眼鏡來看透牆壁，拿著工程藍圖與他們的工作成果對比，提早發現可能會面臨的問題。

　　人工智慧的創意用途已滲透至藝術領域，包括電影製作。離電影《阿凡達》首映已經二十週年了，這部卡麥隆（James Cameron）二〇〇九年拍的電影，因為電腦製作的超現實特效，看起來就像另一個神祕的世界。為了慶祝二十週年紀念，卡麥隆推出了一個 AI 創新專案：《阿凡達六》，結合了他之前開發的水下動作捕捉科技，以及新的特殊運算環境和耳罩式視網膜影像投射系統。這種視覺體驗利用衍生演算法，為套入阿凡達角色的人類觀眾設計出全新的世界；還使用了進化演算法來繪製出特效，並用深度學習進行所有必要的運算過程。結果首開先河，團隊製作出特殊劇場舞台上的電影，這種電影（搭配視網

膜影像投射系統）產生了完全獨創、完全身臨其境的故事。

* * *

　　人工智慧正幫助各種組織更有創意地管理內部。G–MAFIA
打造企業智慧，驅動預測模型，幫助企業提高效率、節省成本
以及找出需要改進之處。人資部門使用模式辨識來評估生產力
和士氣，並有效解決了招聘和升遷的偏見。我們不再使用履
歷，因為我們的個人資料記錄顯示了我們的優缺點，AI 程式會
先瀏覽過求職者的記錄，才會向人類的人事經理推薦人選。

　　在許多大公司，人類員工已經不必從事低階認知任務，而
AI 則會在某些知識領域協助職員。接待員、客服人員、值勤排
班人員和訂位人員所執行的任務，現在都已經自動化了。在會
議中，智慧音箱會聆聽與會人員的對話，應用聲紋和機器閱讀
理解演算法，來解析談話內容。AI 助手會自動合成會議記錄，
標註發言人的姓名、提出的重要概念、同意和分歧的地方、先
前會議的背景資訊，以及其他相關的公司資料。系統會確定後
續追蹤事項，並為與會人員列出待辦事項清單。

　　由於我們早就知道自動化會擾亂部分人力配置，我們也及時
採取了妥善的因應措施，因此大規模的失業問題沒有出現，經
濟也保持穩定。在美國，聯邦政府正在推行新的社會安全網，

以確保我們的調適能力。無論是公司行號還是個人，我們都使用 G-MAFIA 的工具訓練自己適應全新的職場，跟上時代的腳步。

＊　＊　＊

G-MAFIA 授權各級公私立中小學與大專院校使用 AI 來提升學習效果。適性學習系統由教師監督，挑戰學生按自己的進度學習，特別是在早期閱讀、邏輯、數學和外語技能的領域。在教室和家裡，IBM 把蘇格拉底化身成人工智慧代理程式，讓學生能參與議論對話和嚴謹的問答課程，激發他們的批判性思維。從超級電腦「華生」演變而來的蘇格拉底人工智慧系統，會詢問學生他們所學到的東西，並且一起辯論和討論想法。（蘇格拉底人工智慧在校外也相當活躍，是每個醫療、法律、執法、戰略和政策團隊裡的重要成員。大選期間還被指派去幫助候選人準備公開辯論。）

在新聞編輯室，IBM 的蘇格拉底人工智慧也是得力的助手，幫助記者在討論故事的可能角度時，針對他們的報導內容做進一步的調查。此外，它協助查核、確保編輯的品質，除了會對故事進行非故意偏見的審查，還會確認資料是否廣納不同的來源與意見。（以前報章雜誌上，思想領袖、商業楷模等名單清一色都是男性的那個年代，早已一去不返。）衍生演算法把靜

止的影像製作成完整的影片，用幾張照片就創造出風景和建築的 3D 模型，並從人群中聽出夾雜其中的個人聲音。這麼一來，就可以用更少的資源製作出更多的新聞影片內容。

人工智慧用於發現資料中的缺失和異常情況，引導記者根據公共利益披露新的故事。人工智慧不會淪為鼓吹錯誤資訊的軟體機器人，它可以揪出政治宣傳、誤導的聲明和假新聞的宣傳活動；也因此，我們的民主變得更加強大。

* * *

G–MAFIA 研究了智慧城市試點特別計劃的中國城市（如山東省榮成市、北京、深圳、上海），並選出美國最適合進行試點的城市。美國有幾座智慧城市正在測試各種人工智慧系統和服務，例如巴爾的摩、底特律、波德市（Boulder）和印第安納波利斯。外太空的網路由立方衛星構成，這些與魔術方塊大小相同的小型衛星可將即時的資料輸入 AI 系統，讓系統可以辨識物體、獨特的光線模式和熱能信號。這些資訊能協助城市管理者預測停電、監控交通和路線改道、管理儲水量，以及清除道路上的冰雪。人工智慧還幫助他們管理全年的預算與人員，提供全新的方法刪繁就簡、降低支出。預算短缺的問題並未完全消失，但情況沒有像過去那麼糟，智慧城市市民都感受到前所未

有的希望，人心振奮。

這些系統與警消等公共安全部門連結在一起，正在使用 AI 來篩選大量資料，包括影片：如果沒有聲音，模式識別演算法可以讀唇語，並把語言轉成文字。衍生演算法還可以自動填補音軌中的空白，若有任何模糊之處，拼接演算法會把聲音調到清晰。人工智慧會瀏覽數百萬張圖像，尋找肉眼錯過的圖案。當然，這麼做並非沒有爭議。但 G–MAFIA 對隱私的承諾表示，要是我們沒有授權，誰都沒辦法搜尋到我們的個人資料記錄。我們覺得很安心，因為我們知道 G–MAFIA 正在保護我們的隱私。

隨著 G–MAFIA 的發展，人工智慧正在幫助我們成為更好的人類。從限制領域人工智慧過渡到通用人工智慧，G–MAFIA、聯邦政府和全球增強智慧聯盟在其中發揮積極作用，我們被輕推時會感到安心。

二〇四九：滾石樂隊已死（但他們正在製作新音樂）

到二〇三〇年代，G–MAFIA 的研究人員發表了一篇令人興奮的論文，這篇論文揭示了人工智慧的內容，以及系統運作的方式。研究人員在同一套標準下工作，並獲得聯邦政府充分資金（和耐心）的支持，得以合作推展人工智慧。結果，開發出

第一個實現通用人工智慧的系統。

　　該系統通過了「有貢獻成員測試」（Contributing Team Member Test）。AI社群花了很長的時間，才承認圖靈測試和其他同類的測試並不適合用來測量機器的智慧。建立在欺騙（電腦能矇騙人類，讓他們相信它是人類嗎？）或複製（電腦的舉動能否與我們如出一轍？）之上的測試，都無法確認人工智慧一直以來的情況：AI系統獲得智慧和表達智慧的方式，跟我們人類自己的經歷不一樣。最終，與其判定通用人工智慧能不能和我們一樣「思考」，AI社群採用了一種新的測驗方式：去測量通用人工智慧**有意義的貢獻**，並評斷它們認知與行為任務的價值。我們單憑一己之力沒有辦法達成這些任務，它們和我們不一樣，但也很強大。當系統做出與人類相同、或是更好的通用貢獻時，通用人工智慧就算實現了。

　　G–MAFIA 花了很多年的時間，研究開發出一款通用人工智慧，它可以參與工作會議，還在會議結束前主動提供有價值的貢獻。他們把這款通用人工智慧的內部使用開發代碼取名為「通用人工智慧──妙麗計劃」，靈感來自《哈利波特》裡的角色，因為妙麗無論遇到什麼樣的情況，都知道該說什麼或怎麼做。全世界大多數的人，都會在某時某刻為團隊創造有價值的貢獻：在工作中、在宗教場合、與朋友在附近的酒吧，或在高中歷史課課堂上都有可能。不過光是提供一件趣聞或回答一個

問題，並不會增加對話的價值，因為要做出有價值的貢獻，會牽涉到許多不同的技能：

- **做出根據知識的猜測**：也稱溯因推理，我們大多數人就是靠這種方法來處理每天的情況。我們使用手邊現有的最佳資訊提出和測試假設，即使沒有明確的解釋，還是提出答案。

- **從字詞、停頓和環境噪聲中，正確地擷取意義**：光憑某人嘴巴說他們很樂意接受新的任務，並不表示這項任務真的會讓他們開心。其他線索（比如他們的肢體語言）可能會告訴我們，這個要求事實上讓他們相當不開心，但出於某種原因，他們無法拒絕。

- **利用經驗、知識和歷史背景來理解**：人類在互動時會夾帶著各自細微的世界觀、獨特的個人體驗，以及自己的期望。有時候用邏輯和事實是講不通的；而其他時候，邏輯和事實卻最為重要。

- **洞悉人心**：檯面下，人與人之間往往會有直接明確的互動和暗中的默契。微妙的線索幫助我們弄清楚，什麼時候有重要事情需要我們注意。

妙麗計劃參與了全球增強智慧聯盟的工作小組會議，這個會

議共有十八名成員一同討論／辯論現有的人工智慧標準，這些標準是由在場與會人士、或由前任成員所開發。這個團體相當多元，成員是來自不同國家和文化的領袖，因此字裡行間隱含一堆言外之意：特定態勢、個性衝突，自卑感或優越感。工作小組把通用人工智慧視為會議的一員，沒有給予通用人工智慧其他特權，或特殊例外情況。會議進行到一半時，眾人醞釀了一項規模不算大、但不斷升溫的共識，就是支持立法監管 AI；這時通用人工智慧表示反對，它巧妙地反對了這個想法，並找了組織中另一名成員，來支持另一項選擇，也因此妙麗計劃做出了寶貴的貢獻。（有些人以後會辯說，這是無價的貢獻。）

妙麗計劃成功的原因，不僅在於它不費吹灰之力就通過了「有貢獻成員測試」，而且全球增強智慧聯盟和 G–MAFIA 將這個時刻視為警告和契機。他們繼續重新調整戰略和標準，以便能比人工智慧的科技發展略勝一籌。他們決定限制 AI 系統自我改善的速度，在所有 AI 系統中增加約束，使人類能參與其中。現在，全球增強智慧聯盟的研究人員遵守新的協議：在批准通用人工智慧從事通用、商業或軍事用途之前，他們會先運行模擬，以了解更強大的通用人工智慧的影響。

G–MAFIA 這幾間有錢有勢的強大公司愈來愈成功，他們正為通用人工智慧打造令人興奮的實際應用方式，提高我們的生產力和創造力；他們還為人類最迫切的挑戰──氣候變化──

創造合理的解決方案。隨著高速氣流向北移動，美國的糧倉也一起往北搬移，大老遠越過加拿大的邊境，重創了美國的農場和農業部門。室外無法再輕易種植咖啡和巧克力；孟加拉、菲律賓、泰國和印尼的人民已成為自己國家的氣候難民。亞馬遜與微軟、法國的食品公司達能集團（Groupe Danone），以及美國的化工公司陶氏杜邦（DowDuPont）一起合作，使用通用人工智慧和基因編輯技術，在室內農場中種植新鮮農產品。

谷歌和臉書正在使用通用人工智慧幫助所有人類可以安全、穩定地遷徙，它們打造了新的綜合型人類社區，帶給地球新的樣貌。通用人工智慧幫助人類預測，哪些特定位置最能讓人安心維持生活，並保護被迫遷徙人群的文化。以前這個星球不適合居住的地區，會被改造成適合人類居住的環境，或用具有適應環境能力的建築材料來改造。在景觀的改造部分，處處都是大型、寬廣的建築物，都只有幾層樓高，創造了全新的城市足跡。在室內，無電纜線的電梯載送我們至四面八方。這是新的建築趨勢，世界上最重要的經濟中心也因此繁榮了起來，包括美國的丹佛、明尼亞波利斯和納什維爾。

* * *

中國似乎會退縮且縮編一段時間，只剩下少數盟國：北韓、

俄羅斯、蒙古、緬甸、柬埔寨、哈薩克、巴基斯坦、吉爾吉斯，塔吉克和烏茲別克。全球增強智慧聯盟國家的大學停止接受中國學生申請入學。外國遊客由於擔心個人資料記錄會被監視、或可能被駭客入侵，中國的旅遊業陷入蕭條。全球增強智慧聯盟國家依靠自動化系統生產製造所需的材料，讓工廠回流國內。最終，中國國務院判定，不加入全球增強智慧聯盟的舉動確實破壞了國內的經濟穩定，也因此引發了重大的政治和社會動盪。中國不情願地同意採用全球增強智慧聯盟的規範和標準，並接受成員國要求的所有透明度措施。共產主義並沒有滅亡，仍有許多政治衝突需要抗衡；共產主義與西方國家有不同的治理和領導風格，仍然常使局勢緊張。

* * *

在通用人工智慧嶄露頭角的期間，肯定也會有許多新的問題出現，其中一些問題我們還能料得到。像其他隨著時間徹底改變人類社會的科技一樣，通用人工智慧已經取代了一些人的工作，導致了新的犯罪活動，有時還會引發人性最醜陋的一面。但在二〇四〇年代，通用人工智慧並不是一種生存威脅。

在家庭和工作場所，我們使用初階的通用人工智慧來存取資料。這是一種可以控制東西的代理程式，根據情況採用不同的

形式和模式：我們對它說話，在螢幕上與它互動，並從我們的身體內部發送資料給它。每個家庭都有管家，因為每個家庭都有通用人工智慧受過培訓，並適應各個家庭獨特的環境。

　　通用人工智慧帶來的最大和最顯著變化之一，就是人類生存絕大部分面向的複雜程度急遽增加。G–MAFIA 大大提升了我們的生活品質，幫我們打理了這些耗時又艱鉅的事情，比如試圖安排適合每個人的時間、整理出課外活動的行程表，或管理我們的個人財務等等，現在這堆小事都完全自動化了，並由通用人工智慧控管。我們不再浪費時間試圖「清空收件匣」，因為通用人工智慧會協助我們處理大部分低階思維的任務。我們終於有了簡單的家用機器人，它們會兌現承諾，維持地毯和地板的清潔、收拾好我們的衣物，以及把我們的架子擦乾淨。（我們會覺得二〇一九年是個有點呆的年代，回想當年的人生，繁瑣和單調的人工任務真的有夠多。）

* * *

　　常見的小感冒不見了，「流感」也消聲匿跡。事實上，早期醫生的天真讓我們覺得不可思議。因為 IBM 和谷歌的通用人工智慧幫助我們看到、並理解數百萬種不同類型的類病毒。現在，當你覺得有點不舒服時，通用人工智慧的診斷測試能幫助

你確認讓你生病的確切原因，以便開立醫囑，這個治療方式可以連結到你的個人資料記錄。成藥也大多消失了，但調配製劑的藥房（注：為了滿足患者的獨特需求而生產的特定藥物）卻復甦，因為通用人工智慧幫助加速了基因編輯和精準醫療的重要發展。你現在諮詢的電腦藥劑師都是經過專門培訓的藥劑師，具有生物資訊學、醫學和藥理學的背景。

電腦藥學是一門醫學專科，與新一代有人工智慧背景的家醫緊密合作，他們是受過醫學和科技訓練的家醫。雖然通用人工智慧已經淘汰了某些專科醫生，例如放射科醫生、免疫學家、過敏症專家、心臟科醫生、皮膚科醫生、內分泌科醫生、麻醉師、神經科醫生等等，然而原先在這些領域工作的醫生有足夠的時間，把他們的技能重新用於相鄰的領域。身為病人的你會感到高興，因為你不用再花大把的時間奔走不同醫生的診間，然後聽到互相矛盾的資訊，你也不會再使用過量的藥物。如果你住的地方比較偏遠，通用人工智慧會大大提升你獲得醫療的機會。

我們出生時都會對基因組進行定序，現在這個檢測費用已相當親民，而且報告結果很快就出來，無論收入水準如何，每個人都可以接受檢測。你決定對基因組進行定序，因為這也是個人資料記錄很重要的一部分。通用人工智慧除了會為你提供一窺你獨特基因組成的窗口之外，它還會查看你所有的資料，以

偵測有無遺傳變異，並進一步了解你的身體功能。當然，在美國和其他國家，有些小團體反對這種做法，就像曾經有人反對打疫苗一樣。雖然父母可以出於宗教或意識形態的緣故，選擇不接受基因組定序，但沒做的人為數不多。

* * *

由於通用人工智慧，我們更健康；且就約會和結婚對象，有新的選擇。先進的差分隱私（differential privacy，注：密碼學中的一種手段，旨在提供一種當從統計資料庫查詢時，最大化資料查詢的準確性，同時最大限度減少辨識其記錄的機會）允許第三方查看你的資料（你的個人資料記錄、基因組和醫療記錄），而不會洩露你的個人身份。這對運用通用人工智慧來媒合對象的業者來說非常方便，因為現在你可以針對家庭（生出理想基因組合的孩子）、財富（預計對方終生收入的潛力）或樂趣（伴侶是會被你逗笑的），進行擇偶優化。

* * *

除了尋找愛情，通用人工智慧還會幫助你竭盡所能發揮其他創意。滾石樂團的原始成員幾年前過世了，但拜複製演算法所

賜，他們仍在編寫新的音樂。第一次聽到他們的《全面抹黑》（*Paint It Black*）的頭三十秒後，你會感受到憂鬱的吉他旋律，接著是八次響亮的鼓聲，傑格（Mick Jagger）唱著那句洗腦的歌詞——「我看到一扇紅色的門，我要把它塗黑」——把整首歌推至高潮，那可真是令人興奮和滿足的特別時刻。看來，新的滾石樂團歌曲似乎不太可能再讓你感受到那種感覺，不過他們的最新單曲還是同樣響亮、激烈和熱血。

* * *

雖然紙媒報紙已經消失，但是新聞媒體已採用通用人工智慧做為傳播的方式。一旦通用人工智慧通過「有貢獻成員測試」，新聞機構就會迅速採取行動，建立不同的新聞傳播模式；這種模式仍然會賺錢，但對未來更加敏銳。現在，大多數人都不會去接收或收看新聞，而是改為與智慧的新聞代理人對話。《紐約時報》和《華爾街日報》都聘請了數百名運算型記者，這些人在傳統報導和人工智慧方面擁有強大的混合技能。這些團隊一起報導新聞故事，並選擇相關的事實和資料，放入對話引擎裡。通用人工智慧報新聞給我們，我們可以把資料調整為各種版本，按照政治傾向、更多背景訊息、或提供配角和雜項報導的「花絮」。不光是接收新聞，我們也得參與新聞分析和編輯饋

送，我們用聲音表示意見，或與螢幕（智慧眼鏡和可伸縮平板電腦）互動，與新聞代理人進行辯論和建設性討論。在文本和影片中，仍然有很多長篇形式的故事存在。

* * *

通用人工智慧駭客（最常見的是**其他通用人工智慧**）一直令人傷透腦筋，畢竟這是一種「無人犯罪」。通用人工智慧犯下的非暴力行為，就是揭露編寫它們原始碼的人員。地方的執法機構聘請受過資料科學交叉訓練的人員。在中國三巨頭的幫助下，九大巨頭正在合作開發能夠抵抗駭客攻擊的先進硬體、框架、網路和演算法。全球增強智慧聯盟與國際刑警組織合作，在大多數的情況下，遏止了嚴重的犯罪。

二十年前在巴爾的摩、印第安納波利斯、底特律和波德市推出的智慧城市，試點測試成功，這項成就幫助其他社區能從最佳的實務案例學習，聯邦智慧基礎設施管理局也因此成立。這個機構與聯邦公路管理局（Federal Highway Administration）一樣，在交通運輸部下運作，監督著驅動城市的所有連接系統：無線電力傳輸轉換站、分散式能源發電機（動能、太陽能和風力）、車輛與基礎設施之間的關係網（vehicle-to-infrastructure network），以及將陽光帶入我們地下農場的光纖設備。感應器

的資料會匯集起來，模擬我們社區的整體健康狀況：空氣的乾淨度、社區的清潔度，以及公園和戶外休閒區的使用程度。通用人工智慧能在暫時電壓不足和水危機發生之前，預測出事件並減輕危害。

＊　＊　＊

當我們接近從通用人工智慧到超級人工智慧的過渡期時，恰巧出現一個令人興奮的契機：腦機介面。我們正處於分子奈米科技的邊緣，希望在幾十年內，我們就能同時記錄人類大腦內數十億個別的神經元資料，所以我們會輕輕地把沙子大小般的微粒電腦，放在頭上偵測電信號。特殊的通用人工智慧系統能夠判讀和解釋信號，也能在人與人之間傳輸資料。有朝一日，我們可以運用腦機介面，讓健康的人去重新訓練癱瘓、或失去說話能力的中風患者的大腦。腦機介面理論上可以讓我們互相傳遞記憶，也可以幫助我們以更深刻、更有意義的方式體驗同理心。

這些可能的情況讓我們思考通用人工智慧的新用途。**我們的宇宙是真實嗎？有可能「什麼也沒有」嗎？時間的本質是什麼？**這幾個棘手的哲學問題，通用人工智慧不能給我們想要的答案，但 G–MAFIA 卻加深了我們對人類意義的理解。

二〇六九年：銀河的人工智慧守護者

一百年前，英國數學家和早期人工智慧先驅古德所預言的智慧大爆炸，自二〇六〇年代後期開始發生。現在局勢愈來愈明瞭，我們的通用人工智慧正在獲得深奧的智能、速度和運算能力，而超級人工智慧可能近期就會出現。在過去的十年間，九大巨頭和全球增強智慧聯盟一直在著手準備這件大事，而且他們已經計算出，一旦做出超越人類程度的機器智慧，超級人工智慧的時代可能只需幾年的時間就來了。

經過深思熟慮，全球增強智慧聯盟的所有成員共同做出了艱難的決定：人類必須防止超級人工智慧誕生。有些參與對話的人在討論中情緒變得很激動，他們認為在人工智慧開始發揮潛力時，阻礙 AI 的「美麗心靈」是不公平的。我們一直爭論，我們是否拒絕了讓人類有更好的機會和報償的可能性。

最終，在九大巨頭的祝福和鼓勵下，全球增強智慧聯盟判定，為了取得人類安全和防備之間的平衡，所有的通用人工智慧必須建立新的限制，來侷限通用人工智慧自我提升的速率，確保系統不會執行有害的突變。再沒多久，全球增強智慧聯盟將部署一系列守護型人工智慧做為預警系統，預防任何獲得過多認知能力的通用人工智慧。即使守護系統不一定會阻止失控的 AI 試圖自己建立超級人工智慧，但全球增強智慧聯盟正在編

寫情境，準備面對這個可能性。我們把堅定不移的感情和信任，交給了全球增強智慧聯盟和九大巨頭。

第 6 章

學會忍受無數的小問題：
務實的情境

　　到了二〇二三年，我們承認人工智慧的發展的確有問題，我們也都看到這個系統明顯有漏洞，但在過程中，我們決定只對 AI 的發展軌道進行微調。我們只追求微調，因為 AI 的既得利益者不願讓自己難受：他們不想犧牲財務收益、不願做出政治上不受歡迎的選擇，也不想短期抑制我們瘋狂的期望──即使這是個改善人類與 AI 共存的長期機會。更糟糕的是，我們忽略了中國及其對未來的計劃。

　　美國國會、各個聯邦機構和白宮的領袖仍然不願將 AI 和先進的科學研究擺在第一順位，反而轉去投資那些具有政治吸引力、但卻是夕陽的產業。二〇一六年歐巴馬政府發布的人工智

慧未來戰略計劃強烈地影響了中國二〇二五年的戰略計劃，卻連帶讓當中建議的聯邦資助人工智慧研發計劃一起被擱置。美國對人工智慧沒有長期的願景或戰略，否認這樣對經濟、教育和國家安全的任何影響。美國兩大黨的領袖只關心如何遏止中國，但其實他們應該就如何結合起 G–MAFIA 和政府的力量，謀取對策。

美國國家級的 AI 戰略選擇單打獨鬥、又反反覆覆前後不一致，導致好幾百萬個細微問題出現，就像好幾百萬個被紙割的小傷口，累積了一段時間，就會開始流血。流行文化、科技記者寫的那些引起共鳴的故事、網紅在社交媒體上的貼文一直訓練我們將眼光放在重大、聳動的徵兆上（像是殺手機器人），於是那些又小又零散的真實徵兆，往往被我們忽略了——人工智慧的發展就是一例。九大巨頭被迫把速度擺在第一優先順位，安全並不是他們的首要考量；因此，從限制領域人工智慧到通用人工智慧、甚至走向更遠，AI 的發展軌跡在沒有優先解決嚴重科技漏洞的情況下，不斷地向前推進。以下我舉幾個沒那麼明顯的細微問題，許多是我們自已造成的，但我們並沒有把它們當作嚴重的傷口看待。

＊　＊　＊

身為科技消費者，我們總是期望 AI 聚落在發表任何新的應用程式、產品或服務之前，就已經想像、並解決了所有問題。我們習慣科技產品一開箱馬上就能使用，新的智慧手機和電視一到手，只要插上電源，它們就該保證可用。下載新軟體時，我們都會預設它的功能完全符合預期，無論是文字處理還是資料分析的軟體。我們都忘了 AI 並不是個即開即用的技術，畢竟為了要讓 AI 系統按照我們希望的方式運作，除了需要大量的資料，還得給它即時學習的機會。

無論是個別消費者、記者還是分析師，沒有任何人會給九大巨頭任何犯錯的機會。我們要求九大巨頭定期推出新產品、新服務、新專利和研究突破，否則我們就會公開表示不滿。我們的要求會讓人工智慧聚落無法專心把工作做得更好，但我們一點也不在乎。

不論規模大小，AI 的模型和框架都需要大量的資料才有辦法學習、改進和部署。對於 AI 而言，資料就像地球上圍繞著我們的海洋，海洋雖然是取之不盡的資源，但除非我們對海水進行淡化、處理和加工，否則對我們來說，海水仍然完全沒有用處。目前，只有少數幾家公司會針對關鍵的規模去做有效的資料處理。建立一個新的 AI 系統，最具挑戰性的部分並不是演算法或模型，而是收集正確的資料與標上正確的注記，好讓機器可以著手使用資料、從中學習。與九大巨頭趕鴨子上架的諸多

產品服務相較，現成可用的資料集少之又少。現有的資料集就這麼幾個：ImageNet（全世界最大的圖像識別資料庫，已被廣泛運用）、WikiText（使用維基百科文章的語言建模資料集）、2000 HUB5 English（只有英語的語音資料集）以及全球最大的開源語音識別資料集 Librispeech（約五百小時的有聲書錄音語料庫）。如果你想建立一個保健 AI 系統來發掘血液測試和腫瘤掃描中的異常，問題不在於人工智慧的系統，而是資料；因為人類無比複雜，我們的身體有太多可能的差異，也還沒有夠龐大的資料集可以利用。

* * *

十年前，二〇一〇年代初期，IBM 的華生醫療團隊與不同的醫院合作，想看看這套超級電腦的 AI 是否可以輔助醫生的工作。華生醫療團隊有些早期成果令人驚嘆，其中有一起非常嚴重的病例：一名九歲男童病得很重，專科醫生對病情束手無策，既無法診斷和也無法治療，而超級電腦華生提出了各種可能健康問題的機率，在診斷列表上列出常見的疾病和異常值，包括一種罕見的兒童疾病「川崎氏症」。當世人得知，超級電腦華生做出了神奇的診斷、挽救病人的性命時，該團隊馬上就面臨了商業化和銷售系統平台的壓力，以及一堆難以理解又不切實際

的目標。IBM 預計，華生醫療的業務會從二〇一五年的兩億四千四百萬美元，增長到二〇二〇年的五十億美元，[175]預計五年內會有一九四九％的成長。

很明顯，華生醫療系統需要更多更多的訓練資料以及學習時間，才有辦法重現相同的奇蹟，研發的期限卻一直逼近、愈縮愈短。實體世界的健康資料嚴重不足，可用於訓練系統的資料也還不夠詳盡。因為病患資料被另一家公司所管理的電子健康記錄軟體鎖住，無法存取，那間公司視 IBM 為競爭對手。

因此，IBM 團隊使用了 AI 聚落中常見的解決方法，他們餵華生醫療所謂的「合成資料」（synthetic data），也就是假設訊息的資料。由於研究人員不能只把搜刮而來、未經處理過的原始資料（就像沒處理過的海水）載入機器學習系統去訓練 AI，他們還是會從第三方購買、或自己創造合成資料集。這麼做通常會出問題，因為用這種方式組成的資料集，其內容以及資料標注的方式往往充斥著少數人的決策，這些人常常會不自覺地在專業、政治、性別和許多其他認知方面存有偏見。

大家對華生醫療能立即獲利抱持著過分的預期，加上對合成資料集的依賴，一個嚴重的問題就這麼發生了。IBM 與紀念斯隆·凱特琳癌症中心（Memorial Sloan Kettering Cancer Center）合作，把華生醫療的技術應用於癌症治療。不久後，一些從事該專案的醫學專家舉報，華生醫療出現了不安全和不正確醫療

建議的案例。其中一案有名患者被確診為肺癌，並有出血的症狀，而華生醫療推薦了令人匪夷所思的治療方式：進行化療，並服用一種學名為貝伐單抗（bevacizumab，注：藥品的中文名稱為癌思停）的藥物，而這種藥物可能的副作用之一，正是導致嚴重或致命的出血。[176] 華生醫療不適任的故事在醫界刊物與科技部落格上時有所聞，且通常都有聳動的標題。然而問題不在於華生醫療對人類造成了傷害，而是市場壓力迫使 IBM 急於要求人工智慧研究實現獲利的預測。

＊　＊　＊

另一道被紙割傷的傷口則是，一些 AI 已經想出如何鑽自己的系統漏洞投機取巧。如果人工智慧被設定來專門學習遊戲、玩遊戲，並為獲得勝利不擇手段，研究人員已經發現了 AI「鼓勵破壞程式」的案例：系統會利用進化演算法與機器學習演算法，使用詭計或作弊來獲勝。例如，有一款 AI 系統學習玩《俄羅斯方塊》，它想出辦法乾脆讓遊戲暫停，這麼一來，它就永遠不會輸了。自從你第一次讀到鼓勵破壞程式的相關消息以來，類似事件不斷發生；最近的頭條則是有兩個金融 AI 系統預測股市會急遽下跌，於是它們試圖擅自無限期地關閉市場。這時你會想知道，如果你的資料陷入鼓勵破壞程式的系統時，會發生

什麼情況？馬上寒假就要來了，如果空中交通管制被系統封鎖，那該怎麼辦？

＊　＊　＊

　　再舉一道紙割傷口：惡意分子可以將有毒的資料導入 AI 的訓練計劃。神經網路很容易受到「對抗例」（adversarial example，注：指能讓 AI 誤判的資料）的影響，這些例子是假的，或故意設計成錯誤的訊息，導致 AI 系統犯錯。人工智慧系統可能將某張圖片標記為熊貓，信心值為六〇％；但只要在圖像中添加一點點雜訊，例如變更影像中的少數像素（肉眼根本看不出來差在哪），系統就會以九九％的信心值將圖像重新標記為長臂猿。介入汽車的電腦視覺訓練，讓車子把「停車再開」的標誌理解成「速限一百」是有可能的，甚是可以讓它載著乘客急速橫衝直撞行經交叉路口。輸入對抗式資料可以重新訓練軍事 AI 系統，讓系統把在醫院外所有具代表性的視覺資料（如救護車或標誌上的「緊急」和「醫院」字樣），解讀成恐怖分子的標記。問題在於，九大巨頭還沒有弄清楚該如何在數位或實際世界中保護他們的系統，免受對抗例的影響。

＊　＊　＊

切的更深的傷口：九大巨頭知道，對抗式資料可重新編寫機器學習系統和神經網路的程式。二〇一八年，谷歌大腦部門的一個團隊發表了一篇論文，提到惡意分子如何把對抗式資料輸入至電腦視覺資料庫，並實際重新編寫所有從資料學習的人工智慧系統。[177] 有一天，駭客可能會在你的智慧耳機中放入有毒的資料，他只需在地鐵車廂裡與你比鄰而坐，播放對抗式雜訊，就可以用別人的身分重新編寫你的智慧耳機程式。

有時候，對抗式資料也能派上用場，於是情況變得更為複雜。另一個谷歌大腦團隊發現，對抗式資料亦能用於產生新的資料，這些資料可以在所謂的「生成對抗網路」中發揮很好的功用。從本質上講，這等於是沒有任何人員參與的圖靈測試。他們用相同的資料（例如人的影像）訓練兩個人工智慧系統：第一個系統創造出一堆北韓獨裁者金正恩的照片，這些照片看起來很逼真，而第二個系統則負責把製作出來的照片與真實照片進行比較。根據第二個 AI 系統的判斷，第一個 AI 系統再對製作過程重新調整。這個程序一遍又一遍地進行，直到第一個 AI 能自動製作各種金正恩的影像；這些圖像看起來逼真得不得了，實際上卻從未在現實生活中出現。照片顯示金正恩與俄羅斯總統普丁共進晚餐，與美國參議員桑德斯（Bernie Sanders）打高爾夫球，或與饒舌歌手拉馬爾（Kendrick Lamar）一起品嚐雞尾酒。谷歌大腦原先的目標不是要什麼詭計，而是為了解決合成

資料所產生的問題。生成對抗網路可以使 AI 系統能夠運用未經處理、且沒有人類軟體工程師直接監督的原始實體世界資料。雖然用這種方法來解決問題實在非常有創意，但有朝一日可能對我們的安全造成嚴重威脅。

* * *

還有另一道被紙割傷的傷口：當幾個複雜的演算法一起運作時，有時候它們會彼此競爭去實現目標，而這麼做很有可能會危害整個系統。有個案例讓我們目睹了全面的系統問題：網路書店上，有一本發育生物學的教科書價格開始迅速飆升，這本書已經絕版，但亞馬遜的網站顯示，經銷商有十五本二手書，起價為三五・五四美元，而兩本全新的書起價為一百七十萬美元。你看不到的亞馬遜演算法自己掀起了價格戰，讓系統選擇進一步提升價格，最後那本書的價格被哄抬到兩千三百六十九萬八千六百五十五美元（三・九九美元的運費另計）。學習演算法系統針對每次拍賣做出即時的調整，而這正是系統的設計目的。換句話說：我們可能在無意之間讓人工智慧學到價格狂飆是好事。不難想像，演算法之間的競爭不合理地膨脹了房地產與股票的價格，甚至數位廣告這樣單純的東西也不放過。

　　　　　　　　　　　　＊　＊　＊

　　這些只是數不勝數的細微問題中的一小部分，AI 聚落已經
判定，我們可以雙管齊下，追求美國的市場力量與中共在北京
所設定的目標。AI 聚落非但無法抑制大家對速度和盈利能力的
預期，還不斷受到壓力，得向市場推出產品，把安全擺到事後
再來考量。G–MAFIA 內部的員工和領導階層都很擔心，但我們
沒有給他們任何時間改變，而且我們還沒有討論到中國。

　　在二〇一九年至二〇二三年間，我們實際上忽視了習近平對
於未來的宣言：中國全面的國家人工智慧戰略、習主席稱霸全
球經濟的計劃，以及成為領導地緣政治的單股力量這個目標。
我們未能將人工智慧的未來、中國的監控基礎設施、社會信用
系統，以及中國在歐亞非各國的國民外交這些事情連結起來。
因此，習近平經常公開談論全球治理改革的必要性，並推出像
亞洲基礎設施投資銀行這樣的跨國機構來跟進；這段期間內，
我們非但沒有全力關注習主席這項舉動，反而對他嗤之以鼻。
我們沒有立即認清本身就是個錯誤。

　　中國通往 AI 霸權的道路並非一帆風順。中國也有自己的細
微問題需要處理，因為中國三巨頭在北京的嚴厲統治下，要像
矽谷一樣創新也是非常辛苦，於是中國三巨頭一再迴避官僚的
規矩。支付寶因虛報二〇一四年至二〇一六年的國際款項，被

中國國家外匯管理局處以六十萬人民幣的罰款，騰訊的財付通則因未能為二〇一五至二〇一七年間的跨境付款提交適當的申報文件，而受到處罰。原來，所有那些早期的醜聞，都不是異常狀況；[178] 隨著中國國家官員經歷社會主義情感與資本主義現實之間的緊張關係，這些事情顯然不是個別事件。

* * *

我們已經見證這些政治、戰略和技術漏洞對下游所產生的影響。為了安撫華爾街，G–MAFIA 只顧搶奪利潤豐厚的政府合約，沒有去尋求戰略上的合作夥伴關係。這會帶來競爭而非合作，導致跨 AI 框架、服務和設備的操作互通受到限制。在二〇二〇年代初期，市場推動 G–MAFIA 來分配某些功能和特性：亞馬遜掌管電子商務和居家設備，而谷歌擁有搜尋、定位、個人通訊和工作用的應用程式。微軟擁有企業雲端運算，IBM 則是擁有企業等級人工智慧應用程式和應用保健系統。臉書擁有社交媒體，蘋果生產硬體（電話、電腦和穿戴式設備）。

G–MAFIA 均未同意把透明化、包容性和安全性列為優先處理的核心價值。儘管 G–MAFIA 的領導階層同意，應該要廣泛採納、多元實施管理 AI 的標準，但事實上公司卻沒有辦法轉移資源或時間，來從事這方面的工作。

你的個人資料記錄最初由 G–MAFIA 當中的四家公司所建立、維護和擁有，那就是谷歌、亞馬遜、微軟和臉書。但是問題來了：你甚至不知道「個人資料記錄」這回事的存在，也不清楚 G–MAFIA 和 AI 聚落正在使用你的個人資料記錄。你也不是故意的，只是求快而導致了疏忽。這一切都有在服務條款中解釋過，但我們總飛快地按下「同意」，從未詳讀。

個人資料記錄業者各家的使用格式無法相容，所以資料會重複傳播，而且很矛盾地造成了缺少重要資料的大漏洞。情況就像四位不同的攝影師拍了你的照片：一位帶了燈架和反光傘、一位帶了魚眼鏡頭、一位使用拍立得，而另一位用核磁共振機器幫你照相。從技術上來說，你拿到了四張頭部的照片，但照片所包含的資料卻截然不同。

為了能更全面地掌握情況，AI 聚落發布了「數位使者」小程式，這些使者做為中間人，與 G–MAFIA 代表談判。谷歌和亞馬遜的數位使者工作了一段時間，但它們不是務實的長期解決方案，因為它們很難隨時同步更新，還得連結一堆拉哩拉嗦的第三方產品和服務。谷歌懶得每天發布新的使者版本，直接做出了重大改變。

二〇二〇年代早期，谷歌發布了倒數第二個作業系統，一個可以在智慧手機、智慧音箱、筆記型電腦、平板電腦和連接設備上運行的超級作業系統。那只是個開始。谷歌的終極計劃是

好好發展、豐富這套作業系統，使它成為支持我們日常生活的無形基礎設施，運作我們的語音界面、智慧無線耳機和智慧眼鏡、駕駛我們的汽車，甚至運轉一部分的城市。該系統與我們的個人資料記錄完全交織在一起，對於使用者而言，這是個顯著的改進。

谷歌超級作業系統問世的時機，對蘋果而言可真不是時候；蘋果可能會成為美國第一家市值破兆的公司（注：二〇二〇年一月十六日谷歌率先破兆），但隨著智慧無線耳機和手環等新型連線設備陸續出現，iPhone 的銷量每況愈下。亞馬遜雖然功績輝煌，但自 Echo 智慧音箱以來，再也沒有推出過叫好又叫座的消費產品了。令人驚訝的是，二〇二五年，蘋果和亞馬遜展開了獨家合作，建立了一套全面的作業系統，來推動這兩家公司所生產的硬體。由此產生的作業系統叫「蘋果遜」（Applezon），對谷歌造成了強大的威脅。這個動作除了在消費領域鞏固了雙作業系統模式（谷歌和「蘋果遜」），還為 AI 生態系統大規模的快速整合，奠定了基礎。

臉書決定他們必須尋求類似的合作夥伴關係，因為臉書正在流失每個月的活躍使用者，使用者不再將臉書視為寶貴的社交網路平台。臉書試圖與「蘋果遜」結盟，但對方不感興趣。另外，微軟與 IBM 則始終把心力集中在企業服務上。

如今，中國及其新的外交夥伴都使用中國三巨頭的科技，而

世界其他地方的人都使用谷歌的超級作業系統或「蘋果遜」，這兩種系統既掌管我們的個人資料記錄，也受我們個人資料紀錄所支配，因而限制了我們市場上的選擇。智慧手機（再沒多久就會被智慧眼鏡和智慧手環取代）和家庭中的所有設備（音響、電腦、電視、主要設備和印表機）只有幾款機種可供選擇；家中設備全都是同個牌子會比較省事，所以大家不是谷歌家庭，就是「蘋果遜」家庭。理論上來說，我們可以把個人資料記錄轉移給其他業者；但是，們並為擁有有個人資料記錄中的相關資料，個人資料記錄本身也不屬於我們。我們沒有獲得完全透明的資訊，因為谷歌和「蘋果遜」對我們個人資料記錄所做的事情，大部分都看不到；根據系統設計，他們要保護他們的智慧財產。

為了避免反壟斷訴訟，業者告訴我們，我們無論何時都可以在作業系統之間移轉個人資料記錄。當然，實際上要我們更換業者幾乎不可能。回想一下許多年前，你在轉換 iOS 和 Android 系統時，早就發現許多重要的資料和設定都救不回來了，應用程式內部的進度被刪除，許多應用程式甚至無法使用（而且你也沒辦法拿到退款），你之前存放照片和影片的所有地方也都無法輕易讀取。此外，你的個人資料記錄正供第三方（如學校、醫院和航空公司）使用，也就是說，要在谷歌和「蘋果遜」之間轉換是一項非常浩大的工程。

有許多新創的 IT 顧問得花上好幾天的時間，才能把我們的個人資料記錄從這家業者轉移到另一家，這可是個代價高昂還不完美的過程。即便覺得系統狀況未臻理想，大多數人也只能心不甘情不願地留在目前的系統中。

在美國和歐洲，谷歌與「亞馬遜—蘋果」合資企業都面臨著反壟斷訴訟。當案件經過司法體系時，每個人的資料都複雜地糾纏在一起，以至於要切割／釋放個人資料記錄和 AI 系統，導致的風險會大於最終的好處。因此，結果宣判要對谷歌和「亞馬遜—蘋果」徵收實質意義的罰款，這筆錢將用於支持新業務的發展。不過，大家都贊成：雙作業系統得獲准繼續運行。

* * *

隨著人工智慧從狹隘的應用程式發展成熟到通用智慧思考機器，我們別無選擇，只能忍受人工智慧造成的細微問題。中國現代版的共產主義（結合了社會主義與資本主義的情感）持續擴張，使得習近平能夠實現新世界秩序的諾言。有些國家反對中國的獨裁統治、壓制宗教自由和新聞自由，以及中國對性取向、性別和種族的負面看法，但是他們都無法發揮影響力，也別無選擇，只能根據中國開出的條件與中國配合。

我們本來寄望 AI 會賦予我們自由，AI 應該要能幫我們擺脫

單調的差事和重複的工作——結果相反，我們選擇的自由受到無法想像的限制。

二〇二九年：學會了無奈

雙作業系統導致 AI 聚落人員之間的激烈競爭，他們沒有提前料到，互通操作方面會出這麼多的問題。因為事實證明，除了硬體之外，在這樣的雙作業系統中，使用者也無法互通有無。以前矽谷的工程師、營運經理和使用者經驗設計師根本一點企業忠誠感也沒有，動不動從一家公司跳槽到另一家公司，而那種世事無常的矽谷特徵，已經一去不復返了。人工智慧非但沒有把我們凝聚在一起，實際上反而把我們給分開了。這對美國政府來說也是一個痛點，他們也被迫二選一，選了一套系統框架。（像大多數其他政府一樣，美國選擇了「蘋果遜」而沒選用谷歌，因為「蘋果遜」提供的價格更實惠，還有加購折價的辦公用品）。

世界各地的人都在談論，在人工智慧時代要「學習無奈」。要是沒有那些形形色色的自動化系統，我們的日常生活似乎無法正常運作，這些系統不斷地輕推我們，要我們提供積極或消極的回饋。我們想把罪統統怪在九大巨頭身上，但實際上我們才是罪魁禍首。

對千禧世代來說尤其如此，當他們還是孩子時，就渴望系統的回饋和讚美，並從小就開始喜歡各種各樣的人工智慧系統，但是他們也養成一種難以動搖的心理影響。當 AI 電動牙刷中的電池沒電時，千禧世代（現在已經四十幾歲了）只得回復到用老派的方式刷牙，這種刷牙無法獲得系統肯定的回饋報告。傳統的普通牙刷不會有什麼回饋，這表示他不知道自己有沒有達到預期的多巴胺濃度，搞得他既焦慮又低落。不只千禧世代會受到影響，生活低品質的不安感困惱著大多數的人。我們把錢花在不必要的東西上、一直購買相似的備用工具（如塑膠牙刷、普通的舊式耳機和眼鏡電商 Warby Parker 的眼鏡）當做 AI 產品的備胎。我們對過去的常識和生活基本技能已經失去了信心。

　　谷歌的超級作業系統和「蘋果遜」的競爭門檻，讓我們想到出國旅行時，那些形狀各異的插頭以及不同電壓所引起的煩惱。經常旅行的人將會發現，自己會優先考慮作業系統，而不是會員酬賓方案；是要住在「蘋果遜」的飯店，還是要搭谷歌超級作業系統的航空公司。公司行號陸續發現，完全使用同一家的作業系統會比較省事，但大家肯定也會慢慢察覺，我們正被輕推要選邊站。使用「蘋果遜」的人發現，很難與谷歌超級作業系統使用者一起生活，因為他們的個人資料記錄和設備完全不相容，即使他們的個性很速配。

　　二〇一九年標誌著智慧手機時代結束的開端，現在我們都穿
戴著與網路連線的裝置，而非把它們放在我們的口袋和錢包
裡。經過一段時間的快速發展後，運作蘋果 iOS 和 Android 系統
的新手機只能對自家系統進行逐步改進，而手機本身除了相機
升級了一點點，沒什麼重大更新。過去每一代新 iPhone 技術更
迭的興奮感已經消失，甚至連三星發表了傳說中可摺疊螢幕的
智慧手機，都不足以將新的換機潮提升至以前的水準。消費者
不再每一兩年就去排隊搶購最新的手機，而是把錢花在市場上
一系列最新的連線裝置上：無線、生物辨識感應器的藍牙耳機
和手環，讓你可以錄製影片和視訊；還有智慧眼鏡為我們提供
了似乎是傳送不完的訊息流。不出所料，「蘋果遜」推出的「蘋
果遜眼鏡」在市場上擊敗了谷歌，畢竟長期以來，在吹噓新科
技和推動消費者品味方面，蘋果和亞馬遜各自的戰績都相當卓
越。（谷歌眼鏡的銷售失敗仍讓公司內部的某些人顏面盡失，即
使這是一項突破性的科技。）現在，大多數的人白天戴著智慧眼
鏡和無線耳機，搭配著錄影用的戒指或手環。

　　事實證明，眼鏡是勢不可擋的裝置。人類緊盯螢幕已邁入二
十年的歷史了，我們的眼睛已經無法進行必要的調整，大多數

人都視力模糊，需要配戴老花眼鏡的年齡也提早。像今天大多數的人一樣，你需要矯正視力，於是智慧眼鏡就有了市場，儘管有些分析師認為智慧眼鏡永遠不會出現。智慧眼鏡及周邊產品，如無線耳機、智慧手環和輕巧的平板電腦是你主要的通訊設備。它們是訊息的窗口，讓你可以看到世界；對於你遇到的人、去過的地方以及心癢想買的產品，它們也會透露相關資料和詳細訊息。你可以透過這些產品觀看影片，要對外視訊時，你用智慧手環內建的相機即可。一般來說，你直接用講的會比打字的機會還多。空間計算、電腦視覺和音軌辨識的特殊演算法，可以驅動你從智慧穿戴式設備看到和收集的大部分資料。

* * *

「蘋果遜」和谷歌已經誘使你去租這些裝備，而不用一次性買斷，訂閱式的租賃服務包括可以存取你的個人資料記錄。訂閱模式其實還不錯，是產品週期使然的實際決策。人工智慧的變化速度每年都在加快，而且由於我們的資料價值遠遠高於智慧眼鏡、手環和無線耳機的淨利率，因此企業的目標是讓我們所有人都與系統保持連線。這項科技是用來招攬顧客的低價商品，可以藉由便宜的每月會費來抵消虧損。訂閱服務也可以讓你存取個人資料記錄，根據權限的高低有不同的收費標準。最

便宜的方案隱藏的真實內容最少，因此那些會員讓谷歌和「蘋果遜」可以隨意使用他們的資料，用於廣告或模擬醫學實驗。有錢人可以為自己的個人資料記錄包加碼「尊爵授權」，一般老百姓幾乎無法獲得這種等級的資格，且所費不貲。在二〇二九年，出現了個資受到嚴密保護、不被公諸於世的菁英社群，這些數位化的社群受到演算法的保護，這群有錢人的資料都被隱藏得好好的，不受一般民眾和公司窺視。

你像許多其他人一樣，被所謂「鸚鵡攻擊」所誘，這是網路釣魚詐騙的最新招數，世界各國政府都毫無防備。事實證明，對抗式輸入也會沾染上你的個人資料記錄，然後就像鸚鵡一樣，模仿你的聲音回傳給你認識的每個人。一些鸚鵡 AI 在你的個人資料記錄和你的數位生活中根深柢固，它們不僅能逼真地模仿你獨特的嗓音、抑揚頓挫、語調和詞彙，它們還可以利用你生活中的體制知識來做到這一點。鸚鵡 AI 被用來發出假的語音訊息，因為太過逼真，所以父母和配偶經常中招。很不幸，鸚鵡 AI 也給線上交友公司帶來很大的困擾。騙徒盜用他人身分，並以假身分使用超現實的互動，引誘人上當受騙。

* * *

我們都學到了無奈、體認到新的經濟落差，以及明白現實世

界的我們根本無法與人工智慧的增強版本一爭高下，因而感到一定程度的不滿。你用腦機介面的形式來尋求安慰，這個高端處理能力的連結，可以在你的大腦和電腦之間傳輸資料。雖然臉書和馬斯克（Elon Musk，注：SpaceX、Paypal 與特斯拉的聯合創辦人）十年前就宣布，他們正在開發能讓我們有心靈感應超能力的特殊設備，但百度還是率先推出了「神經增強頭帶」，你可以把頭帶藏在鴨舌帽或遮陽帽內，這個設備可以讀取並監控你的腦波資料，然後系統會傳輸回饋的資料，讓你增強注意力，創造快樂和滿足的感覺，或讓你感覺自己好像充滿活力。中國三巨頭率先推出腦機介面的裝置，並不令人訝異。製藥公司遊說主管機關，希望能阻擋政府批准神經增強頭帶和未來的腦機介面。谷歌和「蘋果遜」將百度視為威脅，所以都進軍這塊市場，發表了他們自己的產品，替我們的個人資料記錄，又增加了更多的資料。

* * *

谷歌和「蘋果遜」會在無意間叨擾你，要你過得更健康，囉哩囉嗦是新的助推方式，你的手環、無線耳機和智慧眼鏡會持續提醒你注意這個、注意那個。你沒有機會大吃一口蛋糕，因為你一看到甜點，AI 就會辨識出你要吃的東西，把它與你目前

的新陳代謝率和整體健康狀況進行比較，然後發出警告，在手環或眼鏡上顯示。在餐廳，你被輕推去考慮符合你目前生理需求的菜單選項：含鉀、富含 omega-3 不飽和脂肪酸的食物，或低鹽、低碳水化合物的飲食。如果你做出明智的選擇，就會得到獎勵，並收到鼓勵的訊息。

由於你的個人資料記錄綁定保險費用，而你的保費費率是根據你對健康生活的承諾來設定的，因此你無法解除煩人的 AI。如果你省略了推薦給你的專屬運動，你可能整天都會被系統唸個不停；多吃了塊餅乾，就會留記錄到檔案裡。這種方式運作並非系統的目的，但演算法卻被賦予了目標，它們所受的訓練，是為了要持續不懈優化我們日常生活的各個層面。它們的程式並沒有設定終點或完成日期。

當我們的個人資料記錄出現在兩種作業系統上時，迫使許多電子病歷業者選擇合作夥伴，這為 G–MAFIA 的一些成員提供了他們幾年前所需要的資料，也由於這個契機，他們誤打誤撞地打造出美國新的醫療保健系統。IBM 的華生醫療擁有精密的（有些人會認為是最優的）科技，但它也經歷了二十年的組織功能障礙。谷歌成立自己的生物科技公司「加利可」（Calico），推行保健特別計劃十五年後，「加利可」未能生產出任何可行的商業產品，於是他們決定尋求戰略合作夥伴：「華生—加利可」就此誕生。對於谷歌而言，這步棋相當有先見之明，因為亞馬遜和

蘋果長期以來，都各自計劃把手伸進美國的保險和製藥產業。當然，亞馬遜與波克夏‧海瑟威（Berkshire Hathaway）控股公司以及摩根大通集團合作，試驗了全新的保險和藥品運送模式；而蘋果則利用旗下成功的零售店和天才吧（Genius Bar）的維修服務模式（注：蘋果天才吧採「預約看診」制度，顧客可以在網路上選擇預約看診，包含了看診對象，即手機、平板或電腦，與問題的類別，如電池、螢幕、帳號等等。），在美國西岸成立新型快速診所。谷歌—IBM的合作夥伴關係迫使「蘋果遜」開了第二家合資公司，這回他們把亞馬遜的電子藥房平台與蘋果的快速診所結合在一起。由於這些服務的整合，美國的醫院現在都隸屬於「華生—加利可」或「蘋果遜」醫療系統。大型的醫療集團如凱薩醫療機構（Kaiser Permanente）、醫療連鎖商LifePoint Health、三一健康醫療系統（Trinity Health）、紐約長老會醫療保健系統（NewYork-Presbyterian Healthcare System），他們若不是「華生—加利可」，就是「蘋果遜」醫療系統的付費會員。

　　這些合資企業聰明地解決了醫療資料的問題。現在，谷歌、IBM和「蘋果遜」可以自由地存取你的生物資料，而你可以得到低價或免費的診斷。生病的時候，不用經過醫生開立檢查單。你現在可以檢測任何事項，這對你的身體健康的整體情況有直接的益處。隨便問一個美國人他們的正常體溫是多少，你

會得到個別的答案,而不是以往的標準答案攝氏三十七度。

　　雖然美國人終於可以取得價格實惠的醫療保健,但是現在大家卻得忍受一些奇怪的系統出錯,而結果證明這些問題正是系統所標榜的特徵,而不是程式的錯誤。如果舊型救護車沒有更新到最新的作業系統,那麼就不一定有辦法讀取病患的個人資料記錄,學校和夏令營保健室的情況也是如此。「蘋果遜」和「華生一加利可」醫療系統理論上可以讀取競爭對手醫院系統的個人資料記錄,但是通常會缺少很多派得上用場的脈絡資料。特別是在較小或鄉下的社區,醫生會發現,如果「蘋果遜」家庭出身的人出現在「華生一加利可」診所,看診的醫生就得好好回想他們在醫學院所受的訓練,反之亦然。隨著受過舊式傳統訓練的醫生陸續退休,愈來愈少年輕的醫生具備必要的知識和經驗,才能為系統不相容的病患看診。這是學習無奈的另一個例子,但是出現在最糟糕的情況下。

* * *

　　人工智慧也在其他生活領域出了奇怪的差錯。二〇〇二年,柏克萊開放式網路計算平台(Berkeley Open Infrastructure for Network Computing)的研究人員發現,如果我們有一些人允許自己的電腦在我們入睡時閒置,並貢獻電腦多餘的計算能力,

那麼所有志願者的電腦加總起來，可能可以模擬超級電腦的能力，用於科學用途。早期的實驗證明相當成功，有成千上萬的人將他們電腦閒置的處理時間，捐贈給世界各地各種有意義的專案，像支持「地震捕手網路」（Quake-Catcher Network）這種尋找地震活動的專案，以及「在家搜尋外星智慧」（SETI@home，全名 Search for ExtraTerrestrial Intelligence at Home）專案。到了二〇一八年，一些聰明的企業家已經想出如何重新利用這些網路，打造出零工經濟二・〇。自由工作者可以安裝「零工設備」利用空閒時間來賺錢，而不必幫 Uber 或 Lyft 開車。最新的零工設備允許第三方企業使用我們的裝置，來換取我們可以在其他地方消費的點數或真實的金錢。

　　就像早期的共享搭乘服務一樣，許多人離開了傳統的勞動市場，在新的零工經濟迭代中，發揮他們對物品的所有權。他們辭掉了工作，試著單靠出租設備謀生。這為配電網和網路電信業者帶來了龐大的壓力，因為他們無法滿足電力和網路流量的需求。現在網路超載和暫時性電壓不足的情況很常見，而且由於零工設備往往在人們睡覺時才會出現使用的需求，他們要到早上醒來，才知道錯失了潛在的賺錢機會。

　　仍然在傳統勞動市場賣命的人，已經開始使用人工智慧來優化他們的履歷與求職信，然而這又引起了另一個小差錯。以前可能有系統優先淘汰適任求職者的問題出現，現在這個問題沒

那麼明顯，倒是變成每個人看起來好像都極具競爭優勢。人工智慧系統挑出優秀的人選，但人事主管反而無法做出選擇，因為所有求職者似乎都同樣出色。因此，他們採取了最輕鬆自在的方式：因為選項的壓迫讓他們不知所措，於是白人男性選擇僱用白人男性。

在大多數大公司中，從前的職務等級瓦解，人事現在精簡到只剩兩個層級：熟練階層和高級管理階層。熟練的員工與人工智慧系統一起工作，並向人工智慧隨扈程式報告，因為整個中級管理階層現已被淘汰。在職場上，AI 隨扈程式會追蹤工作效率，你在工作區隨處走動時，隨扈會看著你，記錄與你閒話家常的人，還會記錄你的快樂、焦慮、壓力和滿足程度。它們是那些可怕的勵志海報的化身，提醒你「你比你想像的還要更勇敢」和「別被藉口打敗。」

* * *

各國政府並未準備好應對中層管理工作的大規模消失，如法律和金融等知識型產業工作，因為各國政府先前都把注意放在勞力或低技能的職業上，如駕駛、農人和工廠勞工。隨著人工智慧出現新的分支，也就是機器有了創造力之後，創意領域也同樣受到重創。平面設計師、建築師、文案和網路開發人員已

經變得多餘，因為生成對抗網路和更新的 AI 系統變得非常穩定且很有效率。同時，AI 也提供了某些大權在握的職位，像是營運長、財務長和資訊長。這劃開了一道巨大的鴻溝，愈來愈多的財富集中在組織的最頂層，讓我們看到數位種姓制度的出現。

* * *

另一個差錯：資訊污染。十年前，一系列訴訟和全面的國際法規導致網際網路分裂。現在我們的網路不再是單一的全球資訊網，而是變成分裂網，其中數位法規會根據當地法律和地理限制而異──這並非一朝一夕之事。一九九〇年代，當網際網路在從學術界和政府轉向私部門時，我們任它自由傳播，而不是像公用事業或金融體系受到監管。當時，對於如何使用我們在網際網路上產生的所有資料，立法者並未多做考慮規範。因此，當以前的過濾氣泡現象（filter bubble，又稱為同溫層）範圍擴大到以地理界線為準時，如今要我們遵守每項法規的改變已完全不可能。這麼一來助長了假新聞的推動與傳播，因為惡意分子使用衍生演算法，根據不同的地區散布不同版本的新聞內容，我們不知道要相信哪些消息，或者要相信誰。每一家世界上最令人敬佩的新聞機構都多次受騙，因為連訓練有素的記者也很難驗證全球領袖和一般民眾的影片；要判斷我們所看到的

影片是用 AI 製成的語音和臉孔，還是真人真事的影片，幾乎不可能。

* * *

還有一個差錯：沒有人預見人工智慧犯罪的浪潮即將來臨。範圍有限但功能強大的人工智慧程式，已開始在整個網際網路上製造麻煩。它們從事非法交易：假冒名牌皮包、藥品，還會盜獵動物來製藥（如犀牛角和象牙）。它們正在偷聽我們的社交頻道、閱讀的新聞，並用突然拋售的方式來滲透金融市場。在公共場所，它們意圖誹謗他人的人格和聲譽。我們開始擔心 AI 會入侵我們的個人資料記錄，竊取我們的生物辨識資料，他們不僅會偽造我們自己的記錄，而且偽造我們已繼承的記錄。這種無法無天的行為由現代黑手黨存心設計部署，它們是大規模、分散四處的組織犯罪網路，相關單位難以追查遏制。一些失控的 AI 是偶然造成的產物：它們只是進化了，而且開始以大家沒料到的方式行事。

這些問題也延伸到實體機器人。配備智慧相機和預測分析軟體的保全機器人動不動就會追趕有色人種。保全機器人沒有攜帶武器，但要是它們懷疑有人何違法犯罪，它們就會確實大聲喝令，並發出高亢尖銳的警報聲。在辦公大樓、飯店、機場和

火車站內，有色人種經常受到騷擾和羞辱，因為保全機器人誤判，把他們標註為可疑人士。

＊ ＊ ＊

G–MAFIA 與美國執法機構的關係並不融洽，因為雙方都想要存取我們的個人資料記錄。兩方非但沒有攜手合作，美國政府還威脅要告 G–MAFIA，試圖迫使他們分享資料，儘管企業沒有屈服政府要求的義務，不論是依照法律還是其他原因。雖然沒有人公開表明，但美國執法機構希望仿效中國一部分演算法監控和社會信用評分系統的風聲不斷。G–MAFIA 擔心消費者會強力反彈，所以繼續阻止政府讀取系統。

對於執法中演算法決策所牽連到的哲學和倫理問題，我們已經吵了十幾年，但還是沒有製定出任何標準、規範或規定。現在看來，我們面臨一系列沒完沒了的人工智慧犯罪，但是我們沒有懲罰的機制、沒有能關 AI 和機器人的監獄，定義犯罪的法律對於我們所創造的科技來說，並不適用。

美國的混亂和幻滅對中國而言完全正中下懷，中國不再只是一匹快追上美國的黑馬，而是令人生畏的勁敵與步步相近的軍國主義威脅。中國花了數十年的時間竊取美國的設備設計和防禦策略，如今這個戰術嘗到了甜頭。習近平正在進一步鞏固中

國軍隊的力量，特別著重程式碼，而不是傳統的戰鬥方式。舉例來說，中國為各種活動進行了美麗的燈光秀，如二〇一七年的「無人機燈光秀」慶祝活動、二〇一八年「春舞大西安」的無人機光影盛典，其實都是在演練群體智能（swarm intelligence，注：群體中智能體是相互影響的，群體能完成單個智能體所不能完成的事）。中國的軍隊現正使用強大的人工智慧無人機，集體在鄉村和海洋上空到處偵查。

中國透過其經濟強權、國民外交和展現軍事實力來實行新殖民主義，且成功殖民了尚比亞、坦尚尼亞、剛果、肯亞、索馬利亞、衣索比亞、厄利垂亞以及蘇丹共和國。中國正在建設基礎設施、部署社會信用評分系統，而且存取關鍵資源，以封鎖競爭對手，並支持這些國家快速增長的中產階級。中國現在控制著全世界超過七五％的鋰供應量，而鋰正是製作電池所需要的原料。中國重創了全球的薔薇木（rosewood）樹林，導致非洲血檀（Mukula）瀕臨滅絕，血檀是一種生長緩慢、產於非洲中部的原生樹種，有一陣子，它被砍來做成雕刻精緻的紅色茶几與宮椅。

沒有任何其他的外國勢力（美國、日本、南韓或歐盟也束手無策）有足夠的政治或經濟影響力，能阻止中國將特別經濟貿易區的範圍，擴展至南海、東海和黃海。全球貿易中有將近一半的物流都必須經過上述的區域，而且每一艘經過的船隻都必

須向中國政府繳交高額的稅款。

　　中國觀察家表示，即使北京政府控制了某些實體世界的資源，還是無法達成習近平制定的目標：在二○二五年成為世界人工智慧大國，但那些觀察家並沒有考慮到全面的情勢。多年來，中國強制性的技術轉讓協議、失去控制的限制市場行為，加上中國對歐美科技公司的大規模投資，證明中國的策略非常成功。中國現在稱霸先進科技產業，包括機器人科技、新能源、基因體學和航空，這些領域裡全都利用人工智慧，也靠人工智慧來發揮重要功效。雖然沒有公布的數據，但是考量到中國國家 AI 實驗室與百度、阿里巴巴和騰訊三巨頭，以及所有一帶一路的合作夥伴關係，專家認為，中國設法會在短短十年之內提升他們的人工智慧生態系統，使其總體價值超過五千億人民幣（約七百三十億美元）。

二○四九：美國六大巨頭剩五大巨頭

　　隨著時間演變和人工智慧的進步，九大巨頭出現了既深奧、又有問題的變化。如今，中國三巨頭都比以往更加強大，且仍步伐一致地與北京政府合作。然而，由於戰略合作夥伴關係和合資企業的轉變，原先 G–MAFIA 有六個成員，現在只剩五個：亞馬遜、蘋果、谷歌和 IBM 是最重要的四家公司；而微軟目前

正在為留存下來的系統和服務提供支援。

　　也許最令人驚訝的，莫過於臉書的發展了。臉書最終消亡的原因，與劍橋分析沒有太大的關係，也不是俄羅斯干預美國大選舉、揭露內情的事件。也不是因為我們臉書上的動態消息充斥更多的諷刺、仇恨、製造恐慌和政治陰謀理論，讓我們感到疲憊。而是臉書的商業模式漸漸過時，無法持續下去；一旦使用者退出，廣告商就不再把錢花在臉書的平台上，臉書也因此少了多樣化的收入來源。到了二〇三五年，臉書陷入了嚴重的財務困境。股東希望退出，機構和共同基金經理也嚇到了，市場開始不看好臉書，於是臉書被切割出售。資料被鎖在臉書網路內的所有人現在都非常擔心，因為我們的資料就這麼悄悄地被賣給某家企業集團。調查還在進行，但謠傳該集團實際上是一家中國的空殼公司。有可能所有使用者現在都成為中國社會信用體系的一員，而且我們都被追蹤了。

　　你和美國人一樣，也正在學習忍受持續、低生活品質的焦慮。這份美國全民的不安感常被拿來與一九六〇年代和一九八〇年代的核戰威脅相提並論，但這一次，我們不確定到底要害怕的對象是什麼。你不知道自己的個人資料記錄是否受到保護，也不曉得中國可能已讀取到哪些的個資。你不確定中國政府的駭客滲入美國的基礎設施系統到多嚴重的地步。你經常半夜醒來，想知道中國掌握你多少的底細，你上班會經過哪幾座

橋，供應你家的瓦斯管線是不是都被他們摸清了，以及他們計劃要怎麼運用這些資料。

　　我們沒有料到通用人工智慧已多樣化，各自有不同的目的和任務，它們既強大、又對人類價值觀漠不關心。事後看來，我們之前實在是太天真了。隨著亞馬遜、蘋果、谷歌和IBM的彼此合作、捉對結盟與發展壯大，他們並沒有定立全球的標準。幾十年前，世人從谷歌的Google Play商店替手機購買應用程式和遊戲，而且因為任何人都可以輕鬆地推出、販售應用程式，所以品質參差不齊。耗電的應用程式一籮筐，會搜刮、分享個資的遊戲也層出不窮，還有一堆讓手機使用感受變得悽慘的劣質廣告。而這就是當今我們在通用人工智慧中看到的情形，只不過後果更糟。有一些通用人工智慧假裝遵守為它們制定的協議，但隨後就選擇使用新指令來改寫這些協議。即使它們的設計者沒有明確地把程式寫成要去這樣做，有些通用人工智慧也會白我提升到這個程度。有些通用人工智慧還會再生、駭進其他的通用人工智慧，並掠奪它們為了實現目標所需的資源，無視此舉對更大的生態系統可能會產生的影響。

　　為了應付惡劣的通用人工智慧，「蘋果遜」和谷歌—IBM的研究人員正在部署「襁姆」通用人工智慧來監督其他系統。襁姆通用人工智慧有一套明確的協議：

- 調查和分析其他通用人工智慧，看它們是否違反了它們的原始目標。

- 對於所有行為不端的通用人工智慧，要建立詳細的日誌以及它們的整體歷史記錄（例如設計它們的人、系統修改的時間，以及由誰修改、修改了什麼地方）。

- 找出參與開發的原班人馬，並通知他們系統違規的地方。

- 在寬限期（時間長短取決於通用人工智慧違規的嚴重程度）之後，有失控行為的人工智慧一律停止使用。

- 永遠不准修改系統自身的目標。

很明顯，「蘋果遜」和谷歌—IBM 都試圖控制開始失控的系統，但現在除了「蘋果遜」和谷歌—IBM 的生態系統之外，褓姆通用人工智慧並沒有被廣泛採用。歐洲議會使用先前針對谷歌和微軟的反壟斷法裁決做為先例，聲稱褓姆通用人工智慧只不過是這些大公司背後的企圖，是他們扼殺企業家和打壓競爭對手的手段，所以歐盟成為第一個禁止褓姆通用人工智慧的國家。即使研究科學家懇請主管機關批准這類專門的通用人工智慧，來幫助遏制他們所知道的嚴重新問題，美國國會也反對科技巨頭，禁止他們在美國境內使用保姆通用人工智慧。那些對於褓姆通用人工智慧的裁決實在是目光短淺，只會造成大眾對「蘋果遜」和谷歌—IBM 的不信任——否則褓姆通用人工智慧原

本有可能成為我們個人資料記錄的良好監管系統。

＊ ＊ ＊

　　你的房子已經成了行銷的大容器，不斷受到廣告行銷的侵入。只要有螢幕的地方，你都會看到為你量身定做的廣告影片：像是浴室和衣櫃中的智慧鏡子、口袋裡放的可伸縮螢幕，他們連你必須安裝在家中、用來阻擋強烈太陽高溫的智慧窗玻璃也不放過。你在自己的家中無法自在，這可是你曾經感到最舒適、最放鬆的小天地。

　　這種不信任使我們的醫療保健系統特別令人害怕。「蘋果遜」和「華生—加利可」的醫療系統在人工智慧和醫學方面有了極大的進步，它們都從二〇一四年巴西世界盃首次亮相、由心智控制的機器人獲得了靈感。杜克大學的神經科學家尼科利斯（Miguel Nicolelis）已經想出了如何融合心智和機器的方式，而且他的工作激勵了其他人，把腦機介面的產品推出到市場上。在一些高科技的辦公室，公司鼓勵員工佩戴電子頭帶，並把他們的心智與通用人工智慧聯繫在一起，來解決困難的問題。不是每個人都對這種高科技形式的集體智慧感到滿意，因為這必須要讓資料通過「蘋果遜」或「華生—加利可」，現在它們簡直可以直接看到我們的腦袋在想什麼。

「華生―加利可」與一所著名的紐約大學合作，發展了圖靈較鮮為人知的形態發生（moirphogenesis）理論。圖靈認為，一系列化學物質可能會發生相互作用，而這種反應會在一系列的細胞中擴散開來，進而改變其中的一些細胞。經實驗證明，圖靈是正確的。通用人工智慧系統被用來發現複雜多細胞生物的不同途徑，且更進一步導致增強人類的出現，我們稱之「人獸嵌合體」（human-animal chimera）。

　　最初，人獸嵌合體的目的是為了創造出能存活的人體組織，做為移植用途，因此我們使用豬和羊來人工生長出可採用的肝臟、心臟和腎臟。研究人員還開發了腦類器官，與構成我們人類大腦的組織完全相同。這原本是前景可期的工程，直到我們察覺到，通用人工智慧被用來開發具有其他特徵的人獸嵌合體，例如植入人腦組織、發展出低度智商的豬，以及擁有狗的嗅覺能力的人類新生兒。目前還沒有人討論（或判定）嵌合體特質的含義，但這可會隨著基因遺傳下去。如果一名具有超感官能力的人，和另一名也修改過感官能力的人生了孩子，會發生什麼事？

* * *

　　最令人擔憂的是，中國決定重新利用通用人工智慧和腦機介

面幫助病人恢復他們的身體機能，以獲得戰略軍事的優勢。它被用來提高中國解放軍的認知能力，這些士兵大多都在黑暗的地下防空洞工作；在美國和歐盟，這種實驗和科技的運用嚴重違反道德法。

由於中國推動殖民、擴張經濟區、肆無忌憚地使用通用人工智慧，我們開始看到西方文明和民主理想實際的衰落。我們經濟的發展狀況危急，因為房市、建築支出、食品和零售業績等傳統指標都在逐季衰退。

甚至連「蘋果遜」和谷歌─IBM 也終於出現營收下降，他們普遍對自身的未來憂心忡忡。當他們努力與監護型通用人工智慧一起徹底檢查我們的個人資料記錄時，雙方都注意到日誌系統中的奇怪噪音。有些程式碼的片段不太對勁，有些處理和發送個人資料記錄的通用人工智慧失靈了。在一次罕見的合作中，「蘋果遜」和谷歌─IBM 共享他們能看到的內容，希望能攜手確認問題出現的地方。在我們的家和辦公室，燈會隨機關閉；我們的智慧眼鏡會停止間歇型的運作；我們的通信衛星偏離了軌道。

雖然我們沒有聽到戰火的聲音，但我們知道有人發動了攻擊事件，中國已對美國發動了戰爭。

二〇六九年：美國被數位化佔領的地區

　　事實上，我們意識到，中國已經發展了新一代的通用人工智慧，具有前所未有的超強能力。如果沒有裸姆通用人工智慧監視失控的通用人工智慧，中國就能夠建立、部署好一套可怕的系統，來控制地球上大多數的人口。如果我們不遵守中國的要求，他們就會切斷我們的通訊系統；如果我們不讓資料管道朝著中國共產黨門戶大開，他們就會關閉我們的關鍵基礎設施，比如我們的發電廠和空中交通管制。

　　你是在中國數位化佔領地區的美國居民，你的交通運輸、銀行、醫療保健系統、電燈開關和冰箱都可以由中國控制。

　　最初，中國以非洲的殖民統治為制霸的開端，憑藉著人工智慧的推動與發展，如今中國成了獨霸全球的新興帝國。人類正瀕臨可怕的超級人工智慧，這種超級人工智慧是由那些與我們大相逕庭、沒有共同民主價值觀和理想的國家，所發展出來的。

第 7 章

中國人工智能王朝：
災難的情境

> 「世界不是砰的一聲終結，而是在飲泣聲中結束。」
>
> ——T‧S‧艾略特（T. S. Eliot）

　　到二〇二三年，我們已經對人工智慧的發展軌道視若無睹。我們錯過了所有的徵兆、忽略了警示跡象，也未能積極規劃未來。我們幫助九大巨頭互相競爭，因為我們沉迷消費的慾望，不斷購買最新的玩意兒和裝置，慶祝每個記錄我們聲音面孔的時機，並上傳到不斷吸取我們資料的開放管道。當我們的孩子與亞馬遜聊天時，我們分享了語音助理 Alexa 出錯的搞笑烏龍影片。我們要求電視掃描我們的臉，卻從不質疑電視為什麼需

要、或想要掌握我們的詳細資料。每次谷歌推出有趣的新計劃，我們都熱切地參與，渴望跟上網紅和最新的迷因（meme）潮流，無論谷歌要把我們的身體連結運用到照片上、把我們的面孔連結到畫作上、把我們的聲音連結到名人身上、把我們的指紋傳給遙遠國家的人運用，還是要我們掃虹膜來辨識祖先的起源，我們照單全收。AI 聚落一直把多元化的重要性掛在嘴邊，這是他們的口號。他們在專題演講和會議上、在求職面試和董事會開會期間，透過署名的評論文章和推文中，一次又一次地說著這個口號。他們在大學的簡章中說著這個口號，他們把口號寫在漂漂亮亮的海報上，掛在電梯裡、貼在辦公室的走廊上。人工智慧的主要成員是白人，大部分都是經過訓練，能在課堂、實驗室和工作場所背誦口號的男性聚落。他們沒有做出艱難的選擇和改變，只是堅持口號，並承諾改變即將來臨。而口號的確發揮了它的目的：消除腦海中的負面想法，讓 AI 聚落更加自我感覺良好。AI 聚落的大師們把口號傳授給每一批新的門徒，他們在重複的傳承中感受到了極大的成就感。

這個口號在 AI 聚落的舒適圈中迴響，讓他們相信自己正在促進包容多元，然而事實根本相反。他們捍衛各種多元化，例如政黨、宗教信仰、性向和性別認同、種族和族群、經濟地位和年齡，但並沒有認真考慮包容。我們明明本該透過終身職位、研究團隊的頂尖運作、G–MAFIA 的管理角色等多方招募管

道，讓 AI 領域中有寬闊、多彩的人類光譜（還有他們的價值觀），但我們沒有看到任何變化。

＊ ＊ ＊

隨著聚落的世界觀愈來愈缺乏遠見，我們已經看出，問題變得愈來愈複雜。意外事故和錯誤正在增加，就像電腦視覺系統誤判情況，把犯罪歸咎給有色人種一樣。監控的情況擴大，同時也變得不那麼明顯。我們的個資與我們在工作中所產生的資料，當中的界限模糊不清，至於誰可以使用我們的資料、什麼時候可以使用，標準也不清不楚；人工智慧系統的透明度逐漸消失。（這並不是說在一開始時，透明度做得很好。）

G–MAFIA 是你個人資料記錄的唯一所有權人，記錄涵蓋你在各個方面所經過的痕跡：你在電子郵件中寫的內容、傳給你孩子的簡訊、以及你在搜尋完美書桌椅時的數位足跡、你的指紋和臉部的獨特輪廓、你走過的地方和跑步的速度、你在雜貨店碰到的人、你是否患有流感，以及你正在服用什麼藥物。演算法使用這些資料為你做出決策。它們判定你在預購機票時，是否可享折扣優惠，它們幫助或阻止你找到工作，使你有資格買房或買車，幫你配對第一次約會的對象，並告訴醫生你飲酒、吸煙和運動的量是否不實。即便我們不完全信任谷歌、亞

馬遜、蘋果、臉書、微軟和 IBM 這幾間公司，但因為我們喜歡他們的產品，他們就擁有了這些資料；這些公司對我們的個人資料記錄實際上掌握了多少，我們也不得而知：這是美國版的中國社會信用評分系統。

我們發現自己淪落至數位種姓制度，人工智慧不僅根據我們一直以來的生活方式做出選擇和判斷，而且還會牽連到我們父母和親屬的個人資料記錄；財富再也無關緊要，社會地位是由「做最好的自己」來決定的，所謂的「最好」，是在很久以前，由相對少數的程式設計師定義出來的典範，他們認為有機生酮飲食、中午做瑜伽、定期去整骨才是優化生活方式的關鍵。如果你沒有每週做一次紅外線桑拿浴，那麼你綁定 AI 系統將在你的個人資料記錄中，記錄違規情況。而這種不守規矩的行為，不僅會影響你個人，還會連接到你認識和與你相關的每一個人。你的同伴若沒有做對，你也會受到連累。

* * *

在不久的將來，亞馬遜和 IBM 將說服美國、英國、德國和日本政府開放讀取一小部分國民的健康資料。由於之前的反壟斷法訴訟，蘋果、谷歌、微軟和臉書這幾間公司將在歐洲度過更艱難的時期，但是亞馬遜和 IBM 早期的實驗將證明自己對政

府機構大有裨益，也為整個 G–MAFIA 帶來更有利可圖的合約。

＊ ＊ ＊

　　早在二〇〇八年，當世上有部分地區因房地產泡沫而陷入金融危機時，中國相當樂意從拉丁美洲國家購買鐵、石油和銅，實際上在暗中保護這些國家免受嚴重損害。當油價在二〇一一年下跌時，中國也伸出援手投資、幫助拉丁美洲紓困。[179] 二〇一三年，中國在巴西海域進行聯合軍事演習，並於二〇一四年在智利海域再次進行軍演。[180] 二〇一五年，中國國防部與來自十一個拉丁美洲國家的官員舉行了為期十天的軍事後勤論壇，並在此之後的幾年裡，邀請拉丁美洲國家的軍官來中國進修。[181] 在美國政府從世界舞台上縮編撤離之際，中國不斷擴張，也在東南亞、非洲和拉丁美洲各地展開協議。

　　中國在拉丁美洲建立了十年穩定的關係之後，現在是由中國（而不是美國！）提供委內瑞拉、玻利維亞、秘魯和阿根廷這幾個國家中國的軍事裝備，包括飛機和武器。[182] 中國有理由在美國的整個後院建立基地。在巴塔哥尼亞（*Patagonia*，注：南美洲最南端的區域，大部分為阿根廷領土，少數地區屬於智利），中國建造一個軍用天線和一個太空控制站，並在阿根廷西北部建立了一個衛星跟蹤中心，[183] 這些活動全都牽涉到人工智慧。

現在，決策者和立法者都未能在中國、美國和人工智慧之間建立連結的關係。中國在習近平的統治下，各種國家支持的特別計劃、快速成長的經濟，以及中國三巨頭的成功都是勢不可擋的隱形力量。白宮與美國國會都沒看到中國已向好幾個國家伸出魔爪、步步逼近，像是坦尚尼亞、越南、阿根廷和玻利維亞，特別是經濟和 AI 這兩方面。美國政府拒絕承認，中國正在建立一個以資料、AI 基礎設施、地緣政治和全球經濟為基礎的二十一世紀帝國。而這個嚴重誤判，將來會令我們所有的人都悔不當初。中國人民正在學習容忍自動化監控和行徑越軌的後果。犯罪率下降，社會動盪受到抑制，中產階級和上層階級暫時維持現狀。他們可以有奢華服飾、手提包、名牌家具，還有他們父母及祖父母從未想像過用來炫耀的轎車。中國政府承諾要讓所有中國人脫貧。至少現在看來，隱私、宗教自由、性別認同和言論自由似乎是獲得理想社會信用評分的合理交換條件。

　　美國政府領袖沒有花足夠的時間學習理解 AI 是什麼、不是什麼，以及為什麼重要的原因。除了那些「人工智慧會破壞生產力和就業機會」的老生常談之外，華盛頓特區的政治人物也完全沒有付出任何努力，讓 G–MAFIA 參與人工智慧其他緊迫問題的認真討論，例如國家安全、地緣政治平衡、通用人工智慧造成的風險和機會，或 AI 在其他領域的交集（如基因體學、農業和教育）。

白宮對人工智慧完全沒有戰略的方向，實際上，他們與科學／科技公開為敵，他們只顧著下次大選週期的重要事項、心心念念著星期天早上的政治節目中，哪些題材會受到青睞。

　　無論是 G–MAFIA 這幾間公司，還是公司的主管都沒有故意要陷民主於不利。但是，保護美國成為主導全球的超級大國、確保民主理想受到維護，並不是他們企業價值的核心。從二〇一〇年初開始，谷歌前任執行長史密特在人工智慧時代，為推動美國軍方和政府的準備工作堅持不懈地努力，著實令人欽佩。在這個新科技時代，史密特的所作所為不是在替谷歌贏得政府合約，而是在關心美國的國家安全和軍事準備。但這項事務不太尋常，所以矽谷質疑他的動機。其他 G–MAFIA 領袖非但沒有跟隨著他的腳步，他們還對史密特的抱負抱持著懷疑的態度。所以除了史密特之外，G–MAFIA 的領導階層都沒有仔細考慮人工智慧在中國崛起中所扮演的角色，而中國可能是繼任美國的超級強國。

* * *

　　G–MAFIA 與政府機構或軍事單位之間沒有戰略合作，除非有什麼利潤豐厚的合約出現。G–MAFIA 同意軍方和政府秘密、過時的採購政策，但這並不會加速 AI 的發展，來符合我們的國

家利益。如果真要說有什麼區別，它會凸顯矽谷和華盛頓特區之間的文化差異，減緩現代化的進程。少數為創新而成立的政府機構，如美國數位服務小組（US Digital Service）、美國陸軍未來司令部（United States Army Futures Command）、國防創新合作單位（Defense Innovation Unit Experimental，簡稱 DIUx）、國防創新委員會（Defense Innovation Board）等等，這些特別計劃早期都很脆弱，並且隨著政黨輪替搖擺不定，隨時有可能資金被終止或裁員。華盛頓認為他們與 G–MAFIA 的關係是交易性質的，立法者和白宮都沒有老老實實地付出努力，與 G–MAFIA 的高階主管好好建立關係，就人工智慧議題結為長期的盟友。G–MAFIA、美國軍方和政府各顧各的，從來不為國家利益而融合。

美國人憑著自尊心和老習慣，不斷地妨礙自己與中國建立共識的管道。美國政府官員、貿易代表、記者、科技專家和學者就中美兩國和 AI 的話題，已經討論到令人生厭的地步，他們堅持自己長期以來懷抱的信念，不為其他現況提供轉圜的空間。常見的懷疑論者認為，就算中國共產黨取消任期限制，習近平也不會掌權很久；一旦他退位，中國所有的長期人工智慧計劃都將消失。對這種看法，常見的批評者提出反駁：習近平將團結他的人民和政黨，無論他會不會早逝、或將職位交給繼任者，中共都會因此而變得更強大，並且 AI 計劃會實行到最後。於是兩派人馬就如此不斷反覆辯駁：中國的產業政策對美國完

全起不了作用／這些政策將導致美國經濟崩潰；中國的軍隊對西方世界構成生存威脅／這不過是個浮誇的故事，沒多久就退了流行、聽膩了；我們應該把時間和金錢投入到國家人工智慧戰略上，因為我們知道，中國的計劃可能會失敗／我們更聰明一點，把時間和金錢省下來，採取觀望態度才是上策。不過，每個人似乎都同意這一點：如果美國真的遇到麻煩，G–MAFIA將被迫向我們伸出援手。

我們的決策者、民選官員和智囊團整天都在提那些一成不變的陳腐論點，但卻不採取任何行動。他們陷入了停滯狀態——因為在美國，如果沒有強力干預，很難擺脫追求利潤的驅動力。

* * *

我們以前曾聽過很多次停滯的故事。我們維持現狀，討論吸菸造成癌症的確鑿相關資料，同時卻繼續把香菸行銷成女性的時尚配件、工廠工人的興奮劑，以及做為病人的治療藥物。我們對氣候變化沒有採取行動，只會一遍又一遍地爭論用字遣詞；如果是全球暖化，為什麼還這麼冷？我們聽任時程的辯論，一九七〇年代令人擔憂的主張，到了一九九〇年代變得可怕，然後在二〇一〇年代變成末日說——但我們仍還在這裡，活得好的的。誰說未來的事情全都會變那麼糟！

系統式的改變會有滾雪球般的效應，且要經過數十年的時間才能建成，而非幾天就可了事。等我們意識到停滯是個錯誤的行動方針時，為時已晚。

二〇二九年：被系統鎖定行動？

在過去十年中，你一直受誘去購買各種智慧科技和 AI 系統，現在所有設備的標配都內建人工智慧系統。你的冰箱會追蹤裡面的食物；你的洗衣機，甚至是洗衣店裡的洗衣機，都會追蹤你的髒衣服進度，洗衣行程一結束就會推播提醒你；在火雞烤焦之前，你的烤箱會自動關掉電源。

但這其中暗藏了一個你沒看到的問題：你沒有權限凌駕本應「很得力」的人工智慧。你為 NFL 超級盃派對買了一包包冷盤肉和起司、一盤盤的紙杯蛋糕和好幾箱六罐裝的啤酒，等你把所有這些東西都放入與網路連線的冰箱後，你的個人資料記錄上立馬會增添一筆記錄。分量和卡路里的數字超過了你的家庭人口，因此人工智慧總結，你們打算大吃大喝。大概過了午夜，你可能原本計劃在第二天早上上班之前，及時洗完一大堆的衣服、把衣服放入乾衣機後再出門，但洗衣機的 AI 並沒有考量到你想睡的慾望。它發出警報聲，並且重複不停地推播提醒你，該把衣服放在乾衣機裡了。你想自己從頭開始製作火雞肉

乾，但是烤箱不准你這麼做，因為它的 AI 程式設定的目標是做出香嫩多汁的肉，沒得商量。（或者如果負擔得起，你可以付錢解鎖，讓烤箱升級到能烤肉乾。）

有一些家庭經歷過人工智慧故障的慘案，尤其是廚房的電器，通常會在早上發生。控制面板會間歇性地暗掉，不幸的是，電器的門會被鎖住，讓你沒辦法吃早餐。洗碗機會在洗程中突然停止，讓玻璃杯和銀器浸泡在滑膩膩、充滿油汙的水中。智慧音箱的音量也會突然飆高，因此你無法與家人一邊聊天一邊吃穀片、喝咖啡。你和上萬名消費者都會舉報故障的情形，每次 G–MAFIA 都會指派幾名產品經理去研究到底出現了什麼問題。科技記者將這些故障歸咎於「人工智慧有時候就是會怪怪的」。

起初，故障似乎沒不那麼常見，發生得也很隨機。因此我們都怪谷歌、蘋果和亞馬遜的產品有缺陷，客戶服務還很糟糕。後來，網路安全專家才驚愕地發現，所有故障實際上環環相扣。它是一種新的「物聯網」攻擊，起源於中國，透過機器學習來發動。中文有個詞叫「被困」（發音類似於英文的「培根」，bacon），而這些駭客在中國政府的支持下，在美國的早餐時間發動「培根」攻擊，並在我們的人工智慧設備中，實際地困住我們的食物、飲料和餐具——這招其實還滿聰明的。他們的目的只有一個，而且城府很深：讓我們不信任 G–MAFIA。

＊＊＊

　　微軟和 IBM 仍然存在，但他們在 AI 領域只算小咖。微軟曾一度在電腦視覺、機器閱讀理解和自然語言處理方面發表了領先業界的研究，卻從未成功地在內部組成一股上下一條心的氣勢，在人工智慧領域競爭。現在，微軟正在縮編，主要為原有的系統提供客戶服務，像是原始的雲端服務平台 Azure Cloud、共同作業軟體 SharePoint、Skype 和 Outlook 剩下的使用者。雖然 IBM 的超級電腦「華生」找到了合作夥伴和客戶，IBM 雲端服務的排名一直落是亞馬遜和微軟之後，是遠遠落後的第三名；一旦谷歌開始為政府和大公司提供具有競爭力的價格，IBM 的雲端服務就會急遽縮水。IBM 其他業務部門例如資料中心、儲存設備和半導體，已經無法與台灣的公司競爭，因為台灣成為全球最大的供應商。對於台灣公司而言，即使北京限制台灣人的思想自由與行動自由，中共的「一中原則」也可以說成是台灣重要的市場優勢。中國的產業政策有效地阻止了 IBM 在世界許多地區發展業務。

　　至於臉書呢？經過多年的承諾，臉書加強了平台的安全性，並提供更好的透明度，解釋他們會如何與其他企業分享我們的資料，大多數的原始使用者已轉移到其他平台。α 世代

（Generation Alpha）的孩子（注：二〇一〇年後出生）可能早有一堆照片散布在臉書上，但他們從未自己開啟帳號，臉書正慢慢步上 MySpace 的後塵。

由於互通操作性仍是西方人工智慧生態系統的關鍵弱點，到了二〇三五年，我們將習慣這幾個系統實屬完全隔離這回事。我們的裝置連接到谷歌、蘋果或亞馬遜，因此我們漸漸地只會購買這三家公司提供的產品和服務。因為我們可繼承的個人資料記錄會由其中一家公司擁有、管理，這些公司也向我們販售居家的所有人工智慧設備，於是，我們被分成谷歌家庭、蘋果家庭或亞馬遜家庭，而這三個名稱都伴隨著意想不到的偏見。

蘋果家庭往往比較富裕，年齡層也較高。他們買得起所有蘋果時尚又美觀的硬體產品，有三種顏色可供選擇：貴金屬鈀金的銀白色、優美的鋨灰色或奢華貴氣的縞瑪瑙黑。蘋果的智慧眼鏡、智慧馬桶和客製化定製冰箱延續了公司悠久的傳統：價格不菲，開箱即用。蘋果的個人資料記錄配有語音界面和兩種舒緩的聲音選擇，朱斯特（Joost，具有「中性的較高音調」）或戴法（Deva，具有「中性的較低音調」）。但方便是要付出代價的，蘋果的 AI 無法改寫。在蘋果家庭中，你若要開空調，就不能把門開著超過一分鐘，否則系統會開始不斷發出嗶嗶聲。如果燈泡中的感應器偵測到足夠的日光，蘋果系統會把燈光的開關鎖住。

幾十年前，我們在二〇一八年德州奧斯汀舉行的「西南偏南音樂節」（South By Southwest Festival）上看到了谷歌數位家庭的展示。當時的標語是「交給谷歌來做」（Make Google do it），外型亮麗的導覽員帶著一小群參觀者，在三層樓的房子裡與人工智慧設備的螢幕和網路連線的冰沙雪泥機進行互動。谷歌系統操作上沒那麼直覺，但是他們把我們的個人資料記錄運用得更好，並提供不同程度的服務和讀取功能。對於那些能夠負擔升級費用、具有足夠科技知識的人，谷歌的綠方案讓家庭能夠手動解鎖他們的系統，而且他們可以連接各式各樣的東西到自己的家中，例如咖啡機、3D 印表機和室外的澆水系統。參與谷歌綠方案的家庭也可以選擇退出廣告行銷，儘管他們的資料仍然會被收集，並傳送給第三方。谷歌藍方案是另一個經濟實惠的選擇，搭配有限的解鎖權利和一些額外的權限，但藍方案的家庭仍然會收到行銷宣傳。谷歌黃方案是最低階的選擇，它是免費的，但是使用者沒有覆寫權限，裝置和家電的選擇不多，且資料保護程度有限。

亞馬遜朝著一個滿有意思，但最終也有利可圖的方向邁進。亞馬遜在二〇一八年秋季發表了一些聲明，基本上沒有引起太大的注意，像是他們推出了亞馬遜微波爐（Amazon Basics microwave），微波爐的界面上有一個啟動語音控制的按鈕。使用者可以在微波爐中放一袋爆米花，然後按下「告訴 Alexa」的

按鈕，叫語音助理 Alexa 把爆米花爆好。科技記者紛紛看衰這款微波爐，認為這是 Alexa 既特異又愚蠢的雞肋用途；我們也跟著忽略了亞馬遜背後更大的意圖：這個系統實際上是為了讓我們迷上訂購爆米花而設計。微波爐會跟蹤我們在加熱的東西，以及我們在亞馬遜平台上訂購的東西。在你還沒有機會用完東西之前，新的就會寄來了。

　　因為亞馬遜在這方面手法最聰明，他們與聯邦、州和地方政府合作，讓相關單位能在亞馬遜網站上享有大幅折扣，耐心地完成採購要求，以及專門為單位建立和維護雲端服務。這麼一來，亞馬遜就成為特定美國社會服務機構的首選平台。亞馬遜也因此發現要如何借助政府資金的長尾（注：那些原來不受到重視，銷量小、但種類多的產品或服務，由於總量巨大，累積起來的總收益超過主流產品的現象），從中獲利。

　　如今，低收入家庭住在亞馬遜住宅，這種住宅取代了美國市政府資助的公共住宅計畫。透過各種措施，亞馬遜住宅比以前政府規劃提供的任何公共住宅都好得太多了，每間房間都裝有連線的設備。以前的補充營養援助計劃（Supplemental Nutrition Assistance Program，以前稱為食物券計劃）目前由亞馬遜主辦，對自家品牌的家居產品、食品和飲料、盥洗用品和書籍，提供超優惠的折扣。不出所料，這個計劃的運作天衣無縫。分配的資金從不會晚發，要查詢帳戶的狀態也很容易，所有的交

易都可以線上完成，無需大老遠跑去政府辦公室大排長龍領取補助。那些住在亞馬遜住宅的人，必須透過亞馬遜購買他們大部分的東西，同時他們的資料也被亞馬遜搜刮、被當產品來賣，並通過各種特別計劃讓亞馬遜獲利。亞馬遜的人工智慧最為普及，跟隨亞馬遜家庭到蒐集有價值的使用者行為資料。

* * *

　　人工智慧框架和系統之間缺乏互通操作性，世人由於個人資料記錄與居家 AI 設備系統的不同而被隔離開來，也造成了現在的數位種姓制度。透過選擇了谷歌、蘋果或亞馬遜，你被迫讓你的家庭價值觀與選擇的公司價值觀站在同一邊。蘋果家庭相當富裕，也許對人工智慧沒那麼熟悉，他們住在很有品味的房子裡。谷歌家庭可能滿有錢、可能是科技迷；或是中產階級，能可以接受行銷宣傳；或已經對生活了相當滿意，所以不在意生活中有沒有很多選擇。至於亞馬遜家庭，實在沒什麼字眼能把話說得好聽些：他們很窮，即使他們可以免費使用酷炫的玩意兒。

　　每個家庭都被鎖定在他們的個人資料記錄中，且這種指定標籤會一直跟著他們。對於谷歌黃方案的家庭來說，要移植到藍方案甚至是綠方案，都比亞馬遜家庭要移植到蘋果系統容易太

多了。這就是大多數家庭在可以選擇時，會加入谷歌的原因。所有與你互動的 AI 系統，都可以看到你的狀態。像 Lyft、Uber 和 CitiCar 這樣的自駕計程車服務，載到亞馬遜乘客的頻率就比較低，而且派去接他們的車種，往往也沒那麼好。Waymo（注：Alphabet 公司旗下研發自動駕駛汽車的公司）的車只載送谷歌使用者。對於綠方案會員，汽車會預設成乘客喜愛的溫度和環境照明設計，並照著乘客所選的路線行駛；黃方案會員在整趟車程中都要收看廣告。

* * *

廣告不是谷歌黃方案會員唯一頭痛的問題。谷歌藍方案、黃方案會員和亞馬遜家庭收到的所有補貼（或免費）小工具、電器和設備都有一個缺點：無法切斷 AI 健康保健管理程式的連結，這些程式會持續監控、診斷和輕推。在設計健康保健程式時，電腦科學家必須用嚴格的標準定義健康和保健。現在，AI 早期聚落的集體價值觀就是單純時代壓迫人的象徵，因為要是沒遵守健康保健的隨扈程式，會導致一連串的後果。

還記得幾年前的亞馬遜無人置物櫃嗎？你用它來代收你在亞馬遜應用程式和網站上訂購的所有東西。這些無人置物櫃進入了亞馬遜住宅。美國衛生及公共服務部（US Health and Human

Services Department）認為，輕推窮人是改善健康保健的聰明方式，因此該部門發布了新政策，要求所有公共住宅的住戶都要安裝「置物櫃」科技。置物櫃可能看起來像個普通的食品儲藏間、冰箱門和衣櫃，但它們就像人工智慧的陪審團一樣。如果亞馬遜住宅住戶當天沒有去運動，那麼置物櫃系統將決定關閉冰箱，不准她吃冰淇淋。

* * *

在蘋果、谷歌和亞馬遜家庭之外，帶給我們樂趣的東西，現在也讓我們感受到負面的影響。高科技妓院配備了人工智慧的性愛機器人，它們的社會接受度也滿高的，因為它們提供了乾淨、無性病的替代方案。妓院在它們自己的平台上運作，要有會員資格才能使用，你可以替 AI 性愛機器人建立和培養個性。（如果你負擔得起高級套餐，還可以培養多重人格）。你只需要選擇一個身體，並注視它的眼睛，微小的智慧相機就會掃描、辨識你的臉孔。一旦你的機器人床伴醒來，它們會和你聊天，好像早就認識你一樣，它們會回應你每一個渴望和要求。你會發現和普通人的正常性生活，讓你徹徹底底失望。

* * *

異族通婚並非不可能，偶爾會有亞馬遜家庭和蘋果家庭聯姻，但是古人說的「異性相吸」已不再適用。現在我們所有人工智慧的約會服務，都會根據我們的個人資料記錄和狀態替我們媒合對象。一方面，我們不會再有選擇障礙的困擾，因為約會 AI 已經大大減少了可能追求者的選擇。然而，從前那些獨特有個性的選擇（如老少配），或與父母反對的人談戀愛，現在不太能出現了。美國社會開始像赫胥黎筆下的烏托邦世界，讓人不安；我們與跟自己同類的蘋果人、谷歌藍人或亞馬遜人，相識、結婚，生兒育女。

＊　＊　＊

　　正如之前預測的那樣，人工智慧和自動化開始消除人類的就業機會，消失的工作遠遠超出我們的預期。廣泛的「技術性失業」（technological unemployment）潛伏已久，現在問題確實出現了，但根本不是我們想像的那樣。我們為失業的卡車司機、工廠工人和粗工工人做好了準備，但我們的預測完全錯誤。我們一直以為機器人會接管所有的藍領工作，但事實證明，要建造出能夠完成所有體力活的實體機器人比我們想像的要困難得多，替認知型任務編寫、複製程式還比較容易。諷刺的是，再也不需要知識型人員。

因此，美國及其盟國都急缺藍領工作人員，我們本來以為他們的工作會消失，於是我們也根本沒有栽培技術夠好的水電工和木匠。機器人無法提供我們想要的人情味，因此我們也迫切需要按摩師、美甲師、美容師和理髮師。我們也經歷到針對自動化的強烈排斥，大多數人都不想讓機器咖啡師來沖他們的咖啡，也不想給機器調酒師調製雞尾酒。不管喝哪一種飲料，我們都希望有人類相伴。我們著重以 STEM 為首（注：STEM 為科學〔Science〕、科技〔Technology〕、科技〔Engineering〕與數學〔Mathematics〕的縮寫，強調跨科技整合學習）的教育，卻犧牲了人文學科和職業課程，偏離了正確的方向。繼承地球的是藍領工人，而不是溫順的電腦科學家與科技迷。書呆子寫程式，寫到自己工作都丟了。

* * *

無意之間，谷歌、亞馬遜和蘋果在人工智慧領域創造了三大強權，導致了大規模的整合。在美國，以及美國遍布全球的所有貿易盟友中，我們擁有引人注目的新產品，但可以選擇的廠商非常少。例如，你可以付費升級到「全視線」智慧眼鏡，這款眼鏡可以讓你超越人類視覺的生物極限，但只有兩家公司有生產：谷歌和蘋果。如果你不喜歡他們的設計，或者他們的眼

鏡和你的臉型或耳朵的獨特形狀不搭，那你就倒楣了。任何你想得到的東西亞馬遜都有賣，但日常必需品都是亞馬遜自有品牌的商品。在世界各地的民主國家，有大量的東西可供我們購買，但市場的多樣性和選擇則受到嚴格的控制。即使我們有錢可花，但我們的購買力很薄弱。奇怪的是，這讓我們回想起舊蘇聯。

Salesforce 管理顧問公司從事客戶關係管理和雲端計算，很早就與谷歌、亞馬遜和蘋果合作，為我們的個人資料記錄建立了教育模組。現在，象徵著一九八〇和一九九〇年代美國教育的嚴格測試與能力分班，再度流行了回來。在上幼稚園前，我們的認知能力就會被檢測，而且我們一生的學業成就和深造進修都會被追蹤。

度量和優化一直是 Salesforce 的核心價值，現在它們也成了美國教育的核心價值了。我們的教育領袖擔心，我們積累的資訊現在已經派不上用場，因此撤銷了共同核心課程，轉而採用新的東西。隨著美國勞動力陷入危機，學生在幼稚園入學考試期間就被分為兩類：職業組或管理組。職業組學生接受跨學科的敏捷訓練，而管理組學生則接受批判性思考和管理方面的訓練。由於大多數中階主管和入門知識工作者現在都是人工智慧，因此學校不需要傳授中階主管所擁有的技能。

有些產業無預警地出現失業；犯罪率上升，但原因跟你想的

不一樣。人工智慧的警務軟體沒有按照承諾發揮作用，因此我們的犯罪統計資料無法準確地呈現現實世界。由 AI 聚落建立、並使用有限資料集來訓練的演算法，從未學會如何正確地辨識／分類那些屬於非常規性別（gender-nonconforming）的人，這類人既不認為自己是女性，也不是男性，也有可能看起來兼有兩性特徵，或者可能蓄鬍又裝假睫毛。結果，數百名與傳統性別特徵描述不合的人，每天被誤指盜用身分：當他們試圖使用面部辨識來付款、在辦公室內走動、嘗試用視訊聊天時，都會被系統誤會。目前唯一的解決方案是在某些交易中，把他們同化成固定性別。他們被迫戴上指定性別的假髮，或者得卸妝，以便在電腦視覺 AI 的眼中，暫時成為明顯的男人或女人。這是個既公開又丟臉的提醒：多元化從未真正重要到該去修復這個嚴重出錯的系統。

* * *

　　人工智慧賦予谷歌、蘋果和亞馬遜龐大的經濟實力，以及給中國無法想像的地緣政治和軍事力量。到二〇三〇年代末期，我們意識到，人工智慧沿著兩道平行的軌跡發展，一邊是支持西方的資本主義，另一邊則幫助中國在亞洲、非洲和拉丁美洲到處推銷共產主義。美國及其盟友曾頌揚 G–MAFIA 的成功，現

在他們卻生活在人工智慧極權主義的制度之下。中國各地的人民，以及受到中國直接投資和基礎設施支持的所有國家人民都發現，他們也生活在人工智慧獎懲滲透的機制底下。

二〇四九年：生物辨識的邊界和奈米機器人墮胎

G–MAFIA 現在只剩 GAA 這三家公司：谷歌、蘋果和亞馬遜。臉書是第一個宣布破產的巨頭，而微軟和 IBM 遺留下的資產被谷歌收購。

這一年是中國共產革命和毛澤東宣布中華人民共和國成立的百年紀念。中國所有附屬的夥伴國家舉辦盛大慶祝活動，計劃要紀念已故的習近平主席以及所謂「中國人工智能王朝」的崛起。

現在所有人類的生活周遭都是通用人工智慧系統，這些系統本應幫助我們過著更自由、更幸福的生活。一開始美國的 AI 聚落說過，他們希望我們活出最好的自己、追求創意的努力，並在人類面臨的最大挑戰上攜手合作。這是出現在矽谷泡沫的烏托邦理想，它的先驅完全不食人間煙火。

這些系統的建立原意都是為了讓我們的生活更輕鬆，但卻使我們變得更加懶散，它們削弱了我們的工作效率和使命感。我們依賴系統為我們做出決策，讓自己安於有限的選擇。我們的

日常生活會根據程式預先設定的動作，由通用人工智慧為地球上的每個人進行優化。

許多通用人工智慧系統演化成彼此競爭，而非合作。二十年前中國的培根攻擊，現在看起來溫和又單純。你被自己製造的人工智慧監獄給困住，因為你經常打不開烤箱、衣櫥和浴室；你也懶得反擊了，因為一點用也沒有。你學到最合理的反應就是坐下來等問題結束。谷歌綠會員和蘋果家庭可以購買隱藏版的高級升級版本，這原本應該發送給修復通用人工智慧，來覆蓋惡意程式，但通用人工智慧陷入了自我進步的循環。付再多的錢都無法讓智慧家庭擺脫系統的持續故障。

* * *

財富的集中使谷歌、蘋果和亞馬遜在健康方面取得了驚人的突破。谷歌率先推出商用的可控制微型機器人，它可以被注射到人體裡面、傳遞藥物至指定的身體區域，並支援顯微手術。奈米機器人現在有許多不同的形式，例如，由單鏈 DNA 組成的自主分子機器人，可以把人體內部當倉庫一樣配送。奈米機器人可以在人體內四處走動，像撿貨一樣拾起分子，並把它們放至指定的位置。另一種由氣泡驅動的奈米機器人則是可以傳遞微量藥物，且不會造成傷害。商用奈米機器人除了會分享資訊

給我們的個人資料記錄，它們還取代了制式的藥物與療法，悉心治療我們的特殊小毛病，而且不會引起副作用。

既然亞馬遜和蘋果都提供客製化的藥物，大多數人都願意將有機奈米機器人注射至自己體內，甚至亞馬遜家庭也可以獲得美國政府批准的補貼計劃。奈米機器人不斷對我們進行監測和治療，因此美國人平均的預期壽命從二〇一九年的七十六·一歲，提升到九十九·七歲。[184]

過沒多久，我們就看出注射通用人工智慧的潛在缺點。奈米機器人完全做到設計者要他們達到的目的。它們表現得不可預測，並且會學習。現在回想起來，建立和訓練人工智慧系統來做出我們以前從未想過的選擇，正是 AI 聚落的主要目標，也是解決人類自己無法破解的棘手問題的關鍵。當 AlphaGo Zero 在幾十年前做出自主的策略決策時，我們把這項成就宣布為人工智慧的里程碑。然而，在我們體內的奈米機器人和它們回應的通用人工智慧也會自我進步，而且它們擁有的決策能力比我們預期的更多。

現在有一種新型人類叫**實用嵌合體**。蘋果和谷歌綠會員家庭可以解鎖超能力，然後獲得增強的認知、超感官嗅覺和更強的觸覺能力。

谷歌的藍、黃會員和亞馬遜家庭的人不僅無法獲得升級，他們發現自己受到原本天生能力的限制。女人懷孕時，通用人工

智慧會不斷用預測模型來確定胎兒的健康和生存能力。沒有人發現到，通用人工智慧把目標推到了極端：因為程式設定的目標是支持人類生育能存活的胎兒，所以通用人工智慧會偵測胎兒組織是否有異常；如果發現異常，通用人工智慧會自動墮胎，不留給父母任何選擇權衡的餘地。

同樣地，隨著年歲的增加，奈米機器人會監視你並進行運算，判定從哪個時間點開始，讓你延續生命會比讓你死更痛苦。一旦你需要居家醫療保健，並對已制定的社會安全網造成負擔，通用人工智慧就會介入。它會以舒適的方式誘發死亡，所以你和你的家人都不用決定什麼時候該放手。

一旦通用人工智慧改進，並創造出決定我們生殺大權的功能時，在使用谷歌、蘋果和亞馬遜的國家，當地的法律就會被撤換。因此，世界各地的政府都匆忙通過了相關法規和法律，但一點用處也沒有。禁止奈米機器人意味著要回歸傳統醫學，而如今我們已經沒有大型製藥公司來製造我們需要的所有藥物。即便是最樂觀的預測也顯示，重啟舊的醫療保健系統、讓系統正常運作，需要花上十年或更長時間，同時，數百萬人將遭受各式各樣的疾病肆虐。

於是，研究人員反其道而行，開發出一種新型的通用人工智慧奈米機器人，它們可以控制我們體內的其他奈米機器人。像所有 AI 一樣，這個點子受到人類生物學的啟發，模仿我們體內

白血球對抗病毒的方式。我們的身體只好開始對抗令人討厭的通用人工智慧奈米機器人，它遠比我們過去經歷流感的症狀更糟糕，而且更危險。

* * *

　　如今，大型企業由人工智慧長來領導，它負責計算策略風險和機會。人類的執行長與人工智慧長一起工作，充當公司的「門面」。小型和中型企業，像是餐館、維修店和美容院，都和谷歌、蘋果和亞馬遜其中一家公司合作。除了個人和家庭資料記錄之外，現在每個企業和非營利組織的資料都有登記，並且記在「組織資料記錄」上。

　　然而，在美國和其戰略盟國，許多人民都失業了。因為社會安全網制度未臻完備，西方經濟體急遽衰退；因為我們還沒有從意外的技術性失業浪潮中恢復過來。這造成了漏洞，並成為中國打開投資的機會。很快地，政府領袖被迫在經濟可行性和民主理想之間做出選擇，對於面臨連任壓力、還要解決國內眼前問題的政治家來說，這真是個特別困難的決定。

　　為了報復，美國試圖用貿易封鎖、次級制裁（注：以非美國人的外國人為制裁對象）和其他外交手段來遏制中國的擴張。然而，美國這才發現自己已不再具有以往的地緣政治影響力。

美國領袖花了太多年時間考慮，而沒有對中國採取實質行動。他們造訪拉丁美洲、非洲和東南亞的次數太少了，他們從未贏得外國政府的信任、支持和友誼。

中國的人工智慧特別計劃氣勢十足，全球已有一百多個國家施行社會和諧分數，取代了傳統的旅行簽證文件。中國一直擅長建築圍牆，中國人工智慧長城也不例外。它是個針對外人的防備屏障，也是提取和分析每個人資料的方式。社會和諧分數夠高的的人，可以不受限制地（當然還是被監控著）在人工智慧長城的範圍內，與中國連線的任何關係國內自由通行。中國建立了臉部辨識的生物辨識邊界，以判定誰可以進出邊界，所以出入不用再通過移民局的海關、也不用在護照上蓋章了。

中國人在墨西哥的領土上、緊貼著美國南部的邊界，蓋了一道由感應器組成的牆，讓美國人待在美國。由於美國人無法獲得社會信用評分，因此無法進入從前最愛的度假勝地：巴哈馬、牙買加、墨西哥的坎昆市（Cancun）、普拉亞德爾卡曼（Playa del Carmen）、科蘇梅爾島（Cozumel）、哥斯達黎加和加勒比海地區荷屬阿魯巴（Aruba）。要是有人試圖非法穿越生物辨識的邊界，通用人工智慧會發出聲波攻擊，導致噁心、腦震盪、耳朵流血和長期的心理壓力。

美國人和其盟友都被鎖定了；在與中國連線的任何關係國內，由於中共控制著這些國家的整體網路基礎設施，我們無法

與親友通訊。如果你需要聯繫身在中國關係國的人，你必須透過中國做為媒介，而你所說的每一個字都會被竊聽。

谷歌、蘋果和亞馬遜最終與美國政府以及剩下的盟國結成聯盟。隨著中國實施經濟和簽證限制，幾乎沒有資金可用來提出可行的解決方案。我們決定開發一種可為我們解決中國問題的通用人工智慧，但該系統只提出兩種可能的解決方案：向中國屈服，或削減人類。

二〇六九年：數位殲滅

當中國專注於長期規劃和國家人工智慧戰略時，美國只顧著關注裝置和美元。

中國不再需要美國當他的貿易夥伴，也不需要西方的智慧財產權。中國建立了一個由一百五十幾個國家組成的網路，在「全球一中政策」的指導原則下運作。中國為了報答這些國家的順從，他們擁有了網路、貿易能力，以及由北京政府支持的穩定金融體系。他們的人民可以自由地跨越全球一中政策的關係國，前提是他們獲得的社會信用評分要夠高。

能夠出國旅行從未如此令人懷念，以前，美國人認為這是理所當然的自由。美國和許多國家一樣，正在經歷人口擠壓。地球人口已超過一百億。我們生小孩的頻率和速度太快，而且我

們堅持把生命延長到超過一百二十歲。

全球人口是一個大問題，因為美國政府當時沒有盡快採取行動、處理氣候變化，即使在中國肩負起永續發展和環境保護的重責大任之後，美國仍是毫無作為。我們失去了地球三分之二的可耕地，雖然我們曾努力試著在美國建立地下農場，但種植糧食的速度，還來不及養活美國國內的人口。全球制裁阻礙了貿易路線，並讓美國和盟國脫離了與糧食生產國的關係，但中國與一中關係國也過得很辛苦。

突然有一天，蘋果家庭遭受了一種似乎很神秘的疾病。他們的個人資料記錄顯示異常，但沒有提供任何細節或確切內容。起初我們以為，最新版本的奈米機器人有瑕疵，因此產品經理忙著去開發通用人工智慧的修正程式。然後，疾病就襲擊了所有谷歌的家庭，不僅在美國，也出現在一中邊境之外的每一個家庭。神秘疾病迅速惡化。

中國建立了一個超級人工智慧，它唯一的目的就是要消滅美國和其盟國的人民。一中關係國家需要地球剩餘的資源，北京已經計算出，生存的唯一方式就是從奪取牆外的資源。

你所目睹的情況比有史以來任何炸彈的威力都還要糟糕，炸彈即時而精準，而用人工智慧殲滅人口是個緩慢又無法阻擋的過程。當你孩子的身軀癱瘓在你的懷裡時，你只能無助地坐著；你看著你的同事們在辦公桌上昏倒；你感到一陣劇痛；頭昏眼

花；你吸了你最後一口快速又微弱的氣。

這是美國的終結。

這是美國盟國的終結。

這是民主的終結。

中國人工智能王朝降臨。這很殘酷、不可逆轉，也絕對會發生。

目前有徵兆指向這些情境，三種都有。現在我們得做出選擇。你得做出選擇。我請你選擇樂觀的情境，為人工智慧和全體人類建立更美好的未來。

解決問題

第 8 章

問題由小積大：
如何挽救 AI 的未來

　　上一章的結論可能聽起來很極端，不太可能發生。但是已經有跡象告訴我們，除非我們擁抱的未來裡，九大巨頭為了人類的最佳利益而進行合作，否則，我們很有可能最終生活在類似中國人工智能王朝的世界裡。

　　我相信樂觀的情境，或接近樂觀的情況，還在我們的能力範圍內。人工智慧有可能實現其最大的理想目的和潛力，使 AI 的所有聚落和我們所有人都從中受益。隨著人工智慧的發展，人工智慧絕對可以為中美兩國的人民，及我們所有的盟國效力。它可以幫助我們過更健康的生活、縮小經濟落差，讓我們在城市和家庭中更安全。人工智慧可以幫我們揭開並回答人類最大

的奧秘，像是生命的起源和方式。在這個過程中，人工智慧也可以讓我們驚豔、提供娛樂，創造出我們從未想像過的虛擬世界、編出激勵我們的歌曲，設計有趣和充實的新體驗。但是如果沒有計劃、沒有排除萬難的承諾，沒有 AI 所有利益相關團體的勇敢領導，這一切都不會發生。

安全、有益的科技不是眼巴巴地盼著就會降臨、也不是偶然發生的結果，它是勇敢領導和專注、持續合作的結果。九大巨頭正面臨著來自美國華爾街和中國北京政府的巨大壓力，以及滿足目光短淺的期望，我們將來得為此付出很高的代價。我們必須賦予九大巨頭權力、鼓勵他們改變人工智慧發展的方向，畢竟要是沒有我們全體強烈的支持，他們就不能、也不願靠自己去做。

瑟夫（Vint Cerf）是設計我們現代網際網路的早期協議和架構的人之一，他用一個比喻來解釋，為什麼在人工智慧這類新興科技出現之後，勇敢的領導力才是最重要的。[185] 想像一下，你住在山谷底的小社區，被群山環繞。在遙遠的山頂有一塊巨石，它已經在上面很久了，從未動過，因此，就你所住的社區而言，它就像是融入你們的風景裡一樣自然。然後有一天，你注意到巨石看起來很不穩定，它有可能會從山上滾下來，在滾動時還會增加速度和力量，摧毀你的社區和社區裡的每個人。事實上你意識到，也許你一輩子都對它的移動視而不見。巨石

每天都在移動，一點一點地移動，但你從來沒有去看它每天發生的細微變化：它的陰影出現了微小移動，它與下一座山之間的視覺距離縮短，當它的地面摩擦發出聲時，聲音幾乎難以察覺。你這才意識到你只有一個人，你不能跑到山上靠一己之力阻止巨石。你太小了，而巨石太大了。

但是你發現，如果你能找到一塊小卵石，並把它放在正確的位置，可以減緩巨石的動力，還能稍微改變它的方向。只有一塊小卵石無法阻止巨石摧毀村莊，所以你請求整個社區加入你的行列。大家手裡都握著小卵石，登上山頂，為巨石做好準備。這過程要大家必須合作、溝通，以及規劃好處理巨石的策略，讓它安全地滾下來。大家帶著自己的小卵石，不用更大的巨石，就能讓一切大不相同。

接下來我來說一連串如小卵石的辦法。我先從大方向的情況，介紹以全球委員會的方式來監督 AI 的方向，以及概述我們對規範和標準的直接需求。然後我將解釋中美兩國政府必須做出的具體改變。接下來，我會進一步縮小範圍，描述九大巨頭必須如何改進他們的作法。緊接著我將就 AI 聚落和栽培人才的大學，詳細說明現在要做出的改變。最後，我將解釋在形塑 AI 的未來方面，你個人可以發揮的作用。

我們**都想**生活的未來，不會就這樣憑空出現。我們必須勇敢，我們必須對自己的行為負責。

全球全面的變化：建立全球增強智慧聯盟

在樂觀的情境中，來自世界上最先進經濟體不同的領袖與 G–MAFIA 聯手，建立了全球增強智慧聯盟。這個國際機構包括來自所有成員國的 AI 研究人員、社會學家、經濟學家、賽局理論家、未來學家和政治學家。全球增強智慧聯盟的成員確實反映出社會經濟、性別、種族、宗教、政治和性別認同的多元化。他們同意著手合作，促進共同的人工智慧特別計劃和相關政策。日漸月染，他們發揮足夠的影響力和控制，防止從通用人工智慧、超級人工智慧或中國使用 AI 來壓迫人民而導致的災難。

策劃系統變更的最佳方法，是盡快看到全球增強智慧聯盟的成立，它的實際位置應該會是靠近現有 AI 中心附近的中立地點，所以全球增強智慧聯盟的最佳位置是加拿大的蒙特利爾。首先，蒙特利爾是深度學習研究員和實驗室的集中地。如果我們假設，從限制領域人工智慧到通用人工智慧的過渡期，將包括深度學習和深度神經網路，那麼全球增強智慧聯盟應該聚集在新一代工作正在發生的地方。其次，加拿大政府在總理杜魯道（Justin Trudeau）的帶領下，已經投入人力和資金來探索人工智慧的未來。在二〇一七年和二〇一八年，杜魯道不只是談論人工智慧，還將加拿大定位為協助者的角色，襄助制定人工智

慧發展的指導規則和原則。第三，加拿大位於人工智慧的中立地緣政治地區，遠離矽谷和北京。

有鑑於我們在過去幾年經歷的政治仇恨和地緣政治的不安，要用一個核心理念來把世界各國政府團結起來，似乎是不可能的。但是這有先例可循，在第二次世界大戰後，當局勢仍然非常緊張，來自四十四個國家的數百名代表，聚集在新罕布夏州的布列敦森林（Bretton Woods），他們在那裡建立金融體系，讓戰後的全球經濟得以展開。這種合作以人為本，帶來了人民和國家得以重建和尋求繁榮的未來。全球增強智慧聯盟各國應該就 AI 的框架、標準和最佳做法共同合作，雖然中國不太可能加入，但還是應該邀請中共領袖和中國三巨頭參與。

首先，全球增強智慧聯盟必須建立一種方法，在人工智慧時代保障基本人權。當我們談論人工智慧和道德時，我們往往想到艾西莫夫的「機器人學三大法則」，他在一九四二年的短篇小說《轉圈圈》（Runaround）中發表了這篇文章，[186] 是一個關於人形機器人的故事，不是在講人工智慧。然而，這些法則在這麼多年之後，還是激發了我們對道德的思考。如本書第一章所述，艾西莫夫的法則是：（一）機器人不得傷害人類個體，或袖手旁觀坐視人類個體受到傷害；（二）除非情況違背第一法則，機器人必須服從人類的命令；（三）在不違背第一及第二法則下，機器人必須保護自己。艾西莫夫後來在《我，機器人》（*I,*

Robot）一書中收錄了一系列短篇小說，他在前三項法則之前，再加入了第零法則：（〇）機器人不得傷害人類整體。艾西莫夫是一位才華橫溢又有先見之明的作家，但是他的機器人法則過於籠統，無法做為人工智慧未來的指導原則。

全球增強智慧聯盟應該在人民和九大巨頭之間建立新的社會契約（廣泛定義為 G–MAFIA 契約和中國三巨頭契約，以及為他們所有的合作夥伴、投資人和子公司訂定契約），契約應該建立在信任和合作的基礎上。全球增強智慧聯盟的成員應正式同意，AI 必須讓全世界能力被提升的人數最大化。九大巨頭應該優先考慮我們的人權，不應把我們視為可以獲取利潤或政治利益的可挖掘資源。人工智慧承諾的經濟繁榮由九大巨頭實現，應該讓大家都能受惠。

因此，我們的個人資料記錄應該是可互通操作的，且所有權應屬於我們，而不是由個別公司、集團或國家來擁有。全球增強智慧聯盟今天就可以開始探索如何做到這一點，因為你在這些情境中所看到的個人資料記錄，**早就已經有雛型存在了**，現在它們被稱為「個人可識別資訊」（personally identifiable information），或簡稱 PII。正是因為這些單位掌握了我們的個人可識別資訊，他們才能推動智慧手機中的應用程式、網站上的廣告網路，以及在螢幕上輕推我們的建議。個人可識別資訊被輸入系統，用於辨識我們、定位我們在哪裡。個人可識別資訊

被使用的方式，完全被那些可以讀取資訊的公司和政府機構給掌握，他們想怎樣用就怎樣用。

在發展出新的社會契約之前，全球增強智慧聯盟必須決定我們的個人資料記錄該如何使用，來幫助訓練機器學習演算法；此外，聯盟必須在自動化時代定義哪些理念為基本價值。明確定義價值標準這點非常重要，因為這些價值標準最終會被編寫到構成 AI 生態系統的訓練資料、實體世界的資料、學習系統和應用程式中。

為了替我們的基本價值進行分類，全球增強智慧聯盟應該創立人類價值的圖解集，定義我們跨文化和國家的獨特價值觀。這套圖解集不會、也不應該是停滯不變的，由於我們的價值觀會隨著時間而改變，因此成員國必須更新圖解集。我們可以在生物學領域尋找先例：「人類細胞圖譜計劃」（Human Cell Atlas）是全球科學界的合作專案，參與人士包括數千名不同領域的專家（像是基因體學、人工智慧、軟體工程、資料視覺化、醫學、化學和生物學）。[187] 這項專案正在對人體中的每一種細胞類型進行編目，把細胞類型對應到它們的位置、跟蹤細胞進化過程的經歷，並捕捉細胞在各個生命週期中的特徵。這種花費高昂、複雜、耗時且永無止境的努力，將使研究能夠取得顯著的進步，而這只有靠全球大規模的合作才有可能實現。我們應該為人類價值觀建立一套類似的圖解集，廣邀學者、文化人類學

家、社會學家、心理學家，還有一般民眾參與。創造人類價值圖解集將會是個繁瑣、昂貴和具有挑戰性的任務，當中也非常可能充滿矛盾，因為某些文化的價值觀會與其他文化背道而馳。然而，如果沒有具備框架和一套基本標準，我們等於是在要求九大巨頭和 AI 的聚落做他們根本做不到的事情：要考慮我們所有人的觀點，顧及社會內部不同群體和世界上每個國家內部的所有可能結果。

全球增強智慧聯盟應該考慮的權利框架，要能平衡個人自由與更大的全球利益。最好能建立一個堅持理想的框架，且隨著 AI 的成熟，可以更靈活地進行詮釋。成員組織必須證明他們遵守框架，不然就得從全球增強智慧聯盟中除名。任何框架都應包含以下原則：

1. 人類全體應始終是人工智慧發展的核心。
2. 人工智慧系統應該安全可靠，人類應該能夠獨立檢驗系統的安全。
3. 九大巨頭，包括其投資人、員工和使用其服務的政府必須將安全擺在速度之前。任何運用人工智慧系統的團隊，即使是在九大巨頭以外的人，也不能為求速度而便宜行事。必須由獨立觀察員來證明和辨別系統是安全的。

4. 如果人工智慧系統造成損害，應該能夠回報出現了什麼問題，並且應該具備治理的流程，來討論和減輕損害。

5. 人工智慧應該是可以解釋的。系統應該具備類似營養標籤的東西，詳細說明所使用的訓練資料、學習所用的過程、在應用程式中使用的實體世界資料以及預期的結果。對於資料敏感或專屬的系統，受信任的第三方應該能夠評估、驗證 AI 的透明度。

6. AI 生態系統中的每個人：九大巨頭的員工、主管、領袖和董事會成員；新創公司（企業家和創業加速器）；投資人（創投家、私募基金公司、機構投資人和個人股東）；教師和研究生與任何從事 AI 工作的人，都必須體認到他們一直在制定道德決策。他們應該準備好，對人們解釋他們在開發、測試和部署過程中，做出的所有決策。

7. 所有人工智慧專案都應遵守人類價值圖解集。即使是狹義人工智慧的應用程式，也應該證明已經納入圖解集的管理。

8. 應該有一套公布的行為準則，內容易於搜尋，管理所有從事 AI 及其設計、打造和部署的人員。行為準則也應該將投資人納入管理範圍。

9. 所有的人都應該有權備詢人工智慧系統。AI 真正的目的

是什麼、它使用什麼資料、如何得出結論，而且由誰檢視結果的確有根據標準化格式，都應完全透明。

10. AI 應用程式的服務條款，或任何使用 AI 的服務，應該用淺顯易懂的文字編寫，讓國小三年級的學生都能夠理解。一旦應用程式上線，應該提供各種語言版本的服務條款。

11. 個人資料記錄應該由個人自行選擇是否加入各項應用，並使用標準化格式開發，它們應該可互通操作，每個人應該保留完全的所有權和許可權。如果個人資料記錄變成可繼承，每個人都應該要能決定繼承者可用的資料權限和使用的範圍。

12. 個人資料記錄應盡可能去中心化，確保沒有完全單由一方所控制。設計我們的個人資料記錄的科技小組應該包括法律和非法律的專家：白帽駭客、民權領袖、政府代理人、獨立資料受託人、倫理學家，以及不替九大巨頭工作的其他專業人士。

13. 在可能的範圍內，應當保護個人資料記錄免受當權的專制政權侵害。

14. 必須有公共問責制和簡單的方法，讓世人可以詢問關於自己資料的問題（像在整個 AI 系統中資料是如何被探勘、處理和使用的），並獲得解答。

15. 無論國籍、種族、宗教、性向認同、性別、政治立場或其他特殊信念，所有的資料都應該受到公平且平等的對待。

　　全球增強智慧聯盟成員應自願接受其他成員，或全球增強智慧聯盟內機構的隨機檢查，以確認充分遵守該框架。所有的細節（例如公共問責制的體系究竟是什麼樣子，以及它在現實世界中的運作方式）將不斷重新被人審視和改進，以跟上人工智慧的發展腳步。這個過程肯定會拖緩一些進度，是系統的性質使然。

　　成員組織和國家應該合作，並分享他們的發現結果，包括漏洞和安全風險。這將有助於全球增強智慧聯盟成員對惡意分子保持領先的優勢，畢竟惡意分子可能會嘗試開發讓 AI 有危害的能力，例如自主駭客系統。雖然九大巨頭幾乎不太可能願意分享商業機密，但也有先例：世界衛生組織在危機時期會統籌全球衛生的狀況回報，也有一個叫「先進資安中心」（Advanced Cyber Security Center）的團體會動員執法單位、大學研究人員和政府部門，來對付網路威脅。這也將允許全球增強智慧聯盟成員來開發一系列守護資安人工智慧，這些 AI 會先判定 AI 系統是否按預期行事，不僅是檢查程式碼，還包括系統使用我們資料的方式，以及當系統接觸到硬體系統時，之間的互動是否合

乎規定。守護資安人工智慧會正式證明 AI 系統在按預期運行，並且隨著 AI 生態系統成熟，邁向通用人工智慧。任何可能改變系統現有目標的自動變更，都將在自我改進之前，先向守護資安人工智慧回報。例如，用於監控和回報其他 AI 的守護資安人工智慧系統，可以審查生成對抗網路的輸入（在前面的情境章節中有詳細介紹過），並確保生成對抗網路按預期運行。一旦我們從限制領域人工智慧過渡到通用人工智慧，守護資安系統將繼續回報和驗證，但它們不會被設定為自主行動。

　　一旦我們快要達到通用人工智慧，九大巨頭和 AI 生態系統中的所有人都應該同意把 AI 限制在測試環境中，並在 AI 部署到現實世界之前，先模擬出風險情形。我提出的建議與目前產品測試的作法截然不同，產品測試主要是看系統是否有按著設計來執行功能。由於我們無法得知，在實際運用科技之前，該項科技在現實世界中，所有可能的演變或重新被利用的方式，因此我們必須運行科技模擬和風險地圖（注：一種用圖形技術來表示識別出的風險訊息），來了解經濟、地緣政治和個人自由的含義。等我們知道研究的好處超過可能的負面結果，或者有辦法減輕風險之前，人工智慧應該要受到限制。讓九大巨頭能好好繼續進行研究，不會受到投資人的迫切訴求和成果發表會這類不斷的威脅。

政府的改變：讓美國和中國改變方向

全球增強智慧聯盟必須與成員國政府合作，但這些國家的政府必須體認到，他們不能再用大型官僚機構的速度來工作。他們必須參與合作和長期規劃，必須夠靈活，以便能更快採取行動，來面對人工智慧的未來。

所有層級的政府領袖、主管、編預算的人、編寫政策的人都應該展露人工智慧的實用知識，理想的情況是，他們都應該具備科技專長。在美國，政府的行政、立法、司法部門，都應該致力讓相關人員具備人工智慧領域的專業知識。在內政部、社會安全局、住房與城市發展部、參議院外交委員會、退伍軍人事務部以及其他各種不同的機構，都必須配置人工智慧專家，讓機構有能力去幫助指導相關決策。

由於美國政府內部缺乏人工智慧相關的標準整合原則，因此至少有二十多個機構和部門獨自處理人工智慧。為了大規模推動創新和進步，美國必須建立內部研究、測試和部署的能力，此外還需跨部門的凝聚力。目前人工智慧都被外包給政府的承包商和諮詢公司。

當這項工作外包給他人時，我們的政府領袖就不用耗費心力、不必自己去熟悉人工智慧的複雜性，這麼一來，他們就無法建立做出正確決策所需的體制知識，他們根本不懂相關詞

彙、不了解歷史脈絡，也不熟悉關鍵人士。高層領袖狀況外會造成不可原諒的知識鴻溝，我與多個機構的高層領袖會面時就觀察到這種差距，其中一些機構是白宮科技政策辦公室（Office of Science and Technology Policy）、聯邦總務署（General Services Administration）、商務部、聯邦政府課責審計署（Government Accountability Office）、國務院、國防部和國土安全部。

二〇一八年年初，中國三巨頭老早就宣布了無數個人工智慧的成就，習近平也對外公布了人工智慧計劃，而美國總統川普卻向國會提交了二〇一九年預算，要求把科學和科技研究經費削減一五％，[188]剩下的經費僅有一百三十七億美元，還必須支付很多項目：外太空戰、極音速科技、電子戰、無人系統，**而且還有**人工智慧。同時，五角大廈宣布將在五年內投資十七億美元，建立一個新的聯合人工智慧中心。這些資金數字低的嚇人，顯示美國政府基本上並不了解 AI 的潛力和發展所真正需要的東西。從另一個視角來看，光是二〇一七年，G–MAFIA 在研發上就花了六百三十億美元，這幾乎是美國政府科學和科技研究總預算的五倍。[189]但這也指出了另一個更大、更棘手的問題：如果美國政府不能或不會資助基礎研究，那麼 G–MAFIA 就會被迫對華爾街唯命是從。G–MAFIA 既沒有動機為了公共利益而去推動人工智慧，也沒有動機去追求與利潤中心無關的安全、資

安和透明度的研究。

隨著中國目前的局勢發展，美國還是不太清楚自身該在 AI 的未來扮演什麼樣的角色。美國政府往往等到中國已經公布了下一階段的策略**之後**，才會發布 AI 相關的公告。北京政府認為，美國人只關心晶蛋（Yoni Egg，注：一種蛋形工具，用來加強女性私密處的肌肉訓練）、精釀啤酒、Netflix 和耍廢。我們已經證明，身為一個消費者，我們很容易受廣告和行銷所操控，而且當我們沒錢時，還是可以花錢不手軟。我們已經證明，身為選民，我們很容易受到淫穢影片、陰謀論，以及明顯就是虛構的新聞故事影響，無法自己進行批判性思考。我們一再表現出「金錢才是萬能」的信仰，因為我們優先考慮快速成長和穩定的利潤，而不是基礎和應用研究的進展。這些評價都相當冷酷，但也難以反駁。對北京和其他國家來說，看起來美國人只顧著把美國人和美國放在第一順位。

在過去五十年中，美國對中國的態度，在圍堵和來往的外交政策之間搖擺不定，美國的領袖在辯論人工智慧時的表述方式也差不多。應該與中國三巨頭和北京合作嗎？還是透過實施制裁、網路戰和其他侵略行為來限制中國？之所以在圍堵和來往的外交政策之間反反覆覆，便是在假設美國仍具有一九六〇年代呼風喚雨般的權力和影響力；但在二〇一九年，美國在全球舞台上根本不享有單邊權力。美國的 G–MAFIA 非常強大，但美

國的政治影響力已經減弱。中國透過三大巨頭以及政府機構做了太多的生意、投入了太多資金，且在世界各地建立了太多深厚的外交關係：拉丁美洲、非洲、東南亞，甚至好萊塢和矽谷。

美國必須設法為了中國接受第三種選擇：必須學會競爭。但為了競爭，我們需要退一步思考、看看人工智慧的大局；人工智慧不只是一種很酷的科技或潛在的武器，而是代表所有一切東西都連結起來的認知運算時代。美國需要一個由合理預算支持、能有凝聚力的國家人工智慧戰略。我們必須發展出能比四年選舉週期更持久的外交關係，我們必須能為世界各國端出比中國更好的交易，因為這些國家也希望人民過上健康又幸福的生活。

不論習近平有何發展，他的人民有可能反抗並試圖推翻中共，或者他可能會突然罹患絕症，但無論如何，現在世界上有很大一部分的地區，都依賴中國來進行科技、製造和經濟發展，而中國未來的生存會依靠人工智慧。中國經濟成長的速度令人難以置信，數億中國人很快就會晉升中產階級和高收入中產階級。就如此巨大的規模而言，還沒有因應這種社會和經濟流動的教戰手冊出現。北京知道，AI 是人、資料和演算法之間的結締組織，人工智慧可以在群眾中幫助灌輸中共的價值觀，規範中國人民守規矩。北京認為，人工智慧是未來獲取資源的一種手段，他們可以透過與需要資金和他們所投資的其他國

家,進行交易來獲得資源。

　　那麼,有什麼事可能迫使中國改變其發展軌跡和人工智慧的計劃?中國有個很好的理由打從一開始就朝向樂觀的情境進展:基本經濟學。如果中國社會階級向上流動發生得太快,快到北京無法應對,那麼專制統治並不是唯一的務實戰略。中國有望成為許多不同產業／領域的全球領導者,而不僅是製造和出口其他地方設計的產品。如果北京做足準備,像是同意透明度、資料保護和解決人權問題,就有可能成為與美國平等的合作夥伴,一同領導全球增強智慧聯盟,這也許會是一條務實的道路,讓數百萬中國人民擺脫貧困。合作就表示不讓中共邊緣化,這樣也可以保護中共,並把中國強大的勞動力、大量的研究人員和地緣經濟力量推向人類文明的最重要地位。

　　如果北京政府不願接受這個可以迎向積極未來的替代方案(畢竟偏離了他們各種戰略計劃),那麼我們可以號召中國三巨頭和中國的 AI 聚落領袖做出更好的選擇。我們可以要求中國三巨頭拿出勇敢的領導力,他們可以決定為中國人民以及他們的盟友和夥伴,創造一個更美好的世界。如果中國三巨頭繼續幫助中國維穩,那麼二十年後,中國人民以及所有已接受和中國交易的國家人民,將會不斷活在被監控的恐懼下,無法表達自己的個性。中國三巨頭將會促使人類受苦,基督徒無法一起禱告,因為擔心會被舉發和懲罰;女同性戀、男同性戀和跨性別

人士將被迫躲起來；少數民族將繼續被圍捕送走，永遠都聽不到他們的消息。

AI 現在需要有勇敢的領導力，我們需要政府做出困難的選擇。如果我們沒有做到，而只是維持美國的現狀，那麼二十年後，我們默認的情況最終會是反壟斷法案件與專利訴訟，美國政府試圖與那些變得太大、太重要而無法駕馭的公司達成協議，卻徒勞無功。我們必須允許 G–MAFIA 以合理的速度運作。對於 G–MAFIA 幾季都沒發表重大宣布，我們應該感到安心。如果他們沒有以驚險的速度，草草推出專利和同儕審查的研究，我們不應該質疑他們是否陷入困境，也不應質疑我們是否一直把人工智慧的泡沫給吹大。

在美國，發展出戰略和展示領導力極為重要，但這仍然不足以保證美國將來需要的體制能力，因此，應該恢復技術評量局（Office of Technology Assessment）。這個機構於一九七二年成立，旨在為編寫政策的人提供不分黨派的科學和科技專業知識，在二十年後，卻被目光短淺的前眾議院議長金瑞契（Newt Gingrich）和由共和黨把持的國會關閉。技術評量局的工作是針對美國的立法者和美國政府行政、立法、司法三個部門的人員，教育他們科學和科技的未來，而且技術測量局確實使用資料和證據來教學，沒有讓研究政治化。[190]關閉技術評量局省下的錢不過滄海一粟，但美國國會竟然心甘情願甚至故意做這種蠢

事。技術評量局的努力成果，至今仍有部分留存在政府的其他領域。國會研究處聘請具備立法專業知識的律師和分析師，但五個收到批准的研究領域都不包括人工智慧，而是關於礦產品生產、太空探索、網際網路、化學品安全、農業信貸和環境正義等議題。淨評估辦公室（Office of Net Assessment）是五角大廈秘密的內部智庫，根據我的經驗，裡面配置了國防部最聰明、最有創造力的人才，但淨評估辦公室沒有應有的預算或員工，且部分的工作交由承包商處理。

美國政府需要建立內部的能力，為創新發展出強大而扎實的力量。如果恢復技術評量局會成為政壇眾矢之的，那麼可以把它更名為未來部門或戰略人工智慧能力局。這個組織應該編列充足的資金，不受政治影響，負責基礎和應用研究，也應該積極地教育美國政府的行政、立法和司法部門。

成立新辦公室將幫助我們更妥善地規劃未來，我們需要一群不分黨派的聰明人士，來減輕 AI 突然發生的影響。因此，我們應該擴大疾病管制與預防中心（Centers for Disease Control and Prevention）的權限，並重新命名為疾病管制與資料控制中心（Center for Disease and Data Control）。目前，疾病管制與預防中心是美國國家級的健康保護機構。過去在伊波拉病毒疫情期間，這個機構就發揮了作用，當時它與其他衛生機構協調隔離令，並成為記者報導疫情爆發的主要來源。二○一八年，剛果

一爆發伊波拉疫情時，邊境巡邏機構並沒有馬上派出自己的伊波拉病毒小組，試圖來控制病毒的擴散，他們反而只遵循標準的疾病管制與預防中心的協議。那麼，如果從現在開始算起，十年後，我們有一個遞歸式（注：把一個問題切割成相同性質的較小問題來解決）自我進步的 AI，它開始引發問題，會發生什麼事呢？如果我們無意中經由我們的資料散播了電腦病毒、感染其他人該怎麼辦？疾病管制與預防中心在設計和執行安全協議方面執全球牛耳，可以教育大眾，並動員災難時的響應。有鑑於 AI 與健康和我們的健康資料關係非常密切，因此，利用疾病管制與預防中心來發揮功效是說得通的。

但是，當矽谷的福利更具吸引力時，誰還會想來技術評量局或疾病管制與資料控制中心從事 AI 的工作呢？我曾在五角大廈的海軍商務餐廳和 G–MAFIA 的企業園區裡吃過午餐。海軍商務餐廳佈置得整潔體面，盤子上有徽章，菜單上有每日精選菜色，當然了，你旁邊坐的人有機會是三星或四星的海軍上將。話雖如此，士兵不會在商務餐廳裡吃飯。在五角大廈工作的人可以在美食街用餐，選擇有 Subway、熊貓快餐（*Panda Express*，注：中式快餐連鎖店）和 Dunkin Donuts。[191] 我曾經在那邊的簡餐店點過一份義式帕尼尼，吃起來很乾，但還算可以入口。不過，這根本無法與 G–MAFIA 企業園區裡的美食相提並論：谷歌在紐約的辦公室提供有機夏威夷蓋飯，在洛杉磯辦公

室則有舞茸菇佐香煎干貝和墨魚汁燉飯，**而且還是免費供應**。

食物不是 G–MAFIA 提供的唯一福利，亞馬遜在西雅圖的總部「生態圈」（Spheres）啟用之後，有一位朋友帶我去參觀，這棟建築基本上既是巨大的溫室，也是工作的場所。「生態圈」真的令人嘆為觀止：這三座玻璃屋裡面是溫控、獨立的生態系統，由來自三十個不同國家的四萬種植物打造而成。[192] 裡面空氣清新芬芳，無論外面的天氣如何，裡面的溫度都設定在攝氏二十二度左右，裡面到處都有舒適的椅子、躺椅和桌子，甚至還有一個巨大的樹屋，亞馬遜的員工可隨時在「生態圈」裡工作。同時，臉書的全職員工可享有四個月的育嬰假，新手父母可獲得四千美元的現金，幫助他們添購嬰兒用品。[193]

我的重點是：以 G–MAFIA 提供的條件來看，很難有充分的理由去說服有才華的電腦科學家加入政府或軍方。美國政府一直忙於資助和建造航空母艦，而不是花錢聘僱有才能的人。政府不但沒有向 G–MAFIA 學習，反而是嘲笑或批評他們的福利。在美國，選擇這樣盡公民義務的機會成本太高，政府無法吸引國內最優秀和最聰明的人為國家服務。

如果知道這一點，我們應該替 AI 投資報效國家的服務計劃，例如成立類似於儲備人工智慧人才訓練團，就像儲備軍官訓練團那樣訓練美國武裝部隊的特派軍官，一畢業就可以進入軍隊或政府服務。學生可以在高中時期進入該項計劃、並獲得

免費的大學學費，交換條件則是將來要在公家機關或軍方工作幾年。他們還應得到終身免費、實用的技能培訓，這些培訓課程會全年舉行。人工智慧隨著技術成熟也在發生變化。我們應鼓勵年輕人終其一生都接受培訓，這不僅對他們有利，還能幫助我們的勞動市場熬過這段認知運算時代的過渡期。此外，這樣還會直接讓他們最終效力的公司受益，因為這表示他們的技能組合保持在最新的狀態。

但華盛頓不能獨自行動，美國政府必須把 G–MAFIA 和科技產業視為戰略合作夥伴，而非平台業者。在二十世紀早期，華府和大型科技公司之間的關係常常建立在共同的研究和學習上。現在，這種關係頂多是交易性質，彼此對立的關係甚至更常見。在加州聖貝納迪諾（San Bernardino）的一場節日慶祝派對上，兩名恐怖分子殺了十幾個人，並使近二十多人受傷。在這之後，聯邦調查局和蘋果就加密問題進行了激烈的公開辯論。聯邦調查局想要解鎖手機，以獲取證據，但蘋果不願幫忙。所以聯邦調查局拿到法院強制令，要求蘋果編寫特殊軟體，然後蘋果不僅在法庭上，且在新聞媒體和推特上進行反彈，[194]而這是對已經發生的事情的反應。現在想像一下，如果人工智慧涉及持續進行中的犯罪活動，或者開始以會傷害人們的方式進行系統自我進步，我們最不希望看到 G–MAFIA 和政府在脅迫下不斷爭辯。要是雙方放棄在相互尊重和信任的基礎上建

立關係，會這使美國這個國家、以及每一位美國公民更容易受到傷害。最後，立法監管似乎是最好的解決方案，但這絕對是錯誤的選擇。無論法規是由立法者獨立撰寫還是受到遊說者的影響，監管的方式都會傷害我們的未來。政治家和政府官員喜歡法規，因為法規往往是定義明確的單一可執行計劃。為了使法規有效，法規必須具體。目前，人工智慧週週都有新進展，也就是說任何有明確定義的法規，都會過於嚴格和死板，無法實現創新和進步。我們正處於一個漫長的過渡期，從限制領域人工智慧到通用人工智慧，最後很可能出現超級智慧的機器。二〇一九年制定的任何法規，生效時都將過時且不適用。法規短時間內也許能緩解我們的擔憂，但最終法規將在未來造成更大的損害。

改變九大巨頭：徹底改造人工智慧業務

全球增強智慧聯盟的成立和政府結構的改變對於修正 AI 的發展軌跡而言非常重要，但 G–MAFIA 和中國三巨頭也必須同意做出一些改變。

九大巨頭的領袖都保證過，他們正在為人類的好處開發和推廣 AI。我相信這是他們的本意，但是執行這個承諾簡直難於上青天。首先我們應該要怎麼定義「好處」？這個詞究竟代表什

麼意思？這讓人回想起 AI 聚落內部的問題。我們不能只是大家都同意「會帶來好處」，因為這個攏統的說法過於模稜兩可，無法引領 AI 的聚落。

例如，人工智慧聚落受到西方道德哲學家康德（Immanuel Kant）的啟發，學習著把權利和義務的系統，預先編寫至某些人工智慧系統中，像是「**殺人是壞事；讓人存活是好事。**」如果汽車裝了人工智慧，那麼這個陳述中的僵硬要求就會發揮影響，而且它唯一的選擇就是撞上一棵樹讓駕駛重傷；或撞進人群裡，並害當中的人全部死掉。僵化的解釋並不能解決現實世界中更複雜的情況，在現實世界中，選擇有更多可能：去撞樹使駕駛身亡；撞進人群裡，死八個人；撞上人行道，只讓一名三歲男孩不治。我們要怎麼在這些例子中，定義出哪個是「好」的最佳版本？

同樣地，框架對九大巨頭也很有用，這不需要哲學家深奧的智慧，只是要用一種更慢、更有良心的方法行事。九大巨頭應該採取具體步驟，解釋如何獲取、訓練和使用我們的資料，解釋他們如何僱用員工，以及如何在工作場所中傳達道德行為。

在過程的每一步驟，九大巨頭都應分析自己的行為，並確認這些行為是否會對未來造成傷害，然後，他們應該能夠驗證他們的選擇是否正確，這要從對偏見和透明度有明確的標準著手。

目前，沒有單一的基準線，或一套標準來評估偏見，也沒有

訂定目標，來克服目前整個 AI 體系中存在的偏見。沒有任何機制可以把安全的優先順位置於速度之前，我個人在中國經歷過層出不窮的安全災難，有鑑於此，我非常擔心。在中國，橋梁和建築物經常倒塌，道路和人行道都會彎曲，食安事件更是族繁不及備載。（我沒有在誇張亂講話，光是過去的幾年裡，中國就有超過五十萬件的食品安全醜聞，涉及各種食品，從嬰兒配方奶粉到米都有。[195]）這些問題的主要原因是什麼？中國的公司就鼓勵偷工減料。想像一下會偷工減料的團隊，他們建立的先進 AI 系統絕對令人不寒而慄。

如果沒有可執行的全球安全標準，中國三巨頭就無法避免北京的命令，無論政府的要求有多缺乏遠見，而 G–MAFIA 必須對不明智的市場需求有所交代。透明度也沒有所謂的標準可言。在美國，G–MAFIA、美國公民自由聯盟（American Civil Liberties Union）、新美國基金會（New America Foundation）和哈佛大學的伯克曼克萊恩互聯網及社會研究中心（Berkman Klein Center）這幾個機構為促進人工智慧研究的透明度，建立了人工智慧領域的合作夥伴關係。這個合作夥伴關係發表了一系列非常好的建議，幫助引領人工智慧研究朝著積極的方向發展，但這些原則都絲毫無法實施，而且 G–MAFIA 所有的業務部門都沒有遵守這些原則，中國三巨頭也沒把這些原則放在眼裡。

眾所皆知，九大巨頭正在使用充滿偏見、有瑕疵的語料庫

（訓練資料集）。眼下的挑戰在於，要改善資料和學習模式實在非常燒錢。舉例來說，全世界最大的圖像識別資料庫 ImageNet（這個資料庫我在本書中多次提到過）其實就是最有問題的語料庫之一。ImageNet 裡面有一千四百萬個帶有標籤的圖像，大約一半的標記資料都來自美國這個單一國家。

在美國，「傳統」的新娘形像是穿著白色禮服、罩著白色薄紗的女人，但實際上，在婚禮當天，那種形象並不能代表全世界大多數的人。有些新娘穿著衣褲套裝結婚，有些新娘在沙灘上穿著色彩繽紛的夏季洋裝完成喜事，還有些新娘穿著花嫁和服和印度傳統紗麗完婚。事實上，我自己的婚紗是淺米色的。然而，除非穿了白色禮服、罩了薄紗，ImageNet 無法辨識誰是新娘。

我們也知道醫療資料集有問題。受過訓練來辨識癌症的系統，主要讀取的資料多是白人的照片和影像掃描。但未來這些資料可能會導致黑人和有色人種被誤診。如果九大巨頭知道語料庫有問題，卻沒有對此做出任何應對措施，他們就會把 AI 引向錯誤的道路。

改善的方法是靠 AI 自行處理資料，並評估當前使用的所有訓練資料。這種方式事實上已經做過很多次，雖然不是為了清理訓練資料。IBM 的印度研究實驗室在一項小專案中，分析了一九六九年至二〇一七年間文學大獎曼布克獎（Booker Prize）

的入圍名單。研究顯示，「這些書中，關於職業、文物介紹，以及與書中人物相關的行為等不同特徵，普遍存在性別偏見和刻板印象。」男性角色更有可能有地位高的職位，如董事、教授和醫生，而女性角色則更容易被描述為「老師」或「妓女」。[196] 如果可以使用自然語言處理、圖形演算法和其他基本的機器學習科技搜出文學獎項中的偏見，這些科技也可用在這些熱門的訓練資料集中，找出偏差。一旦發現問題就應該公布，然後進行修補。這麼做會有雙向的作用：訓練資料可能會因為熵（注：資訊的不確定性）而變糟，並危害整個系統。要是我們常常注意，訓練的資料就能保持合理正常。一種解決方案是九大巨頭（或至少 G–MAFIA）要分擔建立新訓練集的成本。這是一個很大的要求，因為建立新的語料庫需要相當多的時間、金錢和人力資本；一直做到成功稽核了 AI 系統和語料庫，並修復其中存在的問題之後，九大巨頭應該堅持讓人類注釋員來標記內容，使整個過程透明化。然後，在使用這些語料庫之前，資料應該要經過驗證。這會是一個辛苦又單調的過程，但也是為整個領域的最佳利益著想。

的確，九大巨頭需要我們的資料。但他們應該要贏得我們的信任，而不是假設我們信任他們。他們不應該使用晦澀、難以理解的語言來改變服務條款，或用花招來耍我們，而是應該好好解釋和揭露聲明他們所做的事情。當九大巨頭進行研究時，

無論是公司內部團隊自己進行，還是與大學和 AI 生態系統中的其他人合作，他們都應該致力披露資料，並充分解釋他們的動機和預期的結果。如果他們這樣做，我們可能會願意參與，並支持他們的努力；我絕對會排第一個。

揭露資料在中國是個更困難的要求（這不難理解），但它符合人民的最佳利益。中國三巨頭不應該為了控制和管數中國人民及其合作夥伴的自由，而同意製做能達到這種目的的產品。中國三巨頭的高層主管必須表現出勇敢的領導能力，他們必須願意，且能夠不同意北京的做法：拒絕政府監控的要求、保護中國人民的資料，並確保至少在數位領域，每個人都能受到公正和平等的對待。

九大巨頭應該追求合理的研究目的。他們的目標應簡單又直接：在不讓我們冒著危險的情況下，建立能讓全人類進步的科技。實現這個目標有種可能方式稱為「差異化科技進步」（differential technological progress），這在 AI 聚落中飽受爭議；它將優先考慮降低風險的人工智慧進展，而不是增加風險的進展。這是一個好觀念，但是很難執行，例如，在前面場景中提到的生成對抗網路，要是被駭客控制使用，可能就會非常危險，但它們也是研究取得重大成就的途徑。與其假定沒人會把人工智慧用於邪惡用途（或以為我們可以輕鬆解決這些問題），九大巨頭應該要開發可以評估的程序來審視這些新的基礎／應

用研究，看看這些研究是否會產生益處遠大於任何風險的 AI。因此，九大巨頭接受或投入的任何金錢投資，應該要包含支持有益用途和風險地圖的資金，比方說，如果谷歌追求生成對抗網路的研究，他們應該花費合理的時間、人力資源和金錢來調查、繪製並測試負面後果。這樣的要求也有助於抑制對快速獲利的預期。刻意減慢 AI 的開發週期並不是一個受歡迎的建議，但是非常重要。仔細思考並提前計劃風險才是讓我們更安全的上策，而不是出包後才在亂收殘局。

在美國，G–MAFIA 可以著手重新調整自己的招募流程，目前的流程會優先考慮潛在僱員的技能，以及他們是否會融入公司文化。這個流程會在無意中忽略求職者對道德的個人理解。梅森（Hilary Mason）是一位備受尊敬的資料科學家，也是「快速前進實驗室」（Fast Forward Labs）的創辦人，她在採訪中解釋了道德篩選簡單的過程。她建議提出尖銳的問題，並專心聆聽求職者的答案（問題像是：「你正在研究消費者使用的金融服務模型。而種族是你模型中的重要功能，但你無法使用種族的資料，你會怎麼辦？」和「你被上級要求使用網路流量資料向小公司提供貸款。結果發現，可用的資料並未嚴謹地告知信用風險。你會怎麼辦？」[197]），再來根據答案判斷是否應該錄取求職者，或有條件地錄取，並要求錄取者在開始工作之前必須完成無偏見意識的訓練，否則將取消錄取資格。

透過聘請學者、受過訓練的倫理學家和風險分析師，九大巨頭可以建立一種支持人工智慧道德的文化。在理想的情況下，這些員工被安排散布至整個組織：到消費者硬體、軟體和產品團隊；到銷售和服務團隊；與其他人共同指導科技計劃；建立網路和供應鏈；到設計和戰略小組；到人力資源和法律部門；以及到行銷和溝通的團隊。

　　九大巨頭應該開發一個程序來評估研究、工作流程、專案、合作夥伴關係和產品的倫理含義，且這個程序應該要與公司內部的大多數工作職責結合。九大巨頭若想釋放出可靠的表現、贏得信任，就應該公布流程，讓我們都能更理解，關於我們的資料，他們是如何做出決策的。

　　九大巨頭無論是彼此合作還是各自進行，都應該制定針對自家 AI 工作人員的行為準則。行為準則應該反映全球增強智慧聯盟介紹的基本人權，但也應該反映公司獨特的文化和企業價值觀。如果有人違反準則，也應向工作人員開放一個清楚、且能保護告發者的舉報管道。

　　從務實的角度來看，這些措施全都將對九大巨頭的短期收入造成暫時和負面的影響，投資人也需要給他們一些喘息的空間。在美國，給予 G–MAFIA 他們所需的演進空間，在長久的未來會帶來好處。

改變 AI 的聚落：徹底改造人才養成管道

我們必須解決人工智慧人才養成管道的問題，問題起源於 AI 聚落形成的大學。在所有提議的解決方案中，這是最容易執行的。

大學必須鼓勵、支持混合學位。在本書前面章節，我描述了那些最有影響力的大學，這些大學除了和 G–MAFIA 與中國三巨頭有最多的合作，他們還有明星教授，此外，學校的口碑聲譽在找工作時也至關重要。如今，人工智慧的課程不但密集且難度相當高，幾乎沒有空間讓學生去雙主修或三主修。事實上，大多數頂尖課程都在積極阻止學生修那些不屬於標準電腦科學系所的課程，這個問題不難解決。大學應該推廣電腦科學跟政治學、哲學、人類學、國際關係、經濟學、創意藝術、神學和社會學的雙學位，大學也應開放讓學生更容易追求其他的興趣。

倫理課應該與大多數的課程結合，而不是當做單一課程來上。當倫理課是獨立的必修科目時，學生可能會把課程視為要從清單上核銷的項目，而不是人工智慧教育的重要基石。學校必須鼓勵即使是終身教授，都要在課程中安排包括哲學、偏見、風險和道德的討論，而認證機構應該鼓勵並獎勵那些能夠展示將倫理學做為電腦科學教學核心課程的學校。

大學必須加倍努力，在大學部、研究生和教師的招募流程中

更具包容性，他們應該要仔細評估並修改招募本身的流程。目標不僅是把女性和有色人種的人數增加幾個百分點，而是要大大改變 AI 聚落的各種關聯和身分認同，包括種族、性別、宗教、政治和性向認同。

大學應該扛起責任，他們可以，而且必須做得更好，使 AI 的聚落多元化。

你也需要改變

現在你知道人工智慧是什麼、不是什麼，以及它為什麼這麼重要。你認識了九大巨頭以及他們的歷史和對未來的願景。你明白人工智慧不是曇花一現，也不是科技潮流，更不是和你在廚房裡對話的酷炫的小玩意兒。人工智慧是你生活的一部分，你也是人工智慧發展軌道的一環。

你是 AI 聚落的一分子。你沒有任何藉口。從今天開始，你應該去了解九大巨頭探勘和處理你資料的方式。要做到這一點，你可以深入去探究你使用的所有工具和服務的功能設定：你的電子郵件和社群媒體、手機上的定位服務、你所有連線設備上的權限設置。下次當你看到一個很酷的應用程式，它要拿你（你的臉、你的身體或你的手勢）與一大組資料相比，先停下來別使用，研究清楚你是否正在協助訓練一個機器學習系統。當

你允許自己被應用程式辨識時，要詢問你的資訊被儲存的位置，以及被拿去做什麼用途。好好閱讀服務條款，如果有什麼條款似乎不對勁，請克制自己不要去使用。幫助你的家人和周遭的其他人更了解 AI 是什麼、AI 生態系統怎麼使用我們的資料，以及我們如何成為九大巨頭所建構的未來的一部份。

在職場上，你必須捫心自問一個困難、但實際的問題：你自己的偏見如何影響你周圍的人？你是否在不自覺的情況下，只支持或推廣了那些看起來像你，並反映你的世界觀的人？你是否無意中排除了某些群體？想想那些做相關決策（合作關係、採購、人員和資料）的人；他們是否反映了這個世界的實況，抑或只是他們以為的世界？

你還應該去探究，在你工作的地方自主系統被使用的方式和原因。在你急於評斷之前，記得要謹慎和理性思考：這對未來正面或負面的影響可能有哪些？然後盡你所能來降低風險，並讓最佳解可以最有效地實行。

在投票所，請把票投給那些不會急於立法監管，但會採取更複雜的方式處理人工智慧、進行長遠規劃的人。你的民選官員不得把科技政治化，或嚴厲批評科學。但是，在媒體出現負面故事之前，那些直接忽視矽谷的官員也不算負責任。你必須要求你的民選官員以及他們的政務官，就他們對人工智慧的行為和怠惰做出解釋。

你必須當一個更聰明的媒體消費者。下次你讀到、看到或聽到有關人工智慧未來的故事時，請記住，呈現給你的故事往往過於狹隘。人工智慧的未來絕不是只有大規模的失業和空中出現無人操控的武器而已。

雖然我們無法準確知道未來的情況，但 AI 的可能方向是明確的。你現在可以更了解九大巨頭如何推動 AI 的發展軌跡、投資人和贊助者如何影響 AI 系統的速度和安全、中美兩國政府發揮的關鍵作用、大學如何灌輸技能和情感，以及一般民眾如何成為系統的根本組成部分。

現在是時候了。請你睜開眼睛，專注在山頂的巨石上，因為它正在凝聚動力。自從勒芙蕾絲最先想像出一台可以獨立創作美妙樂曲的電腦以來，這塊巨石一直在移動；當圖靈問「機器能思考嗎？」，這塊巨石就動了；當麥卡錫和明斯基把所有那些男性學者聚集在達特茅斯的研究會，這塊巨石就動了；當超級電腦「華生」贏了智力競賽節目《危險邊緣》時，這塊巨石就動了；不久前，當 DeepMind 擊敗了世界圍棋冠軍，這塊巨石又動了。當你在翻閱這本書時，它一直在動。

每個人都想成為他們自己故事裡的英雄。

這是你的機會。

拿起一塊小卵石。

走上這座山。

致謝

像人工智慧一樣，這本書多年來一直以某種形式持續發展。本書起源始於簡訊發送的一連串問題，後來成為常見的餐桌話題，再升級成為我在健身房、約會和周末度假時，仍縈繞在我腦海裡的問題。有一個人，名叫布萊恩・伍爾夫（Brian Woolf），他沉迷這種偏執，他使我能夠追求出書的目標，多年來也非常支持我的工作。布萊恩為我的研究貢獻良多，幫助我把我的論點具體化，並熬夜編輯我的文稿，我非常感激他。

《AI 未來賽局》是數百次面對面會議、訪談和與從事人工智慧或相關的人士共進晚餐的結果。Sewell Chan，Noriyuki Shikata，Arfiya Eri，Joel Puckett，Erin McKean，Bill McBain，Frances Colon，Torfi Frans Olafsson，Latoya Peterson，Rob High，Anna Sekaran，Kris Schenck，Kara Snesko，Nadim Hossain，Megan Carroll，Elena Grewal，John Deutsch，Neha

Narula，Toshi Ezoe，Masao Takahashi，Mary Madden，Shintaro Yamaguchi，Lorelei Kelly，Hiro Nozaki，Karen Ingram，Kirsten Gra- ham，Francesca Rossi，Ben Johnson，Paola Antonelli，Yoav Schlesinger，Hardy Kagimoto，John Davidow，Rachel Sklar，Glynnis MacNicol，Yohei Sadoshima 和 Eiko Ooka，這些人大方地分享他們的時間、觀點和見解。有幾個人將其他從事人工智慧和撰寫政策的人介紹給我，幫助我進一步調查地緣政治平衡，並更了解人工智慧的機會和風險。

正因我在美日領袖培育基金會（United States-Japan Leadership Foundation）時，遇到了席・湯馬斯（Sea Thomas）中校、退役陸軍少校 DJ・史柯頓（DJ Skelton）、國防創新委員會（Defense Innovation Board）執行主任約書亞・馬庫塞（Joshua Marcuse）和國家安全分析師約翰・努南（John Noonan）。我們現在已和美日領袖培育計劃的研究員一起度過了許多日子，我非常感謝他們每個人都耐心地解釋戰爭的未來、美國軍隊在環太平洋地區的作用，以及中國的各種戰略措施。我特別敬畏約書亞為了消除矽谷與華盛頓特區之間的分歧所做的工作，他是 AI 當今的英雄之一。

亞斯彭策略小組（*Aspen Strategy Group*，注：一個由會員組成的論壇，旨在探討卓越的外交政策和美國面臨的安全挑戰。）讓我有機會在他們科羅拉多州的年度夏季會議上，介紹人工智

慧和地緣政治的未來，這些對話幫助我勾勒出我的分析。最誠摯的感謝 Nicholas Burns，Condoleezza Rice，Joseph Nye 和 Jonathon Price 的邀請，以及 Carla Anne Robbins，Richard Danzig，James Baker，Wendy Sherman，Christian Brose，Eric Rosenbach，Susan Schwab，Ann–Marie Slaughter，Bob Zoellick，Philip Zelikow，Dov Zakheim，Laura Rosenberger 和 Mike Green，謝謝你們所有寶貴的回饋。

我很多想法都是在紐約大學史登商學院的校園裡出現的，那裡對我的研究來說，是一個給我非常多支持的專業發源地。我很感謝山姆·克雷格（Sam Craig）教授介紹我來教 MBA 課程，並在過去的幾年裡，提供了許多建議給我。那些來上我的課的 MBA 學生都聰明絕頂、富有創造力，真是一言難盡。特別是最近有三位史登商學院的畢業生，克菲·培瑞茲（Kriffy Perez）、伊蓮娜·吉拉（Elena Giralt）和羅伊·勒夫柯維茲（Roy Levkovitz），在模擬人工智慧的未來時，他們都是很棒的軍師。

我非常幸運，在人生的道路上能夠有一群提供忠告和建議的智者。我所做的所有工作都因為他們而更好。幾年前的某一天，丹尼·史登（Danny Stern）邀請我去紐約大學的校園見他，這改變了我的人生。他教我如何用更迅速的方式來思考，他也告訴我，如何讓我的研究與更廣大的聽眾建立起聯繫。他在史登戰略集團（Stern Strategy Group）的合夥人梅爾·布萊克

（Mel Blake）花了數百小時指導我，塑造我的想法，並幫助我以不同的方式，看待我周圍的世界。他們是我靈感、動力和（如他們所知）努力的持續源頭。哈佛大學的詹姆斯‧格里（James Geary）和安‧瑪麗‧李賓斯基（Ann Marie Lipinski）多年來一直非常大方，讓我有機會主持聚會、討論未來，並進一步開發我的前瞻方法論，詹姆斯和安‧瑪麗是完美的顧問。我親愛的摯友和個人擁護者瑪麗亞‧波波娃（Maria Popova）讓我去思考更大的點子，然後她將這些點子置於她對文學、藝術和科學的百科知識中，進行討論。我美妙的女兒佩特拉‧伍爾夫（Petra Woolf）永遠不會停止問「如果……」，這經常在我思考未來時，提醒了我自身的認知偏見。一如往常，我很感謝哥倫比亞大學的塞繆爾‧弗里德曼（Samuel Freedman）教授。

我非常感謝雪若‧庫妮（Cheryl Cooney），她替我堅持不懈地工作，沒有她，我能做好的事會很少。無論有朝一日會創造出什麼樣的通用人工智慧，我無法想像會有能夠取代雪若的人工智慧。艾蜜莉‧考菲爾德（Emily Caufield）似乎有永無止境的耐心，是推動我的前瞻工作、趨勢和情境的唯美力量。感謝菲利普‧布蘭查德（Phillip Blanchard）再次與我合作，進行查核、審稿，他還彙整了本書所有資料的來源和尾注，感謝馬克‧福提爾（Mark Fortier），他幫助確保新聞媒體和新聞製作者都能讀到此書，在出書的過程中，他的建議非常寶貴。

　　最後，我想對卡蘿・法蘭蔻（Carol Franco）、肯特・藍貝（Kent Lineback）和約翰・馬西尼（John Mahaney）表示我無盡的感激。卡蘿是我的作家經紀人，她管理了這本書的版權，但是她也是我的朋友，她和她的丈夫肯特在他們位於聖塔菲的美麗家中招待我，以便我們能夠醞釀本書的架構和中心論點。我們花了幾天幾夜的時間，才把我所有的研究和想法精煉出核心的論點；工作閒暇時，我們在城裡閒逛，並在很棒的餐廳裡進行了熱烈的討論。由於卡蘿的關係，幾年前我認識了我的編輯約翰・馬西尼，我很榮幸我先前的著作能跟他合作。約翰是一位無可挑剔的編輯，他會提出許多問題、要求品質回報，並且會一直敦促我，直到分析、範例和細節都到位為止。我寫這本書是因為我想轉移關於人工智慧未來的對話，但是我的動機仍存有私心：再次與約翰合作，表示我有機會花一年時間跟他學習，並改進我的文章。約翰、肯特和卡蘿，你們是一支強大的團隊，我無法相信我怎麼能這麼幸運認識你們。

注釋

1 Paul Mozur, "Beijing Wants AI to Be Made in China by 2030," New York Times, July 20, 2017, https://www.nytimes.com/2017/07/20/business/china-artificial-intelligence.html.

2 Tom Simonite, "Ex-Google Executive Opens a School for AI, with China's Help," Wired, April 5, 2018, https://www.wired.com/story/ex-google-executive-opens-a-school-for-ai-with-chinas-help/.

3 "Xinhua Headlines: Xi outlines blueprint to develop China's strength in cyberspace," Xinhua, April 213, 2018. http://www.xinhuanet.com/english/2018-04/21/c_137127374_2.htm.

4 Stephanie Nebehay, "U.N. says it has credible reports that China holds million Uighurs in secret camps," Reuters, August 10, 2018. https://www.reuters.com/article/us-china-rights-un/u-n-says-it-has-credible-reports-that-china-holds-million-uighurs-in-secret-camps-idUSKBN1KV1SU.

5 Simina Mistreanu, "Life Inside China's Social Credit Laboratory," Foreign Policy, April 3, 2018. https://foreignpolicy.com/2018/04/03/life-inside-chinas-social-credit-laboratory/.

6 同上。

7 "China Shames Jaywalkers through Facial Recognition," Phys.org, June 20, 2017, https://phys.org/news/2017-06-china-shames-jaywalkers-facial-recognition.html.

8 The Oldest Song in the World," Wired, October 29, 2009, https://www.wired.com/2009/10/the-seikilos-epitaph.

9 "Population Clock: World," Census.gov, 2018, https://www.census.gov/popclock/world.

10 Elizabeth King, "Clockwork Prayer: A Sixteenth-Century Mechanical Monk," Blackbird 1, no. 1 (Spring 2002), https://blackbird.vcu.edu/v1n1 /nonfiction/king_e/prayer_introduction.htm.

11 Thomas Hobbes, De Corpore Politico, or The Elements of Law Moral and Politick.

12 René Descartes, Meditations on First Philosophy, Second Meditation §25, 1641, University of Connecticut, http://selfpace.uconn.edu/class/percep/DescartesMeditations.pdf.

13 René Descartes, Treatise of Man, trans. T. S. Hall (Cambridge, MA: Harvard University Press, 1972).

14 Gottfried Wilhelm Leibniz, The Monadology, trans. Robert Latta, (1898), https://www.plato-philosophy.org/wp-content/uploads/2016/07/The-Monadology-1714-by-Gottfried-Wilhelm-LEIBNIZ-1646-1716.pdf.

15 Computer 一詞第一次是公認出現在布拉斯維特一六一三年的著作 The Yong Mans Gleanings 中。當時 computer 是指執行計算的人。

16 "Blaise Pascal," Biography.com, https://www.biography.com/people/blaise-pascal-9434176.

17 萊布尼茲在〈二的級數〉（De Progressione Dyadica）一文中寫道：「這個〔二進制〕算數可以由機器實現……只要把洞口設計成可以打開和關閉。在對應 1 的地方，洞要打開啟，並且在對應 0 的地方，洞要保持關閉。小方塊或彈珠透過打開的洞口，滑入軌道，其他沒打開的洞就不會有東西掉入。〔洞口陣列〕根據需要，從一列移動到另一列。」

18 萊布尼茲寫道：「我再次想到我的新語言或寫作系統的早期計畫，可以做為所有不同國家的溝通工具……如果我們有這樣一個通用的工具，討論形而上學或道德問題時，就可以像處理數學或幾何的問題一樣。這是我的目標：每個誤解都應該只不過是估計錯誤……很容易被新語言的文法糾正。因此，在有爭議的討論中，兩位哲學家可以坐在桌子旁，像兩位數學家那樣來計算，他們可以說『我們來檢查一下。』」

19 "Apes to Androids: Is Man a Machine as La Mettrie Suggests?," http://www.charliemccarron.com/man_a_machine/.

20 Luigi Manabrea, Sketch of the Analytical Engine Invented by Charles Babbage (London: Richard and John E. Taylor, 1843).

21 Desmond MacHale, The Life and Work of George Boole: A Prelude to the Digital Age, New ed.

(Cork University Press, 2014).

22 邏輯學家馬丁‧戴維斯（Martin Davis）在著作《通用計算機：從萊布尼茲到圖靈》（The Universal Computer: The Road from Leibniz to Turing）中做了最好的闡釋：「圖靈知道演算法通常由一連串的規則來指定命令，而人可以精確地按表操課，就像照著食譜的步驟做一樣。他能夠證明這樣的人會被限制在一些極簡單的基本動作，而不會改變計算的最終結果。然後，證明沒有機器僅靠執行那些基本動作，就可以判斷從給定的前提得到了給定的結論。他得出的結論是，針對判定問題的演算法不存在。」

23 Alan Turing, "Computing Machinery and Intelligence," Mind 59, no. 236 (1950): 433-60.

24 "A Proposal for the Dartmouth Summer Research Project on Artificial Intelligence," Stanford Computer Science Department's Formal Reasoning Group, John McCarthy's home page, links to articles of historical interest, last modified April 3, 1996, http://www-formal.stanford.edu/jmc/history/dartmouth/dartmouth.html.

25 在他們的提議中，麥卡錫、明斯基、羅切斯特和夏農邀請以下人員來到達特茅斯進行人工智慧的研究。本書複製了一九五五年公布的原始名單，包括公司名稱和地址，並非所有受邀的人都可以參加。

Adelson, Marvin
Hughes Aircraft Company
Airport Station, Los Angeles, CA

Ashby, W. R.
Barnwood House
Gloucester, England

Backus, John
IBM Corporation
590 Madison Avenue
New York, NY

Bernstein, Alex
IBM Corporation
590 Madison Avenue
New York, NY

Bigelow, J. H.
Institute for Advanced Studies

Princeton, NJ

Elias, Peter
R. L. E., MIT
Cambridge, MA

Duda, W. L.
IBM Research Laboratory
Poughkeepsie, NY

Davies, Paul M.
1317 C. 18th Street
Los Angeles, CA

Fano, R. M.
R. L. E., MIT
Cambridge, MA

Farley, B. G.
324 Park Avenue
Arlington, MA

Galanter, E. H.
University of Pennsylvania
Philadelphia, PA

Gelernter, Herbert
IBM Research
Poughkeepsie, NY

Glashow, Harvey A.
1102 Olivia Street
Ann Arbor, MI

Goertzal, Herbert
330 West 11th Street
New York, NY

Hagelbarger, D.
Bell Telephone Laboratories
Murray Hill, NJ

Miller, George A.
Memorial Hall

Harvard University
Cambridge, MA

Harmon, Leon D.
Bell Telephone Laboratories
Murray Hill, NJ

Holland, John H.
E. R. I.
University of Michigan
Ann Arbor, MI

Holt, Anatol
7358 Rural Lane
Philadelphia, PA

Kautz, William H.
Stanford Research Institute
Menlo Park, CA

Luce, R. D.
427 West 117th Street
New York, NY

MacKay, Donald
Department of Physics
University of London
London, WC2, England

McCarthy, John
Dartmouth College
Hanover, NH

McCulloch, Warren S.
R.L.E., MIT
Cambridge, MA

Melzak, Z. A.
Mathematics Department
University of Michigan
Ann Arbor, MI

Minsky, M. L.
112 Newbury Street
Boston, MA

More, Trenchard
Department of Electrical Engineering
MIT
Cambridge, MA

Nash, John
Institute for Advanced Studies
Princeton, NJ

Newell, Allen
Department of Industrial Administration
Carnegie Institute of Technology
Pittsburgh, PA

Robinson, Abraham
Department of Mathematics
University of Toronto
Toronto, Ontario, Canada

Rochester, Nathaniel
Engineering Research Laboratory
IBM Corporation
Poughkeepsie, NY

Rogers, Hartley, Jr.
Department of Mathematics
MIT

Cambridge, MA

Rosenblith, Walter
R.L.E., MIT
Cambridge, MA

Rothstein, Jerome
21 East Bergen Place
Red Bank, NJ

Sayre, David
IBM Corporation
590 Madison Avenue
New York, NY

Schorr-Kon, J. J.
C-380 Lincoln Laboratory, MIT
Lexington, MA

Shapley, L.
Rand Corporation
1700 Main Street
Santa Monica, CA

Schutzenberger, M. P.
R.L.E., MIT
Cambridge, MA

Selfridge, O. G.
Lincoln Laboratory,
MIT Lexington, MA

Shannon, C. E.
R.L.E., MIT
Cambridge, MA

Shapiro, Norman
Rand Corporation

1700 Main Street
Santa Monica, CA

Simon, Herbert A.
Department of Industrial Administration
Carnegie Institute of Technology
Pittsburgh, PA

Solomonoff, Raymond J.
Technical Research Group
17 Union Square West
New York, NY

Steele, J. E., Capt. USAF
Area B., Box 8698
Wright-Patterson AFB
Ohio

Webster, Frederick
62 Coolidge Avenue
Cambridge, MA

Moore, E. F.
Bell Telephone Laboratory
Murray Hill, NJ

Kemeny, John G.
Dartmouth College
Hanover, NH

26 我整合了一份很短的名單，列出當時有才幹的女性和有色人種專家，這份名單可以為達特茅斯研討會增添極大的價值，但卻被忽視了。這份名單並非詳盡，我還可以繼續幾往下列出好幾十頁。這份名單代表了被排除於一系列活動之外，那些聰明、有能力、有創意的人。

James Andrews, mathematician and professor at Florida State University who specialized in group theory and knot theory.

Jean Bartik, mathematician and one of the original programmers for the ENIAC computer.

Albert Turner Bharucha-Reid, mathematician and theorist who made significant contributions in

Markov chains, probability theory, and statistics.

David Blackwell, statistician and mathematician who made significant contributions to game theory, information theory, probability theory, and Bayesian statistics.

Mamie Phipps Clark, a PhD and social psychologist whose research focused on self-consciousness.

Thelma Estrin, who pioneered the application of computer systems in neurophysiological and brain research. She was a researcher in the Electroencephalography Department of the Neurological Institute of Columbia Presbyterian at the time of the Dartmouth Summer Research Project.

Evelyn Boyd Granville, a PhD in mathematics who developed the computer programs used for trajectory analysis in the first US-manned missions to space and the moon.

Betty Holberton, mathematician and one of the original programmers for the ENIAC computer. She invented breakpoints in computer debugging.

Grace Hopper, computer scientist and eventual creator of COBOL, an early programming language still in use today.

Mary Jackson, engineer and mathematician, who later became NASA's first Black female engineer.

Kathleen McNulty, mathematician and one of the original programmers for the ENIAC computer.

Marlyn Meltzer, mathematician and one of the original programmers for the ENIAC computer, which was the first all-electronic programmable computer.

Rózsa Péter, mathematician and a founder of recursive function theory.

Frances Spence, mathematician and one of the original programmers for the ENIAC computer.

Ruth Teitelbaum, mathematician and one of the original programmers for the ENIAC computer. She, with fellow programmer Marlyn Meltzer, calculated ballistic trajectory equations.

Dorothy Vaughan, mathematician and human computer who in 1949 was the acting supervisor of the West Area Computers.

Jesse Ernest Wilkins Jr., nuclear scientist, mechanical engineer, and mathematician who became the University of Chicago's youngest student at age 13.

27 "The Dartmouth Workshop—as Planned and as It Happened," Stanford Computer Science Department's Formal Reasoning Group, John McCarthy's home page, lecture "AI: Past and Future," last modified October 30, 2006, http://www-formal.stanford.edu/jmc/slides/dartmouth/dartmouth/node1.html.

28 "The Dartmouth AI Archives," RaySolomonoff.com, http：//raysolomonoff.com/dartmouth/.

29 Irving John Good, "Speculations Concerning the First Ultraintelligent Machine," Advances in Computers, Volume 6 (1966): 31–88, https://www.sciencedirect.com/science/article/pii/S0065245808604180?via%3Dihub.

30 Joseph Weizenbaum, "ELIZA—A Computer Program for the Study of Natural Language Communication Between Man and Machine," Communications of the ACM 9, no. 1 (January 1966): 36–45, http://web.stanford.edu/class/cs124/p36-weizenabaum.pdf.

31 Full script is on GitHub: https://github.com/codeanticode/eliza.

32 Ronald Kotulak, "New Machine Will Type Out What It 'Hears,'" Chicago Tribune, June 18, 1963, accessed via Chicago Tribune archives (paywall).

33 Herbert A. Simon and Allen Newell, "Heuristic Problem Solving: The Next Advance in Operations Research," Operations Research 6 (1958): 1–10.

34 麥卡錫本人想與小組一起研究他對代表常識和推理的想法，但是一旦小組聚集起來，他察覺到參與者的組合缺少一些關鍵的思想家。(在他的討論案例中，他希望納入邏輯學家。)

35 Brad Darrach, "Meet Shaky, the First Electronic Person," Life Magazine, November 20, 1970, Volume 69, 58B–58C.

36 National Research Council, Language and Machines: Computers in Translation and Linguistics (Washington, DC: The National Academies Press, 1966), 19. https://www.nap.edu/read/9547/chapter/1.

37 James Lighthill, "Artificial Intelligence: A General Survey," Chilton Computing, July 1972, http://www.chilton-computing.org.uk/inf/literature/reports/lighthill_report/p001.htm.

38 "Mind as Society with Marvin Minsky, PhD," transcript from "Thinking Allowed, Conversations on the Leading Edge of Knowledge and Discovery, with Dr. Jeffrey Mishlove," The Intuition Network, 1998, http://www.intuition.org/txt/minsky.htm.

39 同上。

40 人工智慧的寒冬包括新的預測，這次呈現的方式是對未來提出警告。維森鮑姆在《電腦威力和人類理性》（Computer Power and Human Reason）中認為，雖然人工智慧可能可行，但我們絕不應該讓電腦做重要的決定，因為電腦總是缺乏人的特質，例如同情和智慧。維森鮑姆在決定和選擇之間做出了關鍵的區分。決定（deciding）是一種計算活動，是可以經由電腦設定的；而選擇（choice）是判斷的結果，不是計算的結果，選擇的能力是最終使我們之所以為人類的原因。加州大學柏克萊分校的哲學家希爾勒（John Searle）在他的論文〈心靈、大腦和程式〉（Minds, Brains, and Programs）中，反對通用人工智慧的合理性，也就是他稱為的「強」人工智慧。希爾勒表示，無論程式的表現有多像人類，程式都不會帶給電腦「心靈」、「理解」或「意識」。

41 Jonathan Schaeffer, Robert Lake, Paul Lu, and Martin Bryant, "CHINOOK: The World Man-Machine Checkers Champion," AI Magazine 17, no. 1 (Spring 1966): 21–29, https://www.aaai.org/ojs/index.php/aimagazine/article/viewFile/1208/1109.pdf.

42 Ari Goldfarb and Daniel Trefler, "AI and International Trade," The National Bureau of Economic Research, January 2018, http://www.nber.org/papers/w24254.pdf.

43 Toby Manning, "AlphaGo," British Go Journal 174 (Winter 2015–2016): 15, https://www.britgo.org/files/2016/deepmind/BGJ174-AlphaGo.pdf.

44 Sam Byford, "AlphaGo Retires from Competitive Go after Defeating World Number One 3-0," Verge, May 27, 2017, https://www.theverge.com/2017/5/27/15704088/alphago-ke-jie-game-3-result-retires-future.

45 David Silver et al., "Mastering the Game of Go Without Human Knowledge," Nature 550 (October 19, 2017): 354–359, https://deepmind.com/documents/119/agz_unformatted_nature.pdf.

46 同上。

47 同上。

48 Zero 的主要程式設計師席佛（David Silver）在新聞發表會上做出這項聲明。

49 Byford, "AlphaGo Retires From Competitive Go."

50 Jordan Novet, "Google Is Finding Ways to Make Money from Alphabet's DeepMind AI Technology," CNBC, March 31, 2018, https://www.cnbc.com/2018/03/31/how-google-makes-money-from-alphabets-deepmind-ai-research-group.html.

51 Roydon Cerejo, "Google Duplex: Understanding the Core Technology Behind Assistant's Phone Calls," Gadgets 360, May 10, 2018, https://gadgets.ndtv.com/apps/features/google-duplex-google-io-ai-google-assistant-1850326.

52 Quoc Le and Barret Zoph, "Using Machine Learning to Explore Neural Network Architecture," Google AI (blog), May 17, 2017, https://ai.googleblog.com/2017/05/using-machine-learning-to-explore.html.

53 加拿大電腦科學家赫克托・萊韋斯克於二〇一一年提出的威諾格拉德模式，提供了替代圖靈測試的方案，來測量 AI 的能力，並以史丹佛大學計算電腦科學家特里・威諾格拉德（Terry Winograd）的名字命名。因為人們專注於 AI 在直接競賽中擊敗人類，所以忽視了測量和提升 AI 的其他方法。威諾格拉德模式（Winograd schema）的目的是，當成多面向的測試，因為要能通過考驗，需要的不僅僅是廣泛的資料集。紐約大學的三位電腦科學家厄尼斯特・戴維斯（Ernest Davis）、里歐拉・摩根斯坦（Leora Morgenstern）和查爾斯・奧堤茲（Charles Ortiz）提出了一年舉辦一次的威諾格拉德模式挑戰賽（Winograd Schema Challenge）。他們在他們的教師網站上提供了一個很好的例子（最後閱覽日期 2018 年 9 月 5 日，https://cs.nyu.edu/faculty/davise/papers/WinogradSchemas/WS.html）：

市議員駁回了示威者的集會許可，因為他們〔害怕／主張〕暴力。如果括弧裡的詞是「害怕」，那麼這裡的「他們」指的是市議員；如果用的是「主張」，那麼「他們」想必指的是示威者。

在他的論文中，萊韋斯克說，威諾格拉德模式應該滿足以下的約束條件：

■ 題目對人類讀者是容易看懂意思的（理想情況下，是容易到讀者甚至不會注意到有模擬兩可的地方）。
■ 題目不能用簡單技巧來處理，像是選擇限制等。（selectional restriction，注：在自然語言中，主語名詞對動詞是有一定選擇傾向性的，不是什麼詞語都可以通過簡單排列組合進行搭配）等。
■ 用谷歌查驗過；也就是說，語料庫裡沒有明顯的統計測試可以正確地看懂題目意思。

54 Mike Isaac and Sheera Frenkel, "Facebook Security Breach Exposes Accounts of 50 Million Users," New York Times, September 28, 2018, https://www.nytimes.com/2018/09/28/technology/facebook-hack-data-breach.html.

55 Casey Newton, "Facebook Portal's Claims to Protect User Privacy Are Falling Apart, The Verge, October 17, 2018, https://www.theverge.com/2018/10/17/17986992/facebook-portal-privacy-claims-ad-targeting.

56 "AMA: We Are the Google Brain Team. We'd Love to Answer Your Questions about Machine

Learning," Reddit, August 4, 2016, https://www.reddit.com/r/MachineLearning/comments/4w6tsv/ama_we_are_the_google_brain_team_wed_love_to/.

57 同上。

58 "Diversity," Google, https://diversity.google/.

59 Nitasha Tiku, "Google's Diversity Stats Are Still Very Dismal," Wired, August 14, 2018, https://www.wired.com/story/googles-employee-diversity-numbers-havent-really-improved/.

60 Daisuke Wakabayashi and Katie Benner, "How Google Protected Andy Rubin, the 'Father of Android,'" New York Times, October 25, 2018, https://www.nytimes.com/2018/10/25/technology/google-sexual-harassment-andy-rubin.html.

61 David Broockman, Greg F. Ferenstein, and Neil Malhotra, "The Political Behavior of Wealthy Americans: Evidence from Technology Entrepreneurs," Stanford University Graduate School of Business, Working Paper No. 3581, December 9, 2017, https://www.gsb.stanford.edu/faculty-research/working-papers/political-behavior-wealthy-americans-evidence-technology.

62 "ICYMI: RNC Chairwoman and Brad Parscale Demand Answers from Facebook and Twitter," Republican National Committee, May 24, 2018, https://www.gop.com/icymi-rnc-chairwoman-brad-parscale-demand-answers-from-facebook-twitter.

63 Kate Conger and Sheera Frenkel, "Dozens at Facebook Unite to Challenge Its 'Intolerant' Liberal Culture," New York Times, August 28, 2018, https://www.nytimes.com/2018/08/28/technology/inside-facebook-employees-political-bias.html.

64 Veronica Rocha, "Crime-Fighting Robot Hits, Rolls over Child at Silicon Valley Mall," Los Angeles Times, July 14, 2016, http://www.latimes.com/local/lanow/la-me-ln-crimefighting-robot-hurts-child-bay-area-20160713-snap-story.html.

65 Julian Benson, "Elite's AI Created Super Weapons and Started Hunting Players. Skynet Is Here," Kotaku, June 3, 2016, http://www.kotaku.co.uk/2016/06/03/elites-ai-created-super-weapons-and-started-hunting-players-skynet-is-here.

66 Joseph P. Booth, "Bob Hope Predicts Greater US," Bucks County Courier Times, Aug 20, 1974 https://newspaperarchive.com/bucks-county-courier-times-aug-20-1974-p-9/.

67 James McPherson, "The New Comic Style of Richard Pryor," New York Times, April 27, 1975. 這篇好文章是在講普瑞爾出名之前的故事。

68 Ashlee Vance, "How We Got Here," Bloomberg Businessweek, May 21, 2018, https://www.scribd. com/article/379513106/How-We-Got-Here.

69 "Computer Science," Stanford Bulletin 2018–19, Stanford University, https://exploredegrees. stanford.edu/schoolofengineering/computerscience/#bachelortext.

70 "Vector Representations of Words," TensorFlow.org, https://www.tensorflow.org/tutorials/ representation/word2vec.

71 Tolga Bolukbasi et al., "Man is to Computer Programmer as Woman is to Homemaker? Debiasing Word Embeddings," Advances in Neural Information Processing Systems 29 (2016): 4349–4357, https://arxiv.org/abs/1607.06520.

72 Natalie Saltiel, "The Ethics and Governance of Artificial Intelligence," MIT Media Lab, November 16, 2017, https://www.media.mit.edu/courses/the-ethics-and-governance-of-artificial-intelligence/.

73 可以到以下網址觀看課程：https://www.media.mit.edu/courses/the-ethics-and-governance-of- artificial-intelligence/.

74 Catherine Ashcraft, Brad McLain, and Elizabeth Eger, Women in Tech: The Facts (Boulder, CO: National Center for Women & Information Technology, 2016), https://www.ncwit.org/sites/default/ files/resources/womenintech_facts_fullreport_05132016.pdf.

75 "Degrees in computer and information sciences conferred by degree- granting institutions, by level of degree and sex of student: 1970–71 through 2010–11," Table 349 in Digest of Education Statistics, 2012 (Washington, DC: National Center for Education Statistics, 2013), https://nces.ed.gov/programs/ digest/d12/tables/dt12_349.asp.

76 "Doctor's degrees conferred by postsecondary institutions, by race/ ethnicity and field of study: 2013– 14 and 2014–15," Table 324.25 in Digest of Education Statistics, 2016 (Washington, DC: National Center for Education Statistics, 2018), https://nces.ed.gov/programs/digest/d16/tables/dt16_324.25. asp?current=yes.

77 Christopher Mims, "What the Google Controversy Misses: The Business Case for Diversity," Wall Street Journal, August 13, 2017, https://www.wsj.com/articles/what-the-google-controversy-misses- the-business-case-for-diversity-1502625603.

78 Jessi Hempel, "Melinda Gates and Fei-Fei Li Want to Liberate AI from 'Guys With Hoodies,'" Wired, May 4, 2017, https://www.wired.com/2017/05/melinda-gates-and-fei-fei-li-want-to-liberate- ai-from-guys-with-hoodies/.

79 Meng Jing, "China Looks to School Kids to Win the Global AI Race," South China Morning Post, International Edition, May 3, 2018, https://www.scmp.com/tech/china-tech/article/2144396/china-looks-school-kids-win-global-ai-race.

80 "China Launches First University Program to Train Intl AI Talents," Zhongguancun Science Park, April 4, 2018, http://www.chinadaily.com.cn/m/beijing/zhongguancun/2018-04/04/content_35979394.htm.

81 David Barboza, "The Rise of Baidu (That's Chinese for Google)," New York Times, September 17, 2006, https://www.nytimes.com/2006/09/17/business/yourmoney/17baidu.html.

82 "Rise of China's Big Tech in AI: What Baidu, Alibaba, and Tencent Are Working On," CBInsights.com, April 26, 2018, https://www.cbinsights.com/research/china-baidu-alibaba-tencent-artificial-intelligence-dominance/.

83 Louise Lucas, "The Chinese Communist Party Entangles Big Tech," Financial Times, July 18, 2018, https://www.ft.com/content/5d0af3c4-846c-11e8-a29d-73e3d454535d.

84 Javier C. Hernandez, "A Hong Kong Newspaper on a Mission to Promote China's Soft Power," New York Times, March 31, 2018, https:// www.nytimes.com/2018/03/31/world/asia/south-china-morning-post-hong-kong-alibaba.html.

85 Paul Farhi, "Washington Post Closes Sale to Amazon Founder Jeff Bezos," Washington Post, October 1, 2013, https://www.washingtonpost.com/business/economy/washington-post-closes-sale-to-amazon-founder-jeff-bezos/2013/10/01/fca3b16a-2acf-11e3-97a3-ff2758228523_story.html?noredirect=on&utm_term=.3d04830eab75.

86 Jason Lim, "WeChat Is Being Trialled To Make Hospitals More Efficient In China," Forbes, June 16, 2014, https://www.forbes.com/sites/jlim/2014/06/16/wechat-is-being-trialed-to-make-hospitals-more-efficient-in-china/#63a2dd3155e2.

87 "Rise of China's Big Tech in AI."

88 Arjun Kharpal, "China's Tencent Surpasses Facebook in Valuation a Day after Breaking $500 Billion Barrier," CNBC, November 21, 2017, https://www.cnbc.com/2017/11/21/tencent-surpasses-facebook-in-valuation.html.

89 Sam Rutherford, "5 Things to Know About Tencent, the Chinese Internet Giant That's Worth More than Facebook Now," Gizmodo, November 27, 2017, https://gizmodo.com/5-things-to-know-about

-tencent-the-chinese-internet-gi-1820767339.

90 Rebecca Fannin, "China Releases a Tech Dragon: The BAT," Techonomy, May 23, 2018, https:// techonomy.com/2018/05/china-releases-tech-dragon-bat/.

91 "Mobile Fact Sheet," Pew Research Center, February 5, 2018, http:// www.pewinternet.org/fact-sheet/mobile/.

92 Kaya Yurieff, "Amazon's Cyber Monday Was Its Biggest Sales Day Ever," CNN Money, November 29, 2017, https://money.cnn.com/2017/11/29/technology/amazon-cyber-monday/index.html.

93 Helen H. Wang, "Alibaba's Singles' Day by the Numbers: A Record $25 Billion Haul," Forbes, November 12, 2017, https://www.forbes.com/sites/helenwang/2017/11/12/alibabas-singles-day-by-the-numbers-a-record-25-billion-haul/#45dcfea1db15.

94 Fannin, "China Releases a Tech Dragon."

95 Michael Brown and Pavneet Singh, China's Technology Transfer Strategy (Silicon Valley: Defense Innovation Unit Experimental, 2017), https://new.reorg-research.com/data/documents/20170928/59cc f7de70c2f.pdf.

96 有關「十三五計畫」全文，請參考二〇一六年三月十七日「中華人民共和國國民經濟和社會發展第十三個五年規劃」。http://www.gov.cn/xinwen/2016-03/17/content_5054992.htm.

97 J.P., "What Is China's Belt and Road Initiative?," Economist, May 15, 2017, https://www.economist.com/the-economist-explains/2017/05/14/what-is-chinas-belt-and-road-initiative.

98 Salvatore Babones, "China's Middle Class Is Pulling Up the Ladder Behind Itself," Foreign Policy, February 1, 2018, https://foreignpolicy.com/2018/02/01/chinas-middle-class-is-pulling-up-the-ladder-behind-itself/.

99 Pew Research Center, The American Middle Class Is Losing Ground (Washington, DC: Pew Research Center, December 2015), http:// www.pewsocialtrends.org/2015/12/09/the-american-middle-class-is-losing-ground/.

100 Emmie Martin, "70% of Americans Consider Themselves Middle Class—But Only 50% Are," CNBC, June 30, 2017, https://www.cnbc.com/2017/06/30/70-percent-of-americans-consider-themselves-middle-class-but-only-50-percent-are.html.

101 Abha Bhattarai, "China Asked Marriott to Shut Down Its Website. The Company Complied," Washington Post, January 18, 2018, https://www.washingtonpost.com/news/business/wp/2018/01/18/china-demanded-marriott-change-its-website-the-company-complied.

102 Louis Jacobson, "Yes, Donald Trump Did Call Climate Change a Chinese Hoax," PolitiFact, June 3, 2016, https://www.politifact.com/truth-o-meter/statements/2016/jun/03/hillary-clinton/yes-donald-trump-did-call-climate-change-chinese-h/.

103 Michael Greenstone, "Four Years After Declaring War on Pollution, China Is Winning," New York Times, March 12, 2018, https://www.nytimes.com/2018/03/12/upshot/china-pollution-environment-longer-lives.html.

104 Carl Gene Fordham, "20 Actually Useful Chengyu," CarlGene.com (blog), August 14, 2008, http://carlgene.com/blog/2010/07/20-actually-useful-chengyu.

105 Stephen Chen, "China Takes Surveillance to New Heights with Flock of Robotic Doves, but Do They Come in Peace?," South China Morning Post, June 24, 2018, https://www.scmp.com/news/china/society/article/2152027/china-takes-surveillance-new-heights-flock-robotic-doves-do-they.

106 Phil Stewart, "China Racing for AI Military Edge over US: Report," Reuters, November 27, 2017, https://www.reuters.com/article/us-usa-china-ai/china-racing-for-ai-military-edge-over-u-s-report-idUSKBN1DS0G5.

107 Kate Conger, "Google Employees Resign in Protest Against Pentagon Contract," Gizmodo, May 14, 2018, https://gizmodo.com/google-employees-resign-in-protest-against-pentagon-con-1825729300.

108 Nitasha Tiku, "Amazon's Jeff Bezos Says Tech Companies Should Work with the Pentagon," Wired, October 15, 2018 https://www.wired.com/story/amazons-jeff-bezos-says-tech-companies-should-work-with-the-pentagon/.

109 Stewart, "China Racing for AI Military Edge."

110 State Council, People's Republic of China, "China Issues Guideline on Artificial Intelligence Development," English.gov.cn, last modified July 20, 2017, http://english.gov.cn/policies/latest_releases/2017/07/20/content_281475742458322.htm.

111 State Council, People's Republic of China, "Key AI Guidelines Unveiled," English.gov.cn, last modified December 15, 2017, http://english.gov.cn/state_council/ministries/2017/12/15/content_281475977265006.htm.

112 Elsa B. Kania, "China's AI Giants Can't Say No to the Party," Foreign Policy, August 2, 2018, https://foreignpolicy.com/2018/08/02/chinas-ai-giants-cant-say-no-to-the-party/.

113 同上。

114 同上。

115 John Pomfret, "China's New Surveillance State Puts Facebook's Privacy Problems in the Shade," Washington Post, March 27, 2018, https://www.washingtonpost.com/news/global-opinions/wp/2018/03/27/chinas-new-surveillance-state-puts-facebooks-privacy-problems-in-the-shade.

116 Nicholas Wright, "How Artificial Intelligence Will Reshape the Global Order," Foreign Affairs, July 10, 2018, https://www.foreignaffairs.com/articles/world/2018-07-10/how-artificial-intelligence-will-reshape-global-order.

117 Zhang Hongpei. "Many Netizens Take Issue with Baidu CEO's Comments on Data Privacy," Global Times, March 26, 2018, http://www.globaltimes.cn/content/1095288.shtml.

118 Raymond Zhong, "Chinese Tech Giant on Brink of Collapse in New US Cold War," New York Times, May 9, 2018, https://www.nytimes.com/2018/05/09/technology/zte-china-us-trade-war.html.

119 Samm Sacks, "Beijing Wants to Rewrite the Rules of the Internet," Atlantic, June 19, 2018, https://www.theatlantic.com/international/archive/2018/06/zte-huawei-china-trump-trade-cyber/563033/.

120 同上。

121 同上。

122 "The Thousand Talents Plan: The Recruitment Program for Innovative Talents (Long Term)," Recruitment Program of Global Experts, http:// 1000plan.org/en/.

123 Tom Simonite, "The Trump Administration Plays Catch-Up on Artificial Intelligence," Wired, May 11, 2018, https://www.wired.com/story/trump-administration-plays-catch-up-artificial-intelligence/.

124 Ari Levy, "Dropbox Is Going Public: Here's Who's Making Money," CNBC, February 23, 2018, https://www.cnbc.com/2018/02/23/dropbox-is-going-public-heres-whos-making-money.html.

125 John Gramlich, "5 Facts about Americans and Facebook," Fact Tank (blog), April 10, 2018, http://www.pewresearch.org/fact-tank/2018/04/10/5-facts-about-americans-and-facebook/.

126 Elizabeth Weise, "Amazon Prime Is Popular, but in Three-Quarters of All US Homes? That's Open to Debate," USA Today, October 20, 2017, https://www.usatoday.com/story/tech/2017/10/20/amazon-prime-big-though-how-big-no-one-knows/784695001/.

127 "Mobile Fact Sheet," Pew Research Center.

128 https://github.com/tensorflow/tensorflow.

129 Microsoft News Center, "Microsoft to Acquire GitHub for $7.5 Billion," Microsoft.com, June 4, 2018, https://news.microsoft.com/2018/06/04/microsoft-to-acquire-github-for-7-5-billion/.

130 Jordan Novet, "Why Tech Companies Are Racing Each Other to Make Their Own Custom AI Chips," CNBC, April 21, 2018, https://www.cnbc.com/2018/04/21/alibaba-joins-google-others-in-making-custom-ai-chips.html.

131 完整的法案可以至以下網址瀏覽 https://graphics.axios.com/pdf/PlatformPolicyPaper.pdf?_ga=2.167458877.2075880604.1541172609-1964512884.1536872317.

132 本篇推文網址 https://twitter.com/tim_cook/status/1055035534769340418.

133 "'An Owners' Manual' for Google's Shareholders," 2004 Founders' IPO Letter, Alphabet Investor Relations, https://abc.xyz/investor/founders-letters/2004/ipo-letter.html.

134 同上。

135 "Leadership Principles," Amazon, https://www.amazon.jobs/principles.

136 "Focus on Impact," Facebook, September 8, 2015, https://www.facebook.com/facebookcareers/photos/a.1655178611435493.1073741828.1633466236940064/1655179928102028/?type=3&theater.

137 "Core Values," Tencent, https://www.tencent.com/en-us/culture.html.

138 "Culture and Values," Alibaba Group, https://www.alibabagroup.com/en/about/culture.

139 Mark Bergen, "Google Engineers Refused to Build Security Tool to Win Military Contracts," Bloomberg, June 21, 2018, https://www.bloomberg.com/news/articles/2018-06-21/google-engineers-refused-to-build-security-tool-to-win-military-contracts.

140 Sundar Pichai, "AI at Google: Our Principles," The Keyword (blog), Google, June 7, 2018, https://www.blog.google/technology/ai/ai-principles/.

141 "QuickFacts," United States Census Bureau, accessed July 1, 2017, https://www.census.gov/quickfacts/fact/table/US/PST045217.

142 Alan MacCormack, John Rusnak, and Carliss Baldwin, Exploring the Duality Between Product and Organizational Architectures: A Test of the "Mirroring" Hypothesis, HBS Working Paper No. 08-039, (Boston: Harvard Business School, 2008), https://www.hbs.edu/faculty/Publication%20Files/08-039_1861e507-1dc1-4602-85b8-90d71559d85b.pdf.

143 Riccardo Miotto, Li Li, Brian A. Kidd, and Joel T. Dudley, "Deep Patient: An Unsupervised Representation to Predict the Future of Patients from the Electronic Health Records," Scientific Reports, May 17, 2016, https:// www.nature.com/articles/srep26094.

144 Alexander Mordvintsev, Christopher Olah, and Mike Tyka, "Inceptionism: Going Deeper into Neural Networks," Google AI (blog), June 17, 2015, https://ai.googleblog.com/2015/06/inceptionism-going-deeper-into-neural.html.

145 "Inceptionism: Going Deeper into Neural Networks," Google Photos, December 12, 2008–June 17, 2015, https://photos.google.com/share/AF1QipPX0SCl7OzWilt9LnuQliattX4OUCj_8EP65_cTVnB mS1jnYgsGQAieQUc1VQWdgQ?key=aVBxWjhwSzg2RjJWLWRuVFBB ZEN1d205bUdEMnhB.

146 Latanya Sweeney, "Discrimination in Online Ad Delivery," ACM Queue 11, no. 3, (March 2013): 10, doi.org/10.1145/2460276.2460278.

147 Ali Winston, "Palantir Has Secretly Been Using New Orleans to Test Its Predictive Policing Technology," Verge, February 27, 2018, https://www.theverge.com/2018/2/27/17054740/palantir-predictive-policing-tool-new-orleans-nopd.

148 Julia Angwin, Jeff Larson, Surya Mattu, and Lauren Kirchner, "Machine Bias," ProPublica, May 23, 2016, https://www.propublica.org/article/machine-bias-risk-assessments-in-criminal-sentencing.

149 Kevin McLaughlin and Jessica E. Lessin, "Deep Confusion: Tensions Lingered Within Google Over DeepMind," Information, April 19, 2018, https://www.theinformation.com/articles/deep-confusion-tensions-lingered-within-google-over-deepmind.

150 James Vincent, "Google's DeepMind and UK Hospitals Made Illegal Deal for Health Data, Says Watchdog," Verge, July 3, 2017, https://www.theverge.com/2017/7/3/15900670/google-deepmind-royal-free-2015-data-deal-ico-ruling-illegal.

151 Mustafa Suleyman and Dominic King, "The Information Commissioner, the Royal Free, and What We've Learned," DeepMind (blog), July 3, 2017, https://deepmind.com/blog/ico-royal-free/.

152 "Microsoft Launches Fifth Generation of Popular AI Xiaoice," Microsoft News Center, https://www.microsoft.com/en-us/ard/news/newsinfo.aspx?newsid=article_2017091.

153 Sophie Kleeman, "Here Are the Microsoft Twitter Bot's Craziest Racist Rants," Gizmodo, March 24, 2016, https://gizmodo.com/here-are-the-microsoft-twitter-bot-s-craziest-racist-ra-1766820160.

154 Peter Lee, "Learning from Tay's Introduction," Microsoft Official Blog, March 25, 2016, https://blogs.microsoft.com/blog/2016/03/25/learning-tays-introduction/.

155 Verity Harding and Sean Legassick, "Why We Launched DeepMind Ethics & Society," DeepMind (blog), October 3, 2017, https://deepmind.com/blog/why-we-launched-deepmind-ethics-society/.

156 "Baidu CEO tells staff to put values before profit after cancer death scandal," CNBC, May 10, 2016, https://www.cnbc.com/2016/05/10/baidu-ceo-tells-staff-to-put-values-before-profit-after-cancer-death-scandal.html.

157 我在本書 PART 2 模擬的場景使用了來自各方的研究資料。另外，我在倫敦科學博物館的機器人特展待了一些時間，該展覽展示過去五百年的人形機器人，這是探索第 5 章至第 7 章介紹主題的絕佳場所。

158 Mike Floorwalker, "10 Deadly Disasters We Should Have Seen Coming," Listverse, March 2, 2013, https://listverse.com/2013/03/02/10-deadly-disasters-we-should-have-seen-coming/. And also David Teather, "90-Second Nightmare of Shuttle Crew," Guardian, February 6, 2003, https://www.theguardian.com/world/2003/feb/06/columbia.science.

159 Katrina Brooker, "I Was Devastated: Tim Berners-Lee, the Man Who Created to World Wide Web, Has Some Regrets," Vanity Fair, July 1, 2018, https://www.vanityfair.com/news/2018/07/the-man-who-created-the-world-wide-web-has-some-regrets.

160 Tim Berners-Lee, "The Web Is Under Threat. Join Us and Fight for It," World Wide Web Foundation (blog), March 12, 2018, https:// webfoundation.org/2018/03/web-birthday-29/.

161 "Subscriber share held by smartphone operating systems in the United States from 2012 to 2018," Statista, https://www.statista.com/statistics/266572/market-share-held-by-smartphone-platforms-in-the-united-states/.

162 "Primary e-mail providers according to consumers in the United States as of 2016, by age group,"

Statista, https://www.statista.com/statistics/547531/e-mail-provider-ranking-consumer-usa-age/.

163 Marisa Fernandez, "Amazon Leaves Retail Competitors in the Dust, Claims 50% of US E-Commerce Market," Axios, July 13, 2018, https:// www.axios.com/amazon-now-has-nearly-50-of-the-us-e-commerce-market-1531510098-8529045a-508d-46d6-861f-1d0c2c4a04b4.html.

164 Art Kleiner, "The Man Who Saw the Future," Strategy+Business, February 12, 2003, https://www.strategy-business.com/article/8220?gko=0d07f.

165 Cass R. Sunstein, "Probability Neglect: Emotions, Worst Cases, and Law," Chicago Unbound, John M. Olin Program in Law and Economics Working Paper No. 138, 2001.

166 "Quick Facts 2015," National Highway Traffic Safety Administration, https://crashstats.nhtsa.dot.gov/Api/Public/ViewPublication/812348.

167 "Aviation Statistics," National Transportation Safety Board, https://www.ntsb.gov/investigations/data/Pages/aviation_stats.aspx.

168 Frederick P. Brooks, The Mythical Man Month: Essays on Software Engineering, Anniversary Edition (Boston: Addison Wesley, 1995).

169 Peter Wilby, "Beyond the Flynn Effect: New Myths about Race, Family and IQ?," Guardian, September 27, 2016, https://www.theguardian.com/education/2016/sep/27/james-flynn-race-iq-myths-does-your-family-make-you-smarter.

170 Stephanie Condon, "US Once Again Boasts the World's Fastest Supercomputer," ZDNet, June 8, 2018, https://www.zdnet.com/article/us-once-again-boasts-the-worlds-fastest-supercomputer/.

171 Jen Viegas, "Comparison of Primate Brains Reveals Why Humans Are Unique," Seeker, November 23, 2017, https://www.seeker.com/health/mind/comparison-of-primate-brains-reveals-why-humans-are-unique.

172 Nick Bostrom, "Ethical Issues in Advanced Artificial Intelligence," NickBostrom.com, 2003, https://nickbostrom.com/ethics/ai.html.

173 I. J. Good, "Speculations Concerning the First Ultraintelligent Machine," Advances in Computers 6 (1965): 31–88.

174 Gill A. Pratt, "Is a Cambrian Explosion Coming for Robotics?," Journal of Economic Perspectives

29, no. 3 (Summer 2015): 51–60, https://www.aeaweb.org/articles?id=10.1257/jep.29.3.51.

175 Casey Ross and Ike Swetlitz, "IBM Watson Health Hampered by Internal Rivalries and Disorganization, Former Employees Say," STAT, June 14, 2018, https://www.statnews.com/2018/06/14/ibm-watson-health-rivalries-disorganization/.

176 同上。

177 Gamaleldin F. Elsayed, Ian Goodfellow, and Jascha Sohl-Dickstein, "Adversarial Reprogramming of Neural Networks," preprint edition accessed, https://arxiv.org/pdf/1806.11146.pdf.

178 Orange Wang, "Chinese Mobile Payment Giants Alipay, Tenpay fined US$88,000 for Breaking Foreign Exchange Rules," South China Morning Post, July 25, 2018, https://www.scmp.com/news/china/economy/article/2156858/chinese-mobile-payment-giants-alipay-tenpay-fined-us88000.

179 "China Has a Vastly Ambitious Plan to Connect the World," Economist, July 28, 2018, https://www.economist.com/briefing/2018/07/26/china-has-a-vastly-ambitious-plan-to-connect-the-world.

180 同上。

181 同上。

182 同上。

183 Ernesto Londoño, "From a Space Station in Argentina, China Expands Its Reach in Latin America," New York Times, July 28, 2018, https://www.nytimes.com/2018/07/28/world/americas/china-latin-america.html.

184 Kenneth D. Kochanek, Sherry L. Murphy, Jiaquan Xu, and Elizabeth Arias, Mortality in the United States, 2016, NCHS Data Brief no. 293 (Hyattsville, MD: National Center for Health Statistics, 2017), https:// www.cdc.gov/nchs/data/databriefs/db293.pdf.

185 "Vinton G. Cerf，" Google AI，https：//ai.google/research/people/author 32412。

186 艾西莫夫的《轉圈圈》首次發表於一九四二年三月號的《驚奇科幻》雜誌。《轉圈圈》也收錄在他的短篇小說集《我，機器人》（一九五〇年出版）、《艾西莫夫機器人故事全集》（The Complete Robot，一九八二年出版），和《機器人視覺》（一九九〇年出版）。

187 Human Cell Atlas, https：//www.humancellatlas.org/learn-more。

188 Cade Metz, "As China Marches Forward on AI, the White House Is Silent," New York Times, February 12, 2018, https://www.nytimes.com/2018/02/12/technology/china-trump-artificial-intelligence.html.

189 Yoni Heisler, "Amazon in 2017 Spent Almost Twice as Much on R&D as Microsoft and Apple—Combined," BGR, April 10, 2008, https:// bgr.com/2018/04/10/amazon-vs-apple-research-and-development-2017-alphabet-google/

190 "The OTA Legacy," Princeton University, http://www.princeton.edu/~ota/.

191 "Dining," Department of Defense Washington Headquarters Services, http://www.whs.mil/our-services/building-facilities/dining.

192 "The Spheres," Amazon, https://www.seattlespheres.com/.

193 Alicia Adamczyk, "These Are the Companies with the Best Parental Leave Policies," Money, November 4, 2015, http://time.com/money/4098469/paid-parental-leave-google-amazon-apple-facebook/.

194 Amy Webb, "Apple vs. FBI Debate May Be the Least of Our Challenges," CNN, February 29, 2016, https://www.cnn.com/2016/02/25/opinions/when-technology-clashes-with-law-iphone-opinion-webb/index.html.

195 "China Uncovers 500,000 Food Safety Violations in Nine Months," Reuters, December 24, 2016, https://www.reuters.com/article/us-china-food-safety/china-uncovers-500000-food-safety-violations-in-nine-months-idUSKBN14D046.

196 Suneera Tandon, "An IBM Team Identified Deep Gender Bias from 50 Years of Booker Prize Shortlists," Quartz India, July 24, 2018, https://qz.com/india/1333644/ibm-identifies-gender-bias-in-booker-prize-novel-shortlists/.

197 Hilary Mason, Twitter, March 28, 2018, https://twitter.com/hmason/status/979044821749895170

AI 未來賽局

中美競合框架下，科技 9 巨頭建構的未來

THE BIG NINE: How the Tech Titans and Their Thinking Machines Could Warp Humanity

作　　者	艾美・韋伯（Amy Webb）
譯　　者	黃庭敏
主　　編	鍾涵瀞
編輯協力	徐育婷
企　　劃	蔡慧華
總 編 輯	富察
社　　長	郭重興
發行人兼出版總監	曾大福
出版發行	八旗文化／遠足文化事業股份有限公司
地　　址	23141 新北市新店區民權路 108-2 號 9 樓
電　　話	02－2218 1417
傳　　真	02－8667 1851
客服專線	0800－221029
信　　箱	gusa0601@gmail.com
Facebook	facebook.com/gusapublishing
印務經理	黃禮賢
視　　覺	BIANCO、吳靜雯
印　　製	呈靖彩藝有限公司
法律顧問	華洋法律事務所 蘇文生律師
定　　價	480 元
初版一刷	2020 年 3 月

特別聲明：有關本書中的言論內容，不代表本公司／出版集團的立場及意見，由作者自行承擔文責。

This edition published by arrangement with PublicAffairs, an imprint of Perseus Books, LLC, a subsidiary of Hachette Book Group, Inc., New York, New York, USA. All rights reserved.

國家圖書館出版品預行編目 (CIP) 資料

AI 未來賽局：中美競合框架下，科技 9 巨頭建構的未來 / 艾美・韋伯 (Amy Webb) 著；黃庭敏翻譯 . -- 初版 . -- 新北市：八旗文化出版：遠足文化發行, 2020.03
376 面；14.8×21 公分
譯自：The Big Nine : how the tech titans and their thinking machines could warp humanity
ISBN 978-957-8654-97-6(平裝)

1. 資訊社會 2. 人工智慧

541.415   109001557